中华优秀传统文化的
创造性转化与创新性发展研究

高 欣 ◎著

图书在版编目（CIP）数据

中华优秀传统文化的创造性转化与创新性发展研究 / 高欣著. -- 北京：中国书籍出版社，2023.10

ISBN 978-7-5068-9614-6

Ⅰ.①中… Ⅱ.①高… Ⅲ.①中华文化 – 研究 Ⅳ.①K203

中国国家版本馆 CIP 数据核字（2023）第 198303 号

中华优秀传统文化的创造性转化与创新性发展研究

高 欣 著

丛书策划	谭 鹏 武 斌
责任编辑	李国永
责任印制	孙马飞 马 芝
封面设计	博健文化
出版发行	中国书籍出版社
地　　址	北京市丰台区三路居路 97 号（邮编：100073）
电　　话	（010）52257143（总编室）　（010）52257140（发行部）
电子邮箱	eo@chinabp.com.cn
经　　销	全国新华书店
印　　厂	三河市德贤弘印务有限公司
开　　本	710 毫米 ×1000 毫米　1/16
字　　数	255 千字
印　　张	14.25
版　　次	2024 年 1 月第 1 版
印　　次	2024 年 1 月第 1 次印刷
书　　号	ISBN 978-7-5068-9614-6
定　　价	86.00 元

版权所有　翻印必究

目 录

第一章 导 论 1
    一、选题背景、依据及意义 1
    二、国内外研究现状 5
    三、研究思路与方法 14
    四、创新之处 15

第二章 中华优秀传统文化"双创"与马克思主义
         文化观的内在联系 17
    一、中华优秀传统文化与"双创" 17
    二、中华优秀传统文化"双创"与马克思主义文化观 32

第三章 中华优秀传统文化"双创"的必要性与必然性 65
    一、中华优秀传统文化"双创"的必要性 65
    二、中华优秀传统文化"双创"的必然性 77

第四章 中华优秀传统文化"双创"面临的机遇与问题 84
    一、中华优秀传统文化"双创"面临的机遇 84
    二、中华优秀传统文化"双创"面临的问题 95

第五章 中华优秀传统文化"双创"的原则与内容 106
    一、中华优秀传统文化"双创"的基本原则 106
    二、中华优秀传统文化"双创"的主要内容 118

第六章 中华优秀传统文化"双创"遵循的规律 131
    一、中华优秀传统文化"双创"规律的学理分析 131
    二、中华优秀传统文化"双创"规律的内容分析 141

第七章　中华优秀传统文化"双创"的机制与途径 …………… **161**
　一、中华优秀传统文化"双创"的机制 ………………………… **161**
　二、中华优秀传统文化"双创"的实践途径 …………………… **173**

第八章　中华优秀传统文化"双创"的价值及新时代发展趋势 … **186**
　一、中华优秀传统文化"双创"的价值 ………………………… **186**
　二、中华优秀传统文化新时代发展趋势 ………………………… **197**

参考文献 ……………………………………………………………… **206**

结　语 ………………………………………………………………… **219**

后　记 ………………………………………………………………… **221**

第一章　导　论

一、选题背景、依据及意义

（一）选题背景

文化是一个国家、一个民族的灵魂；文化兴则国运兴，文化强则民族强。在中国特色社会主义的伟大事业中，在"道路自信、理论自信、制度自信、文化自信"这有机统一的"四个自信"中，文化自信是更基础、更广泛、更深厚的自信，是更基本、更深沉、更持久的力量。对中华优秀传统文化既要不忘根基、薪火相传，又要与时俱进、创新发展，这事关中国特色社会主义的伟大事业和中华民族的伟大复兴，也是当代中国共产党人和中国人民应该担负的新的文化使命。正是基于此，党的十八大以来，习近平总书记多次强调要科学对待中华优秀传统文化，努力实现中华优秀传统文化的创造性转化、创新性发展，不断铸就中华文化的新辉煌。可以说，关于中华优秀传统文化"双创"的重要论述，是习近平新时代中国特色社会主义思想的重要组成部分，是马克思主义文化观在新的历史条件下的继承发展，也是用马克思主义引领我国新时代文化建设的重要方针。

为此，如何在马克思主义的指引下深刻认识中华优秀传统文化"双创"的必然性、重要性，如何科学推进中华优秀传统文化的"双创"，确实是我国当前面临的一项重大理论和实践课题。基于这样的背景，自己选择"马克思主义文化观视域下的中华优秀传统文化'双创'研究"作为博士论文的研究主题。

(二)选题依据

选择"马克思主义文化观视域下的中华优秀传统文化'双创'研究"作为研究主题,其依据如下。

第一,它是中华优秀传统文化创新发展的内在要求。中华优秀传统文化是一个庞大的思想和文化有机体,既有民族性、时代性,又有阶级性,不能简单将其理解为一成不变的存在,而是处在不断完善的过程中。如今,国内国际环境发生了较大变化,交流互鉴是世界文化发展的必然趋势,随着时代的发展变化,创造性转化、创新性发展中华优秀传统文化是当前和今后一段时期优秀传统文化发展的内在要求。纵观人类文明发展史,创新对于一个国家民族文化的兴衰起到了非常关键的作用。历史和实践证明,创新是中华优秀传统文化保持生命力的关键之举。选择这一研究主题,是中华优秀传统文化创新发展的内在要求。

第二,它是党和人民在新时代担负的文化使命。中国共产党自始至终都重视文化建设,在中国革命、建设和改革的关键期,中国共产党人都能走在时代发展的最前沿,以马克思主义理论为指导,担负着民族独立和国家繁荣昌盛的重担,并推动中华文化繁荣的重要使命。如何把握时代特征,不断传承、弘扬中华优秀传统文化,是党带领人民在新时代担负的重要文化使命。选择这一研究主题,不但要注重从理论上认清中华优秀传统文化"双创"的时代内涵与现实意义,还要在实践上始终坚定文化自信,推动中华优秀传统文化"双创"的现实发展,努力创造具有中国特色、中国气派、中国风格的优秀传统文化,以完成党和人民在新时代担负的文化使命。

第三,它是马克思主义理论专业学生理应关注的重大课题。根据所学专业为马克思主义基本原理,方向是马克思主义与中国传统文化研究,因此选择了"马克思主义文化观视域下的中华优秀传统文化'双创'研究"作为博士论文题目。中华优秀传统文化的创造性转化、创新性发展符合时代发展的需要,中华传统文化是农耕社会的产物,精华与糟粕并存,运用马克思主义的立场、观点和方法来研究中华优秀传统文化的传承发展是本专业应该关注的重点内容之一。

(三)研究意义

1. 理论意义

第一,有助于从我国文化建设实践出发丰富马克思主义文化观的理论宝库。中华优秀传统文化在新时代还有一个重要使命,就是丰富、巩固和创新当代中国马克思主义。马克思主义是科学性与真理性、实践性与人民性、开放性与时代性相统一的理论。实践证明,马克思主义赢得世界历史性的意义,就在于它吸收和改造了两千多年来人类思想和文化发展中一切有价值的东西,马克思主义是这方面的典范。可以说,开展中华优秀传统文化"双创"研究离不开马克思主义的指导和马克思主义指导下的改造与创新,丰富与巩固创新马克思主义文化观,也离不开中华优秀传统文化的滋养。

第二,有助于为中华优秀传统文化的"双创"提供有价值的学术研究成果。中华优秀传统文化"双创"问题提出后,关于此问题的研究取得了颇丰成果,但立足马克思主义文化观系统性研究"双创"问题还有待进一步深入。本论文以马克思主义文化观为视角系统研究"双创"与马克思主义文化观的内在联系,研究"双创"的必然性、面临的机遇与挑战,以及新时代中华优秀传统文化发展的趋势等问题,通过对这些问题的研究,形成有价值的学术成果。

第三,有助于深入把握中华优秀传统文化创新发展的必然性和重要性。创新是文化发展和进步的灵魂与动力,中华传统文化产生于传统社会,具有时代印记,文化创新大大推进了中华优秀传统文化的转型和现代化发展。通过对中华优秀传统文化"双创"的必要性与必然性研究,以中华优秀传统文化为根基,立足于实践,以创新为最大突破口,有助于深入把握中华优秀传统文化创造性转化、创新性发展的必然性和重要性。

第四,有助于深化对中华优秀传统文化历史价值和现实意义的认识。中华优秀传统文化是中华民族集体智慧的结晶,是推动中华民族不断发展的动力之源。通过对中华优秀传统文化"双创"原则与内容、机制与途径等问题的分析,以及中华优秀传统文化"双创"价值与发展的评价与展望,从而进一步深化对中华优秀传统文化历史价值与现实意义的认识。

2. 现实意义

第一,有助于增强中华儿女的文化认同感、自豪感和自信心。我们在弘扬中华优秀传统文化的过程中,要深刻认识中华优秀传统文化的当代价值,才能提高对中华优秀传统文化的认同感,才能增强文化自信心。中华优秀传统文化的思想精华、价值追求和道德精髓,有助于帮助人们深刻理解中华优秀传统文化在世界文化之林中的重要地位和作用,提升人们的文化自豪感、不断坚定文化自信心。开展中华优秀传统文化"双创"研究,有助于增强中华儿女的文化认同感、自豪感和自信心,更加坚定对中华文化的自信。

第二,有助于更好地培育和践行社会主义核心价值观。社会主义核心价值观与中华优秀传统文化有着内在关系,中华优秀传统文化是中华民族的精神命脉,是涵养社会主义核心价值观的重要力量之源。因此,培育和践行社会主义核心价值观必须立足中华优秀传统文化。加强中华优秀传统文化"双创"研究,挖掘其中的思想观念、人文精神、道德规范,有助于更好地培育和践行社会主义核心价值观。

第三,有助于为中华民族伟大复兴提供强有力的文化支撑。一个国家,一个民族的强盛,是以文化兴盛为支撑,中华民族伟大复兴需要以中华文化发展繁荣为条件。加强对中华优秀传统文化"双创"研究,有助于坚定文化自信,提升国家文化软实力,为推动中华民族伟大复兴提供强有力的文化支撑。

第四,有助于在世界文化激荡中站稳脚跟、展现中国智慧。中华文化既坚守本根又不断与时俱进,博大精深的中华优秀传统文化是我们在世界文化激荡中站稳脚跟的根基。通过对中华优秀传统文化"双创"面临的机遇与挑战以及新时代发展趋势等问题的研究,遵循中华文化发展的规律,加强对不同国家、不同民族、不同文化的交流互鉴,并为构建人类命运共同体提供中国方案,展现中国智慧。

二、国内外研究现状

（一）国内研究现状

国内学界一直比较重视对中华传统文化的研究。随着改革开放的不断推进，以及20世纪80年代"国学热"的兴起，越来越多的专家学者更加关注对中华传统文化的研究，并陆续召开有关传统文化方面的研讨会议。如20世纪80年代末90年代初召开的"时代与思潮"的系列会议，2014年8月由贵州文明办孔学堂主办的"中华传统文化创造性转化和创新性发展"学术研讨会；2018年7月在武汉大学举行的"中华传统文化创造性转化创新性发展"学术研讨会；2018年8月在北京召开的"学以成人"第24届世界哲学大会；2019年5月在北京召开的"中华传统文化创造性转化和创新性发展"学术研讨暨"德性文明"书系著作出版座谈会等。这些研讨交流会的举办，为中华优秀传统文化传承发展提供了学术交流平台。

以"创造性转化、创新性发展"为内涵的"双创"理论，近年来被国内学界广泛运用于中华优秀传统文化问题研究，并取得颇丰成果，其研究主要从以下几个方面展开。

1. 关于中华优秀传统文化"双创"研究

关于中华优秀传统文化"双创"的问题。到了20世纪80年代末90年代初，部分学者就中华优秀传统文化的转化问题进行了研究，并取得了一些研究成果。进入新时代，特别是习近平总书记提出关于中华优秀传统文化"双创"的重要论述后，中华优秀传统文化"双创"的成果日益增多。通过对这些学术成果的研究发现，有关中华优秀传统文化"双创"的研究主要集中于以下五个方面。

第一，关于中华优秀传统文化"双创"含义的论述。开展中华优秀传统文化"双创"研究,首先要清楚什么是"中华优秀传统文化'双创'"。一些学者从不同角度进行了阐释,提出了自己的见解。毕国帅提出中华传统文化"双创"是对"中华优秀传统文化的历史定位与时代价值、实践遵循加以解释和选择"。① 袁慧玲则提出"在对传统文化进行结构性转换中实现综合创新"。② 万光侠从哲学角度论述了中华传统文化"双创",亦即以"中华传统文化为资源,以创造与创新为手段,以转化发展为动力,与时代发展相结合"。③ 包晓光认为"是将资源形态的中华优秀传统文化,转化为价值形态的当代中华文化"。④

第二,关于中华优秀传统文化"双创"理论的科学定位。从什么层面来对"双创"进行科学理论定位成为专家学者们比较关注的问题,大体来说,学界主要是从以下方面来定位的。"大多学者认为,'双创'是中国共产党继'双百'方针和'二为'方向之后提出的新的文化发展方针,是马克思主义文化观的最新理论成果,彰显着中国共产党对文化发展规律的认识达到了新的高度"。⑤ 如雒树刚认为"双创"方针是习近平新时代中国特色社会主义思想的重要内容,"为我们整理、传承、利用传统文化提供了基本的遵循、立场、态度、方法"。⑥ 陈来认为"双创"是讲对优秀传统文化继承和创新的关系。⑦ 陈先达认为"双创"是一种历史唯物主义文化观,是对毛泽东"取其精华,去其糟粕"思想在新时代的最新发展。⑧ 陈卫平认为"双创"思想是把马克思主义与中国传统文化有机结合,不仅丰富了马克思主义中国化的历史经验,也在新时代展现了中国共产党对待优秀

---

① 毕国帅:《中华优秀传统文化创造性转化和创新性发展探析》[J].《实事求是》2018年第1期,第100-103页。
② 袁慧玲:《关于中国传统文化与现代化几个问题的思考》[J].《江西农业大学学报(社会科学版)》2003年第2期,第91-94页。
③ 万光侠:《中华传统文化创造性转化创新性发展的哲学审视》[J].《东岳论丛》2017年第9期,第30-31页。
④ 包晓光:《新时代语境下传统文化"双创"的几个问题》[J].《湖南社会科学》2018年第3期,第7-11页。
⑤ 李新潮、范鹏:《中华优秀传统文化创造性转化创新性发展研究述评与展望》[J].《文化软实力》2020年第3期,第76页。
⑥ 雒树刚:《坚持创造性转化、创新性发展》[J].《毛泽东研究》2018年第3期,第4-11页。
⑦ 陈来:《二十世纪思想史研究中的"创造性转化"》[J].《中国哲学史》2016年第4期,第5-9页。
⑧ 陈先达:《中国传统文化的创造性转化和发展》[J].《前线》2017年第2期,第33-38页。

传统文化的方针政策。① 仲呈祥认为,"双创"是"正确处理文化传承与发展辩证关系的基本准则"。② 高金萍认为"双创"可以为新时代社会主义文化强国建设提供科学的理论指导,为当前和今后一段时期构建人类命运共同体提供实践路径。③

第三,新时代关于中华优秀传统文化"双创"必要性与可能性的论述。推动中华优秀传统文化创新发展既是新时代中国共产党的历史使命,又是中华优秀传统文化发展内在的客观规律。鞠美忠认为,"中华优秀传统文化的创造性转化是为了提高我国文化的竞争力,是国内文化现状发展的必然趋势"。④ 李维武认为,"传统文化是传统农耕社会环境下的产物,其中有符合现代社会发展的积极因素,同时也存在许多过时的因素,因此,必须结合现代社会发展需要去'双创'"。⑤ 伍志燕认为,"人类在发展上有着相同的共性和追求,人类文化传承发展的需要和价值取向是实现中华优秀传统文化'双创'的必然要求"。⑥

第四,关于中华优秀传统文化"双创"遵循的原则与路径。在中国特色社会主义先进文化建设的实践中,中华优秀传统文化"双创"要遵循哪些基本的原则,在实践中选择什么样的路径才能达到"双创"的目标,这是研究者们普遍关注的重要问题。

就中华优秀传统文化"双创"遵循基本原则来说。梅荣政认为,对待中国传统文化要坚持创造性转化、创新性发展,要遵循"古为今用的原则,要防止错误思潮的干扰"。⑦ 李建嵘认为"中华传统文化创造性转化、创新性发展过程中要始终秉持传统和现代、多样性和主导性、民族性和世界性相统一的原则"。⑧ 就中华优秀传统文化"双创"的基本路径而言,专

---

① 陈卫平:《"两创":马克思主义中国化在新时代的新发展》[J].《思想理论教育》2018年第4期,第10-17页。
② 仲呈祥:《关于中华优秀传统实现创造性转化与创新性发展的思考》[J].《文化软实力研究》2017年第2期,第24-31页。
③ 高金萍:《"两创"方针为构建人类命运共同体开辟新路径》[J].《前线》2018第5期,第44-45页。
④ 鞠忠美:《论中华传统文化的创造性转化》[J].《理论学刊》2017年第4期,第155-160页。
⑤ 李维武:《传统文化的创造性转化与创新性发展——对习近平文化观的思考》[J].武汉大学学报(哲学社会科学版)2018年第71(03)期,第5-12页。
⑥ 伍志燕:《中华传统价值观念的现代转换》[J].《长白学刊》2017年第5期,第143-149页。
⑦ 梅荣政:《正确对待中国传统文化之我见》[J].《文化软实力》2016年第4期,第29-33页。
⑧ 李建嵘:《关于传统文化创造性转化创新性探讨》[J].《文化创新比较研究》2018年第15期,第27-29页。

家学者从不同方面阐述了转化发展路径和文化传承工作的实践路径。李军认为,"赋予优秀传统文化更多新意、结合时代发展需要改造其形式,不断增添新内容是不断推进中华优秀传统文化转化创新发展的最好路径"。① 代金平从"唯物辩证思维、关注人们现实生活、主动适应现代社会发展需要,不断增强文化自信等方面来阐述实现'双创'路径"。②

第五,关于中华优秀传统文化"双创"的目的与现实意义。中华优秀传统文化转化创新的目的是什么？在新时代有何现实意义？学者们比较认同习近平总书记所说的"与当代文化相适应,与现代社会相协调"就是创造性转化创新性发展目的。高长武认为,"中华优秀传统文化'双创'的目的是"借鉴古代做法,结合时代创新"。③ 颜炳罡认为,"中华优秀传统文化'双创'的目的是用优秀传统文化的精华在新时代不断教育人、塑造人"。④ "在新时代'双创'最大的意义在于不断使'传统'与'现代'更加融合,使'马克思主义'与'中华传统文化'之间有机结合,创新中国特色社会主义先进文化"⑤ 陈桂蓉认为,"两创"思想的提出"既遵循了文化自身发展的规律,又弘扬了优秀传统文化精神,为当前文化建设提供了指导"。⑥

总之,通过以上论述可知,专家学者分别从不同角度论述了中华优秀传统文化"双创"的含义、理论定位、必要性与可能性、原则与路径、目的与意义等方面,虽然取得了阶段性的成果,但对该问题研究的深度和系统性还不够。但专家学者前期的研究成果,为本论文研究奠定了坚实的理论基础。

---

① 李军:《坚持"创造性转化、创新性发展"方针弘扬中华传统文化》[N].光明日报,2014-10-10（01）。
② 代金平:《推动中华优秀传统文化"双创"的前提与路径》[N].《中国社会科学报》2019-01-25.
③ 高长武:《关于创造性转化和创新性发展的几个问题》[N].中国文化报 2108-02-28（03）。
④ 颜炳罡:《文化相融相通共同服务以文化人的时代任务——"中华传统文化的创造性转化、创新性发展"》孔学堂研讨会发言摘要[J].《孔学堂》2015年2（01）,第94-97。
⑤ 参见李新潮、范鹏:《中华优秀传统文化创造性转化创新性发展研究述评与展望》[J].《文化软实力》2020年第3期,第79-80页。
⑥ 陈桂蓉:《习近平"两创"方针与中华人文精神的跃升实践》[J].《理论与评论》2018年第6期,第24-30页。

2. 关于中华优秀传统文化与马克思主义两者之间关系的研究

实现中华优秀传统文化"双创"是建设社会主义文化强国的重要内容。因此,研究中华优秀传统文化"双创"要了解中华优秀传统文化与马克思主义的研究现状。学者们关注中华优秀传统文化与马克思主义的研究由来已久,论文成果也很丰富。就涉猎内容看,主要集中在以下三方面。

第一,中华优秀传统文化与马克思主义的关系研究。代表性观点,如俞红、徐长安认为"中华优秀传统文化主要从内容与形式两个方面来展开,以优秀传统文化的现代化推进马克思主义的中国化"。[①] 任培泰认为"马克思主义已成为中国现代文化的核心,与中国文化融为一体"。[②] 都培炎认为"马克思主义与中华优秀传统文化在'五四'时期开始对话,到不断辩证结合,最后融合创新"。[③]

第二,关于中华优秀传统文化与马克思主义相结合的条件研究。[④] 在这方面,包心鉴认为"要从人民的立场、历史的分析、唯物辩证的方法来正确处理优秀传统文化与马克思主义的结合"。[⑤] 李朝阳认为"两者相有机结合需要中国共产党这个主体才能做得到"。[⑥] 房广顺和郑宗保认为"中国共产党的领导是实现二者有效结合的关键性因素"。[⑦] 陈敏认为"社会主义现代化建设需要为优秀传统文化与马克思主义相结合提供基础"。[⑧] 何中华认为"马克思主义与优秀传统文化结合需要一定的历史条

[①] 俞红、徐长安:《传统文化:马克思主义中国化的双刃剑》[J].《南京政治学院学报》2009年第5期,第20-23页。
[②] 任培泰:《论中国优秀传统文化与马克思主义的契合》[J].《西安电子科技大学学报(社会科学版)》,2013年第5期,第32-36页。
[③] 都培炎:《马克思主义与中国传统文化关系辨析》[J].《马克思主义研究》,2013年第10期,第51-57+159-160页。
[④] 鞠忠美::《中华传统文化创造性转化创新性发展实现机制研究》[D].山东大学,2018年第14页。
[⑤] 包心鉴:《马克思主义与中国传统文化》[J].《山东师大学报(社会科学版)》,1992年第1期,第1-4页。
[⑥] 李朝阳:《对马克思主义与中国传统文化相结合的思考》[J].《天津师范大学学报(社会科学版)》,2006年第6期,第1-6页。
[⑦] 房广顺、郑宗保:《马克思主义与中国传统文化相契合的当代选择》[J].《社会主义研究》,2015年第2期,第29-33页。
[⑧] 陈敏:《论马克思主义与中国传统文化的内在相关性》[J].《学校党建与思想教育》,2011年第1期,第45-48页。

件,而且需要理论的支撑"。①

第三,关于中华优秀传统文化与马克思主义相结合的路径研究。学者们分别从不同方面进行了论述。不断的变革、相互融合是二者相结合的重要环节,而且具有联系性。陈卫平认为"马克思主义与中华优秀传统文化高度契合的路径,应返回到经典中,不断创新和与时俱进"。②许全兴认为"要注意马克思主义与中华优秀传统文化两者应该是相互贯通、取长补短的有机结合"。③郑林华认为"在不同的历史阶段二者融合内容是不同的,要根据社会历史时期的变化,做到融会贯通"。④陈先达认为,中华优秀传统文化要做到创造性转化和发展"一是分辨,区分精华与糟粕;二是激活,通过与时代结合对传统文化作出与时代相适应的新的诠释;三是创新,提出新的概念、新的观点,是三个关键步骤"。⑤

3. 关于中华优秀传统文化与中国特色社会主义文化建设的研究

中华优秀传统文化为中国特色社会主义文化建设提供丰厚资源,实现中华优秀传统文化"双创"是中国特色社会主义文化建设的内在需要。提升文化软实力,建设文化强国是实现中华民族伟大复兴的必然要求。国内学界围绕中华优秀传统文化与中国特色社会主义文化建设研究形成许多成果。研究观点主要有三方面。

第一,关于中华优秀传统文化在中国特色社会主义文化建设中处于什么样的地位研究。如曾加荣认为,"从本质上而言,过时和落后的传统文化已不再适应社会主义现代化建设的要求,但要一分为二去看待,要将富有生命力的中华优秀传统文化精髓结合现代化建设需要不断创新"。⑥邵佳德认为"中华优秀传统文化'双创'有助于建设文化强国,对'人类

---

① 何中华:《马克思主义与儒学的会通何以可能?》[J].《文史哲》,2018年第2期,第5-30+165页。
② 陈卫平:《论马克思主义与中国传统文化相结合的五个问题》[J].《思想理论教育》2014年第5期,第4-8页。
③ 许全兴:《论马克思主义与中国传统文化相结合》[J].《党的文献》2009年第3期,第31-34页。
④ 郑林华:《马克思主义与中国传统文化相融合新论》[J].《党的文献》2010年第2期,第60-67页。
⑤ 陈先达:《中国传统文化的创造性转化和和发展》[J].《前线》2017年第2期,第33-37页。
⑥ 曾加荣:《儒家文化与社会主义精神文明建设》[J].《理论与改革》1997年第4期,第10-13页。

命运共同体'有很大的现实意义"。① 王伟光认为"中华优秀传统文化是建设文化强国的重要基础"。② 郭晓庆认为"结合当前文化建设需要批判继承中华传统文化是社会主义文化建设的应有之义"。③

第二,发挥中华优秀传统文化在中国特色社会主义文化建设作用的研究。中国特色社会主义文化建设过程中要注重发挥中华优秀传统文化的作用。对于如何发挥中华优秀传统文化的作用,一些学者提出了自己的见解,如陈卫平认为"在建设有中国特色社会主义文化的过程中,必须要从中华优秀传统文化的思想观念、行为方式、道德规范等方面结合当前先进文化来落到实处"。④ 敏泽认为"要以中华优秀传统文化为根基做到与马克思主义相结合,坚持社会主义文化建设的方向和传承时代精神"。⑤

第三,中国特色社会主义文化建设过程中如何传承发展中华优秀传统文化问题的研究。其观点主要有:其一,提出了中国特色社会主义文化建设过程中弘扬优秀传统文化的尺度。⑥ 如桂立从"构建社会主义和谐社会、培养人们的创造精神、塑造良好的民族品格等方面作了阐述"。⑦ 丁素认为"在中华优秀传统文化和当代社会主义现代化建设过程中要坚持有利于文化建设标准"。⑧ 其二,对中国特色社会主义文化建设过程中弘扬中华优秀传统文化的方法问题提出了见解。吴超、张烨提出"要认真对待和重视中华优秀传统文化在思想内容、语境内涵等方面的创造性转化、创新性发展"。⑨ 关于中国特色社会主义文化建设过程中继承弘扬

---

① 邵佳德:《新时代的中华优秀传统文化:历史定位、理论内涵及价值维度》[J].《江西社会科学》2018年第6期,第11-17+254页。
② 王伟光:《全面准确把握习近平新时代中国特色社会主义思想关于文化的理论》[J].《马克思主义研究》2018第1期,第5-8+159页。
③ 郭晓庆:《中国传统文化基本精神与社会主义文化精神建设》[J].《山东农业大学学报(社会科学版)》2010年第2期,第117-122页。
④ 陈卫平:《有中国特色的社会主义文化与批判继承传统文化》[J].《上海交通大学学报(社会科学版)》2001年第1期,第3-7页。
⑤ 敏泽:《关于建设有中国特色的社会主义文化问题——论以传统文化为基础的综合创造》[J].《社会科学战线》1993年第2期,第128-133+74页。
⑥ 参见鞠忠美:《中华传统文化创造性转化创新性发展实现机制研究》[D].山东大学,2018年第12页。
⑦ 桂立:《和谐文化建设中的中国传统文化和西方文化》[J].《民族艺术研究》2009年第6期,第50-53页。
⑧ 丁素:《传统文化与当代中国实际相结合的若干问题论析兼论党的三代领导核心对传统文化的当代继承与发展》[J].《社会主义研究》2002年第3期,第42-44页。
⑨ 吴超、张烨:《构建中国特色社会主义话语体系怎样汲取中华优秀传统文化的滋养》[J].《思想理论教育导刊》2016年第4期,第105-109页。

优秀传统文化问题的研究,应当坚持辩证唯物主义和历史唯物主义的原则,结合社会主义现代化建设具体的历史条件进行分析。

(二)国外研究现状

相较于国内学界,国外学界较少关注中华优秀传统文化"双创"问题,但对中华优秀传统文化的相关问题比较热衷。改革开放后,随着中外经济文化交流日益密切,一些外国专家学者比较关注中华传统文化问题,20世纪80年代之后形成了一个研究中华文化的小高潮。近年来,一系列国际会议的召开,有利于各国专家学者的相互交流,对推动中华优秀传统文化的传播、研究都有着积极的作用。

具体来看,专家学者对中华优秀传统文化的研究范围较广,研究视角也很宽。研究内容主要是中华优秀传统文化的社会教育问题、社会如何根据时代变迁、现代化关系问题等。如美国著名学者费正清认为,"中华文明在过去和未来都将对人类发展产生了重要影响,对中华文化给予了充分肯定"。[①]哈佛大学杜维明在《东亚现代性中的儒家传统》一书中"对中华优秀传统文化在人类历史上发挥了重要作用给予了赞许,并指出应结合当今世界发展变化积极借鉴中华优秀传统文化智慧,解决全球化发展过程中遇到的问题"。[②]国外学者对中华优秀传统文化的变迁进行了理论研究。通过对近代中国知识分子思想的变化情况,论述了在近代中国社会大变迁的境况下,中华优秀传统文化的变迁过程。英国文化学家马凌诺斯基认为,从文化变迁角度看,文化具有相对独立性和流动性的特点,而文化的相对独立性使不同文化之间有了区别,文化的流动性使文化之间有了相互沟通和相互促进。[③]日本学者沟口雄三的《中国前近代思想的演变》一书,以东林派知识人士为研究重点,对近代明清之际中国知识分子思想界的变化与发展作了比较详细深入的研究。[④]法国学者、汉学家汪德迈在《新的汉文化圈》一书中,在研究中国、韩国、日本、新加坡等国家近年来社会经济发展取得的成就时,对中国传统文化的当代价值给

[①] [美]费正清、赖肖尔、克雷格著,黎鸣等译《东亚文明:传统与变革》[M].天津:天津人民出版社,1992年版,第56页。
[②] [美]杜维明.《东亚现代性中的儒家传统》[M].哈佛大学出版社,1985.
[③] [英]马凌诺斯基著.费孝通译.《文化论》[M].北京:华夏出版社,2002年版,第15页。
[④] [日]沟口雄三著,索介然、龚颖译.《中国前近代思想的演变》[M].上海:中华书局出版社,2005年版,第98页。

予了充分肯定。①

通过分析,国外关于直接研究中华优秀传统文化"双创"问题论述较少,但专家学者也比较关注中国传统文化变迁、地位、影响等问题,有关这些问题的成果也为本人研究马克思主义文化观视域下的中华优秀传统文化"双创"问题提供了价值参考。

(三)国内外研究现状评析

通过以上的论述,可以看出国内学界关于中华优秀传统文化相关问题的研究,主要围绕中华优秀传统文化"双创"的涵义、理论定位、路径与机制及其条件等内容展开,就中华优秀传统文化与马克思主义的关系看,主要包括中华优秀传统文化与马克思主义相结合的条件、中华优秀传统文化在中国特色社会主义文化建设中的地位与作用等问题。这样的研究,既涉及中华优秀传统文化"双创"的内在方面,又包括了中华优秀传统文化"双创"的外延问题。可以说,这些研究形成不少颇有特色和价值的认识,这些成果对本文的研究具有重要启发意义。

相较于国内的研究,国外学界并未直接讨论中华优秀传统文化"双创"问题,但提出了一些值得关注的问题。如关于文化发展与社会变迁的关系、中华优秀传统文化在当代社会发展的价值、知识分子对当代文化发展的作用等。所以,从这一方面看,国外学界关于中华优秀传统文化相关问题的研究也取得了较好成果。这些成果以及其中的观点和看法,在拓展我们关于中华优秀传统文化相关问题研究视野的同时,也为开展中华优秀传统文化"双创"研究,提供了宽广的研究思路和丰富的经验启示。

当前国内外关于中华优秀传统文化"双创"及其相关问题研究在取得较好成绩的同时,也存在一些不足。例如在内容上,研究中华优秀传统文化"双创"的必然性、面临机遇与挑战等问题不够,讨论中华优秀传统文化"双创"与马克思主义文化观的内在联系问题不多,尤其在中华优秀传统文化"双创"遵循规律研究方面几乎没有涉猎,这也就为本论文的研究提供了较大空间。

总而言之,国内外关于中华优秀传统文化"双创"及其相关问题的已有研究,在为开展"马克思主义文化观视域下的中华优秀传统文化'双

---

① [法]汪德迈著,陈彦译.《新的汉文化圈》[M].南昌:江西人民出版社,2007年版。

创'研究"提供资料共享、内容参考、方法借鉴以及经验启示的同时,也为我们进一步深入研究此问题预留了空间。

三、研究思路与方法

(一)研究思路

沿着"发现问题—分析问题—解决问题"的研究路径,以马克思主义立场、观点、方法为指导,分析中华优秀传统文化"双创"与马克思主义文化观的内在联系,中华优秀传统文化在"双创"过程中面临的机遇与挑战,中华优秀传统文化"双创"的原则、内容、遵循的规律、机制与发展途径,然后分析"双创"价值和未来发展趋势,在研究上实现理论与实践的统一。

(二)研究方法

(1)应用历史与逻辑相统一方法,分析中华优秀传统文化发展脉络以及马克思主义文化观的发展历程。

(2)应用文献研究法,查阅相关文献资料,分析马克思文本及其中华优秀传统文化文献,注重汲取已有的研究成果并实现自己的认识与创新。

(3)应用辩证分析法,分析创造性转化与创新性发展的关系,中华优秀传统文化"双创"面临的机遇与挑战等。

(4)应用理论联系实际法,分析中华优秀传统文化"双创"的原则、内容、规律、机制、途径等问题。

四、创新之处

（一）创新之处

1. 研究内容新

本课题基于马克思主义文化观,从分析中华优秀传统文化"双创"与马克思主义文化观的内在联系入手,讨论中华优秀传统文化"双创"的必要性与必然性、面临的机遇与挑战,中华优秀传统文化"双创"遵循的规律,中华优秀传统文化"双创"的价值与发展趋势等内容,从而实现研究内容的创新。

2. 研究方法新

本课题将应用历史与逻辑相统一法、辩证分析法、理论联系实际法、文献研究法、社会调查法、案例分析法等多学科的方法,对马克思主义文化观视域下的中华优秀传统文化"双创"问题进行深入研究。通过以马克思主义理论为主、多学科方法的综合应用来增强研究成果的科学性和价值性。

3. 研究视角新

本课题以马克思主义文化观为视角,系统研究中华优秀传统文化"双创"问题,研究中华优秀传统文化"双创"面临的境况、如何发展、有何价值以及未来展望等问题,从而实现研究视角的创新。

（二）不足之处

虽经过不断努力,在中华优秀传统文化"双创"问题上有了一些想法与思路,但对其研究还存在一些不足。主要表现为：对一些问题的思考和研究还需进一步加深。马克思主义文化观视域下中华优秀传统文化"双创"问题既是一个理论问题,又是一个实践问题。关于中华优秀传统文化"双创"规律的研究不仅是一个重点,而且还是一个难点问题,虽在文本中进行了认真思考,但有待进一步深入研究。

第二章　中华优秀传统文化"双创"与马克思主义文化观的内在联系

对任何问题的深入研究,都不可避免地涉及该问题的基本概念并进行理论上的追问和界定。从研究的逻辑上讲,任何一个理论的前提性问题必须要明确,如果对概念模糊不清,不仅无法确证问题本身是否是真命题,而且也无法进行理论研究和创新。基于此,对文化概念的理解和把握,分析中华优秀传统文化及其发展脉络、构成系统、突出特色,了解中华优秀传统文化创造性转化、创新性发展的含义、辩证关系,研究马克思主义文化观的发展历程、内涵及其特性,进一步把握中华优秀传统文化创造性转化、创新性发展与马克思主义文化观的内在关系等,是研究该问题的前提。

一、中华优秀传统文化与"双创"

研究中华优秀传统文化与"双创"的关系,发挥中华优秀传统文化的当代价值,首先要清楚文化和中华优秀传统文化的内涵、发展脉络、突出特色,中华优秀传统文化"双创"问题的提出以及"双创"的语义分析及辩证关系等。

(一)中华优秀传统文化及其发展脉络、构成系统、突出特色

1. 中华优秀传统文化的基本内涵

（1）文化的基本内涵

文化是一个比较广泛的概念,其涵义较丰富。《周易·贲卦》最早使用"文化"一词,提出"观乎天文,以察时变;关乎人文,以化成天下"。这里文化就是以文化人、以文育人。后来将"文"与"化"合用,如西汉的刘向在《说苑·指武》中说到:"圣人之治天下,先文德而后武力。凡武之兴,为不服也,文化不改,然后加诛。"由此可知,在中国古代文化典籍中文化包含有以文化人、以文育人的涵义。西方"文化"一词的意义,也是不断地演进而来。西方"文化"(culture),一词最早产生于拉丁文"cultura",是动词"colere"的派生词。它的含义是指人在改造外部自然界,来满足人的生存需要的过程中,对土地的耕耘、加工和改良,以及植物的栽培。在西方词汇中,文化的英文单词是"culture",翻译成汉语,它的词义主要有"文化、文明和修养、栽培"。泰勒在1781年出版的《原始文化》第2卷开头把文化定义为:知识、信仰、艺术、道德、法律、习惯等凡是作为社会成员而获得的一切能力、习性的综合整体。根据1979年版的《辞海》的解释和界定,文化有广义和狭义区分。从广义上来说,文化是指人类所创造的物质财富和精神财富的总和。从狭义上来说,文化主要是人类所创造的精神财富的总和,为人们提供了行为的示范。迄今为止约有200多个关于文化的定义,有关文化的定义没有统一起来,但大多定义有着某些内在共同联系。综上所述,文化是指人类所创造的物质财富和精神财富的综合,也包含有教化、培育人的含义。其中,通过对人的教化、培育和培养,才能使以往的文化得以传承与弘扬。

（2）中华优秀传统文化的基本内涵

中华优秀传统文化作为一个整体概念,不单指"文化",强调的是"文化"与"传统"的结合。文化一词在前文已有论述。从发生学的角度讲,"传统"一般强调的是时间的一维性,过去的东西,仅具有单一维度,应与"当代"一词相呼应。在此所阐述的"传统"是世代相传、从历史沿传下来对人们的社会行为有无形的影响和控制作用。是人们沿传下来的思想文化、制度典范、风俗习惯、宗教艺术等各种行为规范的总和,具有时间上的延

第二章 中华优秀传统文化"双创"与马克思主义文化观的内在联系

续性和空间上的宽泛性等特点。将"传统"与"文化"有机结合起来的中华优秀传统文化,不仅是中华民族在长期繁衍生息过程中形成的过程,而且也是中华民族在长期的实践中不断积淀和形成的物质财富和精神财富的总和。从纵向分析来看主要指我国古代社会的优秀传统文化,或者说是1840年以前的文化。从横向分析来看主要指中国传统社会中各民族在这块地域上长期生活的方式和价值观念,除形成有影响力的各种学派如儒家、道家、墨家、法家、阴阳家、名家、魏晋玄学、隋唐佛学、两汉经学及明清朴学等外,还包括自然科学和人文科学,如艺术、法律、道德、宗教等以及地理、文物、书法、服饰、医学、天文历法、陵墓等各种古代文化典籍。这一概念从空间与时间上定义了中华传统文化。中华传统文化毕竟是时空的产物,有精华也有糟粕,因此我们应正确分析其精华与糟粕,结合现实需要批判继承,用科学辩证的方法加以去粗取精,去伪存真。本文在研究中华优秀传统文化"双创"问题时,所说的中华优秀传统文化主要是指中华民族在传统社会所创造的各种优秀文化的总和,它以不同的形态存在,如器物、制度、道德、人文精神等文化。

2. 中华优秀传统文化的发展脉络

(1) 中华优秀传统文化的雏形期:从史前文化至夏商周

一般认为,中华文化的形成,开始于史前,即人类文明时期的开始。中国在进入文明前经历了漫长的进化历程,这段时期奠定了中华文化独立发展的基础。根据考古发掘材料已知,中华民族和中华文化起源于华夏辽阔的大地上,在这块辽阔的大地上至少200万年以前出现了云南元谋人、陕西蓝田人、北京周口店人、安徽和县人等遗址。这些发掘已充分证明我国境内已有人类的繁衍生息,并揭开了中华文化的序幕。

众多考古证据证明我国的黄河、长江、珠江、辽河等流域是中华民族和文化的发源地。发现在旧石器时期孕育的江河文化,在新石器时期出现的草原文化和华南文化与我国的史前文化相衔接,[①]并对中华优秀传统文化的形成产生了重要影响。从严格意义上讲,这些早期史前文化应属于广义的文明范畴,还不能称之为文化,因为文化是由共同精神、思维方式和价值理念等精神或器物成果的总和和观念形态组成,如果把文明与文化混淆,显然不够严谨。因而中华优秀传统文化的雏形期应从有了

[①] 曹晓宏:《中国传统文化指要》[M].成都:四川出版巴蜀书社,2008年版,第10页。

观念形态的形成,特别是在殷周时期天命神权思想运用,以及阴阳五行学说的产生为标志。

夏商周是我国奴隶制社会时期,这一时期文化是中华文化发展的基础。奴隶主阶级为了更好地统治人民,首先推出宗教来愚弄人民,以天命神权宗教世界观来统治人的思想,后来推出"以德配天、敬德保民"的思想。可以说统治者先后推出了宗教和德治等意识形态观念来管理约束人民,那么这一时期可以理解为中华优秀传统文化的雏形期。

由于受当时生产力发展水平的束缚,宗教观念在这一时期占据着主导地位,人们头脑中充满了浓厚的宗教色彩,也为殷商至高无上的统治地位奠定了基础。宗教、迷信思想根深蒂固,殷人认为,人死后其灵魂仍继续存在,可以影响生活中的人和事。卜辞中记录:"今二月帝不令雨""帝令雨足年,帝令雨弗其足年。"[1] 说下不下雨是上帝的命令,一年当中是不是风调雨顺,也取决于上帝,上帝主宰人间的一切万物。由此可知,殷人对统治者的服从,是以对上帝的服从为原则的。除了对"上帝""天命"崇拜之外,到了西周取代殷商以后,周人为了更好地统治人民,总结夏商两代"天命"得而复失的教训,更加有了忧患意识,周代统治者在继承了殷商的天命神权思想的同时,开始引用"德"的范畴来解释朝代的更替。周统治者意识到要治理好天下就要得"民心",就必须要施行"德政",因而提出了"敬德保民""敬德安民"等一系列人道主义思想。周代统治者已经意识到普通百姓的生命、生活和意向在社会治理的重要性,开始从人民的现实生活需要去思考社会统治问题,以达到了解上天的意图,周统治者已意识到尽人事以待天命,同时也反映了周统治者的主体意识的觉醒。

中国先民在认识自然、社会、人生等方面经历了不断探索的过程。西周时期,出现了阴阳、五行学说并对中华文化产生了深远的影响。殷周之际,阴阳五行学说形成之始。特别是《易经》,它是一部问卦占卜书,书中卦画由两个符号组成,即两种爻:"—"与"--"。由三爻组成一卦,共有八卦。在这里用两个符号来观察事物变化的规律,通过这一规律去认识自然和了解生活中各种现象,这是中华先民们最早运用理论思维方式来认识世界,可以看作是"哲学思维的开始"。[2] 五行学说在文字上见于《尚书》的《甘誓》和《洪范》。五行:一曰水,二曰火,三曰木,四曰金,五曰土。这里的五行已不是单一的五种具体的物质,而是五种范畴相生相克的循环次序,也是人类理论思维的开端。阴阳五行学说的发展,为人们用阴阳

---

[1] 郭沫若:《卜辞通纂》[M].北京:科学出版社,2002年版,第67页。
[2] 曹晓宏:《中国传统文化指要》[M].成都:四川出版集团巴蜀书社,2008年版,第12页。

五行学说来解释当时的自然现象和社会现象提供了可循理论依据。

总之,这一时期的天命神权思想、敬德保民思想以及阴阳五行学说尽管还缺乏完整和系统的科学论证,但这一思想和学说对中华优秀传统文化和社会产生了深远影响。

(2)中华优秀传统文化的奠定期:春秋战国至秦汉

随着社会生产力的发展,社会制度的更替已由奴隶制向封建制转化,尤其思想文化领域空前活跃。可以说,春秋战国至秦汉时期是中国历史上的大变革时期,文化上的百家争鸣、秦汉封建王朝的统一都为中华文化的形成奠定了基础。诸子百家在这一时期开始各自宣扬自己的政治主张和思想,出现了百家争鸣的盛况,各家在交流、汲取、批判的基础上相互融合,形成了中华优秀传统文化的基本形态,为中华文化进一步发展奠定了基础。

诸子百家学说中最具有影响力的是儒、墨、道和法家。其中儒家以孔孟为代表,主张崇尚伦理道德,"从亲亲有别的原则出发,在血缘关系的基础上,分别亲疏远近,展开自己的理论"。[①] 孔子以"仁"为核心,以"礼"为行为规范,做到仁礼有机结合,形成了仁礼统一的体系,这一体系无论在政治理念还是个人道德修养上都充分体现鲜明的政治伦理色彩。孟子进一步发展了"仁"的学说,其社会政治思想以性善论为基础。在社会治理主张以"以德服人"的王道,反对"以力服人"的霸道,主张推行"仁政"。可以看出,孟子"仁政"思想是对孔子"德治""重民"思想的发展,也反映出儒家伦理本位思想的重要性,重视现实的社会人生,强调人道而非天道。

以墨子为代表的墨家,也是当时的显学。墨家思想非常丰富,主张"兴天下之利,除天下之害"。尚贤、尚同、节用、节葬、非乐、非命、兼爱、非攻、天志、明鬼等十事是墨子思想主张的集中体现。墨子主张尚力、非命,义利并举,带有明显的功利色彩,提倡"天志""明鬼"思想,体现了浓厚封建宗教观,认为是上天主宰着人类命运,天道应高于人道。

以老庄为代表的道家学派主张"出世",寻求洒脱人生观,通过对自然界的探索,对天道观的悟性,引发出人事系于天道之下的人生感慨。老子云:"人法地,地法天,天法道,道法自然。"[②] 庄子:"若夫乘天地之正,而御六气之辩,以游无穷者,彼且恶乎待哉!"[③] 老庄为代表的道家思想是

[①] 曹晓宏:《中国传统文化指要》[M].四川出版集团巴蜀书社,2008年版,第12页。
[②] 汤漳平,王朝华 译注:《老子》[M].上海:中华书局出版,2014年版,第67页。
[③] 孙海通译.庄子·内篇逍遥游[M].上海:中华书局,2009年版,第4页。

以超然的态度对待人世间的纷争,他们尊重"天道",以"自然"为依托,提倡清净"无为",追求一种洒脱的人生态度,和儒家积极主张"入世"政治理念相悖,体现出超俗的风格。

法家思想以韩非为代表,以法为教、以吏为师的法治思想集中体现在以"法"为中心,"法""术""势"相结合的君主集权制思想。法、术、势三者间,相互依存,法是中心。韩非的法治思想强调"严刑峻法",在社会治理上要"争于气力",这也是三者结合的政治思想和君主统治权术在当时统治调解不同群体利害之间的必要手段。法家思想在社会治理上运用更多的是重人道轻天道。

秦汉时期的文化模式奠定了中国近两千年来的文化基础,具有时代特色。首先,秦灭六国,建立了大一统的中央集权制国家,创立了比较完整的政治、经济、文化统治制度;其次,汉继承秦制,并进一步发展和巩固了各种制度。在当时封建土地所有制中,地主土地所有制是封建私有制土地的主要组成部分,并直接影响着封建经济结构和当时皇权政治权利结构的运行。秦汉在封建土地所有制的基础上,建立了中央集权统一的官僚政治制度、思想文化制度和伦理道德规范制度。

秦汉时期的官僚体系是以"家天下"为原则,实行军、政、监察分权并相互牵制,最终以维护皇帝权威,从制度上保证了皇权独断,并为以后历代王朝所效仿。秦汉在思想文化制度上形成了高度的统一。[①]秦统一后,实行"书同文,行同伦"[②]统一了度量衡,实现了天下一统,有力地促成各民族文化形成。到了汉武帝治理时期,董仲舒的"罢黜百家,独尊儒术"被采纳,结合当时社会发展需要提出了大一统思想,儒家思想开始成为封建社会的正统思想,一直延续两千多年。

总之,春秋战国时期儒、道、墨、法四家思想学说所主张的政治、伦理观念和天人关系等,虽各有其理,价值取向上虽各不相同,但都相互汲取渗透,并共同构筑了中华文化的基本精神。秦汉时期所形成的政治官僚体制、经济制度、文化制度以及伦理规范等成为以后中国各种制度体制的楷模,这一时期为中华优秀传统文化的奠定期。

(3)中华优秀传统文化的发展与鼎盛期:魏晋南北朝至隋唐两宋

魏晋南北朝时期是社会急剧动荡,旧的价值观和社会秩序土崩瓦解,而新的社会秩序正在重建之时。这一时期的文化在秦汉文化的基础上进一步发展,开始确立了中华传统文化在历史上的恢弘篇章。

---

① 曹晓宏:《中国传统文化指要》[M].成都:四川出版集团巴蜀书社,2008年版,第15页。
② 同上。

第二章 中华优秀传统文化"双创"与马克思主义文化观的内在联系

其一，儒学受到外来思想的冲击，其统治地位开始动摇。东汉末年，社会动荡，民不聊生，政治混乱，儒学没有了政治依靠。此时佛教的广泛传播和土生道教的迅速发展，使儒学在文化上的主导地位开始岌岌可危，失去了昔日的辉煌。这一时期，富于思想的知识分子致力摆脱两汉以来经学传统的束缚，更多注重内在人格的觉醒与追求，运用哲学思辨方式，开始探讨抽象的理论问题。由此产生了当时主要的学术思想——玄学。玄学家推崇先秦道家的《老子》《庄子》和《周易》三部经典，名之为"三玄"，玄学开始成为社会独领风骚的文化形态。

其二，科举制度的建立以及中外文化的交流融合。隋朝创立的开科考试制度逐渐代替了魏晋南北朝时期的九品中正制，这一创举成为我国教育考试制度，为国家选拔人才发挥了重要作用。隋炀帝时开始建"进士科"，科举考试制度开始形成。随着选拔用人的需要，科举制度日臻完善，在封建体制下，虽然科举选拔制度建立在封建统治阶级意识形态和伦理道德基础之上，但为上层建筑选拔人才提供了有效途径。对当时广大的知识分子产生了重要影响，通过科举进入上层建筑，有利于人才流动和文化的传承。

外来文化佛教的传入，佛教为了能更好地在中国传播和发展，要适应中国本土文化，进行自我调整，做到与时俱进。其开始与中国的道教文化、儒家思想相互吸收，融合创新，形成一体，形成了一门新思想——理学。佛学融合创新本土化之后，丰富和充实了中华文化的内涵。唐朝后期，随着生产力的发展，唐朝国力日渐强盛，对外交往日益频繁，大量外国留学生开始来唐学习交流，这一时期，唐朝以博大胸怀吸纳了外来优秀文化，做到融会贯通，丰富了中华优秀传统文化的内容。

其三，儒释道融为一体，最终形成新理学。宋代佛道两家思想不断对儒学的渗透融合，儒学研究不再限于研究儒家经典的范围，而是拓宽研究领域，包括经学、文学、史学、哲学等在内的多学科交叉研究，并逐渐形成一门新的学术思想，即理学。理学的形成可以说是先秦儒学的一次复兴。儒家思想成于先秦，兴盛于两汉，衰落于魏晋隋唐，后复兴于宋、元、明。北宋中叶，儒释道融合为一体，以儒家思想为核心的理学形成，此时儒学复兴并不像两汉时期的经学，而是更多对儒家经典内涵的探讨和解析，南宋大儒朱熹著的《四书集注》就是对四部经典的注解。这一时期，理学重新确立了正统地位，对中华文化后续发展产生了重要影响。

总之，无论是魏晋玄学的盛行、隋唐科举制度的建立，外来佛教文化的传播、唐朝文化的昌盛，还是两宋理学的形成，都不断促进中外文化的交流。也为这一时期政治、经济、文化等制度发展提供了丰厚土壤，是中华优秀传统文化走向发展成熟的重要时期。

（4）中华优秀传统文化的衰变期：元明至鸦片战争前的清朝

明清是中国封建专制制度发展顶峰和衰变期，这一时期形成的文化特点为后来中华文化的转变埋下伏笔。

元朝建立后，把其统治下人民分为四等人，"即蒙古人、色目人、汉人和南人"。①蒙古人地位最尊贵，南人（南人是指最后被蒙古人征服的南方汉族和其他民族的人）为最低等人。元朝统一了大江南北，大量进入中原的蒙古人开始定居下来从游牧民族变成了农耕民，元朝统治结束后，入住中原的蒙古人大多改为汉姓，促进了民族融合。元朝统一，在政治制度、经济发展、中外文化交流上取得了较大发展。在政治制度上，强化中央集权，元代实行行省制度，在中央设立中书省，地方设立行省；在经济发展上，鼓励商业发展，特别对色目人给以优惠待遇，经过一段时期经济社会的发展，在战争中遭到破坏的北方生产力得到恢复。元朝版图是一个空前广大帝国，其疆域北逾阴山，西极流沙，东尽辽东，南越海表。辽阔的疆域，为中华文化与外域文化的交流提供了空间。元帝国对欧亚大陆的征服，大量的阿拉伯、波斯和中亚的穆斯林大规模迁居中国，"元代中西交通的打开，为基督教传入中国提供了有利的条件，并迅速传播大江南北，其教徒发展至三万余人"。②欧亚大陆的沟通，为外国人来华旅行提供了便利。著名威尼斯人马可·波罗来华旅行足迹遍布大江南北，写下《马可·波罗游记》一书久传于世。外域文化传入中国的同时，中华文化向西传播的步伐也在加快，中国四大发明中的火药，以蒙古和阿拉伯人的战争为中介，传入欧洲，印刷术从蒙古统治下的波斯以及突厥统治下的埃及传入欧洲。

明清两代，既是文化专制空前严酷钳制期，中国君主专制制度发展达到了顶峰，又是东西方文化相遇碰撞期。明清两代在政治上，不断加强中央集权制。明朝废除丞相制度，强化监察制度，不断加强皇权以巩固中央集权。清朝通过削弱朝廷内政大臣权限来加强皇权，确保皇权的至高无上性，到雍正时期，皇上总领军机一切要务，君主专制集权进一步得到强化。

文化思想上，明清时期加强了对文化思想的严格控制，其突出表现是大兴文字狱。朱元璋出身贫民，往往对臣下奏章识字不清，错杀无辜，因此，大批儒生士大夫因文字惨遭横祸。清代统治者在推行文化专制上也

---

① 王宁：《中国文化概论》[M].北京：外语教学与研究出版社，2015年版，第98页。
② 同上。

第二章　中华优秀传统文化"双创"与马克思主义文化观的内在联系

不遗余力。乾隆年间,乾隆时期在编纂《四库全书》期间,极力铲除危害封建统治思想的其他学说,"又接连于十一月初九、初十谕旨各省督抚搜缴违碍书籍,如若不缴,以隐匿罪治"。[①] 至此,乾隆年间轰轰烈烈查禁违章书籍运动在全国各地展开,这一时期,中华文化遭到自秦始皇焚书以来又一次浩劫。

此时的文化由开放向封闭转变,以儒家为代表的中华文化具有海纳百川、有容乃大的胸怀,在与外来文化交流碰撞中一脉相承不断延续发展。明清之际,中华文化开始转向封闭状态。明朝郑和下西洋后,为了防止倭寇的入侵,封建统治者开始下令限制海上贸易往来,给这一时期经济文化交流带来了很大影响。清朝时期,西方先进的自然科学开始在中国开明士族中间传播,特别是医学、历法、数学等。当时清政府没有意识到自然科学是一种先进的科学,在政治、经济、文化上实行了封闭政策,使中华文化丧失了一次良好的转型机遇。

(5) 中华优秀传统文化的转型期:从鸦片战争至今

从鸦片战争以后到"五四"运动,是中国封建文化的衰落期,也是西方文化不断传播国内的时期,这一时期是中华文化迎接新思想,吐故纳新的转型期。

鸦片战争的失败致使一些爱国志士开始觉醒,意识到要学习西方的坚船利炮,学习西方的先进文化,以救亡图存。以林则徐、魏源为代表的有志之士开始介绍西方先进文化,在文化方面开创新的社会风气,为中华文化的转型提供了契机。19世纪60年代兴起的洋务运动,开始大规模兴办实业,加强军备,学习西方先进技术,试图在民族危亡时挽救清朝政府。此后,出现以康有为、梁启超为代表的维新派,维新派在经济上提倡重商主义,在政治上采取西方国家君主立宪的议会政体,试图挽救岌岌可危的封建王朝,虽进行了戊戌变法,但以失败而告终,这一变法震惊中外,在思想文化上使中华文化发生了历史转折。中国封建文化两千多年的统治地位在西学和新学的冲击下,从根本上发生了嬗变,维新运动在文化发展方面开创了新局面。

20世纪初发生的"五四"新文化运动,是在中华民族面临内忧外患的情况下,一批爱国青年对封建传统思想文化进行批判与民族自救的运动。这一运动,提倡民主科学,反对专制迷信,批判旧思想,提倡新思想、新文化,这时一批具有共产主义思想觉悟的人开始在国内传播马克思主

---

① 中国第一历史档案馆编,《纂修四库全书档案》[M].上海:上海古籍出版社,1997年版,第282-284页。

义。此时,摇摇欲坠的封建王朝大厦在面对国内各种思潮冲击下挣扎摇摆,如全盘西化派等极力宣传自己的观点,各种学派团体都试图用其思想来构建新的文化体系。[①]

中国两千多年的封建文化思想根深蒂固,中国社会在没落封建体制中挣扎前行。面对西方先进文化思想的冲击,一批有志之士在救亡图存运动中前仆后继,寻求救国途径。在这种新的历史条件下,旧的思想文化体系已不可能适应当时社会发展的需要,中华优秀传统文化进入了一个新的转型期。

3. 中华优秀传统文化的突出特色

中华民族自古多磨难,由于南北地域差异,幅员辽阔,民族众多,生活习俗不同,中华民族的主体内容、理想人格、价值理念是在社会生产实践中不断形成的,其中的社会心理和思维方式具有独特性。中华优秀传统文化丰富多彩,其特点鲜明,主要从以下几点进行论述。

其一,中华优秀传统文化具有较强凝聚力和包容性。中华优秀传统文化是一个延续发展的体系,具有较强的凝聚力和包容性。英国历史学家汤因比认为"在近6000年的人类历史上,世界其他文明古国的文化,都出现过'断层',惟有中国文化历尽沧桑,于起伏跌宕中传承不辍,在数千年发展中,各代均有斐然成就"。[②]中华文化是在一定历史环境中积淀形成的,中国自古分久必合,合久必分,国家政权在各民族中多有更替,但各民族间文化交流从未中断,甚至更加密切并接续发展。

中华民族由于生活在不同的地理环境中,在文化交流碰撞过程中逐渐形成了共同的心理、共同的文化认同,有了相同的价值观念,最终形成了中华民族的大家庭。在这个大家庭中,汉族作为人口最多的民族在同其他民族交往中,虽有摩擦和纷争,但总体上各民族仍相互学习,相互促进,共同发展。每当中华民族遭受外来入侵时,各民族都会放下民族隔阂,同仇敌忾,一致对外,这充分体现了中华民族具有共同的价值取向,中华优秀传统文化具有强大的凝聚力和包容性。进入汉朝以来,中外交流不断加强,海外的宗教文化、艺术、舞蹈、建筑等逐渐传入境内,这些文化不仅没有同化中华文化,反而被中华文化所吸纳、消化、融合成为中华优秀

---

① 曹晓宏:《中国传统文化指要》[M].成都:四川出版集团巴蜀书社,2008年版,第16页。
② 冯天瑜:《中国文化史纲》[M].北京:北京语言文化大学出版社,1994年版,第89页。

第二章 中华优秀传统文化"双创"与马克思主义文化观的内在联系

传统文化的一部分,这些充分体现了中华优秀传统文化的包容性。

其二,中华优秀传统文化重人伦、尊君重民。以血缘关系为纽带的宗法制度是中华文化形成的基础,这一制度也是维护国家稳定的重要基石。重视伦理规范和道德教化是封建社会统治者的主要举措,逐渐形成了以"趋善求治"为目标的"伦理性文化"。[①] 法制在中国封建社会被统治者牢牢把握和运用,孟子曰:"天下之本在国,国之本在家。"[②] 这种家国一体的封建思想深深渗透到中国社会生活的最深层,使每一个家族,每一个人都有"国家兴亡,匹夫有责"的责任感,巩固了封建政权的稳固。宗法制强调人伦道德,要求人们正确处理人与人之间的尊卑亲疏关系,做到为君的要仁、为臣的要忠、为父要慈、为子要孝、兄友弟悌、朋友有信,做到忠恕之道等,这样整个社会才能安定有序,家庭和睦。中华优秀传统文化强调要不断提高人伦道德修养,使之规范自己社会行为,达到教化人的作用。

在治国安邦中,统治者认识到人民的重要性,要理解民为邦本、本固邦宁的内涵,把古代民贵君轻的思想意蕴理解透、把握好,并结合现代社会治理贯穿其中。因此,重人伦和尊君重民的思想贯穿于整个封建社会发展的全过程,而这一特色也赋予中华优秀传统文化的意蕴之重要特征。

其三,中华优秀传统文化重整体观念和重群体关系的和谐统一。中国思想家历来比较重视天、地、人一体的发展理念,比较关注人与自然和谐相处,以达到"天人合一"理想境界。倡导人与人之间的和谐共处,以利他、天下为公、群体利益为目标,以行"仁"为最高示范,在维护社会整体秩序上,以天下大一统为目的。中国传统思想中提出了许多构建社会秩序调适人际关系的正确主张,儒家的"中庸""贵和""己所不欲勿施于人"等。这些优秀传统文化精髓更多的是注重人们的集体利益,通过社会教化来提高道德修养,倡导在个人利益与集体利益冲突时,舍小家顾大家,以集体利益为重。

中华优秀传统文化特有的凝聚力和包容性彰显了优秀传统文化的感染力和极强的生命力,使中华文化五千年来得以延续发展。重人伦和尊君重民思想维护了当时社会的安定有序,促成了中国人重修养、重礼仪良好美德传承习惯。重整体观念,强调集体利益的统一性,在促进社会发展中不断增强民族凝聚力和向心力。我们也要看到其中对个体成长价值观念的压制,限制了人们的个体欲望,凸显集体,使个体隐匿于群体之中,客观上限制了个人发展。

---

① 曹晓宏:《中国传统文化指要》[M].成都:四川出版集团巴蜀书社,2008年版,第21页。

② 王金芳:《孟子·离娄上》[M].北京:金盾出版社,2009年版,第110页。

（二）中华优秀传统文化"双创"问题的提出

文化是社会发展的产物,中华优秀传统文化是社会生产力发展的必然结果。社会存在决定社会意识,随着人民生活水平的提高,人们越来越需要更加优秀的文化。十八大以来,为进一步加强文化建设,习近平总书记多次阐述中华优秀传统文化的历史地位与现实意义,明确提出要实现中华优秀传统文化创造性转化与创新性发展即简称"双创"。习近平总书记主持十八届中央政治局第十二次集体学习时在讲话中,首次提出要"努力实现中华传统美德的创造性转化、创新性发展,让13亿人的每一分子都成为传播中华美德、中华文化的主体"。[1] 在学习贯彻十八届三中全会精神全面深化改革专题研讨班开班式上,习近平总书记进一步提出"要加强对中华优秀传统文化的挖掘和阐发,努力实现中华传统美德的创造性转化、创新性发展"。[2] 在纪念孔子诞辰2565周年国际学术研讨会暨国际儒学联合会第五届会员大会开幕会上,习近平总书记又提出中华传统文化"双创"的问题,"要坚持古为今用、以古鉴今,努力实现传统文化的创造性转化、创新性发展。"[3] 习近平总书记在哲学社会科学工作座谈上再次强调"要推动中华文明创造性转化、创新性发展,激活其生命力"。[4] 习近平总书记指出,中国特色社会主义文化"坚持百花齐放、百家争鸣,坚持创造性转化、创新性发展、不断铸就中华文化新辉煌"。[5] 中华优秀传统文化"双创"的提出为研究传统文化提供了科学指引,怎样科学认知掌握传统文化,有效传承优秀传统文化,是近代以来国人面临比较困惑的问题。基于此,我们要从几个方面认知中华优秀传统文化在现代化建设的重要性。

首先,继承与弘扬中华传统文化是新时代建设中国特色社会主义文化的必然要求。中国特色社会主义文化的建设要不断对中华优秀传统文化进行挖掘与保护、弘扬与发展。其次,中华优秀传统文化为培育和践行

---

[1] 习近平:《习近平谈治国理政》第一卷[M].北京:外文出版社,2018年版,第161页。
[2] 同上。
[3] 习近平:《在纪念孔子诞辰2565周年国际学术研讨会暨国际儒学联合会第五届会员大会开幕会上的讲话》[N].《人民日报》2014年9月25日第02版。
[4] 习近平:《习近平谈治国理政》第二卷[M].北京:外文出版社,2017年版,第340页。
[5] 习近平:《中国共产党第十九次全国代表大会文件汇编》[R].人民出版社,2017年版,第33页。

第二章 中华优秀传统文化"双创"与马克思主义文化观的内在联系

社会主义核心价值观提供重要思想源泉。深入挖掘中华优秀传统文化蕴含的思想观念、人文精神、道德规范,结合时代发展需要继承创新,让中华优秀传统文化展现永久魅力。最后,中华优秀传统文化为实现中华民族伟大复兴的中国梦提供精神支撑。

正确对待中华优秀传统文化,要立足社会主义现代化建设需要这一基础,通过批判继承来不断创造、创新优秀传统文化的内涵。科学分析中华优秀传统文化,必须坚持马克思主义的立场、观点和方法,既不完全否定,也不完全肯定,科学分析中华优秀传统文化的时代内涵。对于中华优秀传统文化,要坚持以古鉴今和时代之需不断"双创",既要保持其民族性,又要体现其时代性,以进一步推动文化强国建设。

(三)"创造性转化"与"创新性发展"的语义分析

关于中华优秀传统文化"双创"这一内涵的理解,一些学者进行了阐述。如万光侠对"双创"要做到创造性转化、创新性发展中华传统文化,"创造性转化是指,创造是事物的存在动力,转化是事物的存在趋向与状态;创新性发展是指中华优秀传统文化的自我革新和超越,是以发新枝为着力点,以创新为价值特性"。[①] 包晓光在其文章中阐释了中华优秀传统文化的"双创",是"根据新时代人民对美好生活的需要,开发和利用中华优秀传统文化资源,将其转化为有益于当代的新的文化成果,创新更是对弘扬中华传统文化的更高要求"。[②] 有关对中华优秀传统文化"双创"的阐释为进一步理解中华优秀传统文化"双创"的内涵提供了有价值的借鉴。基于以上分析,本文对中华优秀传统文化"双创"的哲学思考,可以从两个方面来理解。

其一,中华优秀传统文化创造性转化。理解中华优秀传统文化创造性转化,首先,要明确创造性本身的涵义。"创造"是指首创、创始以前没有过的东西。"创造性"是指首创过程中所具有的基本属性和本质规定性;其次,是关于"转化"的概念界定。"转化"是指一事物向另一事物的转变,即矛盾双方的改变,使事物性质发生根本变化。转化具有两种基本情形,一种是双方朝着事物性质相反的方面转化,另一种是双方朝着对立面的转化。再次,"创造性转化"是指创造新事物并遵循事物的特性和发

---

① 万光侠:《中华传统文化创造性转化创新性发展的哲学审视》[J].《东岳论丛》2017年9月(第38卷9期),第27—34页。
② 包晓光:《新时代语境下传统文化创造性转化创新性发展的几个问题》[J].《湖南社会科学》2018年第3期,第7—13页。

展趋势。中华优秀传统文化创造性转化是遵循文化自身发展规律的,使内容和形式与时俱进地得到改造,使中华优秀传统文化原有价值体系适应当代社会发展的需要。

中华优秀传统文化创造性转化是立足于优秀传统文化自身,着眼于中华民族,立足于当代社会发展需要,以满足人民现实需要的时代要求为标准,以服务于中国特色社会主义现代化建设为目的。从国内国际新的形势出发创造性地对中华优秀传统文化做出新的调整和内容上的补充,重新赋予中华优秀传统文化新的时代内涵和现代表达形式,从而使中华优秀传统文化在新时代具有更大创造力和更强生命力。

其二,中华优秀传统文化创新性发展。对于中华优秀传统文化创新性发展的理解,要理解创新性发展本身的涵义。首先,关于创新性的涵义。"创新"指打破旧事物,以新思维创造新事物。"创新性"意指,遵循旧事物与创造新事物的基本特性。其次,关于发展的涵义。"发展"指新事物的产生,旧事物的灭亡。再次,关于创新性发展的涵义。"创新性发展"指创新性是在旧事物基础上的一种新突破,事物发展前进的动力,发展是事物创新的根本目标。就其本质内涵来说,中华优秀传统文化创新性发展指中华优秀传统文化在遵循文化发展规律的基础上,根据时代发展实现自我超越,以创新为目标,以弘扬优秀传统文化为旨归。中华优秀传统文化创新性发展的支撑点必须以"创新"为动力,在文化创新中使中华优秀传统文化产生质的飞跃,呈现新的文化形态。中华优秀传统文化创新性发展是指激活优秀传统文化生命力和感染力,更好融入文化强国建设中,使中华优秀传统文化充分发挥"以文化人"的真正价值,成为国家建设的精神动力之源。

总之,中华优秀传统文化"双创"必须立足民族性、体现时代性,符合人民需要,对那些至今仍有借鉴价值的内容和陈旧的表现形式不断改造,赋予新的时代内涵和新的表达形式,激活其生命力。

(四)"创造性转化"与"创新性发展"的辩证关系

创造性转化与创新性发展的本质内涵是在坚持马克思主义立场、观点、方法的基础上,分析中华优秀传统文化"双创"的两种方式,既要看到二者的联系,又要看到二者的区别,做到相辅相成,辩证统一。

关于"创造性转化"与"创新性发展"之间有着怎样的逻辑关系,学术界有不同的看法。一方面是要"创造性转化",另一方面要进行"创新

第二章　中华优秀传统文化"双创"与马克思主义文化观的内在联系

性发展"。前者是从优秀传统文化到当代文化进行革命性的变革,在变革中产生质的飞跃;后者是对其中有价值的、合理的东西进行修正、补充、丰富,乃至增添前所未有的新内容。① 也有观点认为"创造性转化"是"创新性发展"的基础,中华优秀传统文化的"创新性发展"是其"创造性转化"的飞跃。② 基于此,我们不难理解,"创造性转化"和"创新性发展",都有其侧重点,都以"创造"与"创新"为重点,二者既有联系,又有区别,不能把二者混为一谈,相互替代。"创新性发展"必须以"创造性转化"为前提和基础,强调的是"发展",这个"发展"是有内容的发展,是有强大生命力的发展,这个内容应该是丰富的道德规范、思想理念、人文精神。而"创造性转化"是以"创新性发展"为归宿,强调"转化",是对其中有价值的内涵和陈旧表现形式加以"改造",使其符合新的时代要求。"'创造性转化'是'创新性发展'的前提条件,'创新性发展'是'创造性转化'的价值指向、必然结果和逻辑递归。"③ 二者之间既有联系,又有区别,相辅相成、相互促进、辩证统一,共同构成中华优秀传统文化现代化发展的路径和方法,这一内涵不仅具有科学性,而且具有一定的理论价值和现实意义。

总之,"创造性转化"和"创新性发展"为当代文化强国建设提供科学理论指导,在新时代,提升了中华优秀传统文化的科学内涵,是习近平总书记中华优秀传统文化观的重要思想内容。这一"双创"问题备受关注,具有重要的理论价值和实践意义。

---

① 江畅:《对传统价值观创造性转化和创新性发展若干问题的思考》[J].《当代价值观研究》2016 年第 1 期,第 53-64 页。
② 安丽梅:《传统文化创造性转化论要》[J].《学习月刊》2016 年第 10 期,第 17-19 页。
③ 余卫国:《再论中国传统文化的创造性转化和创新性发展》[J].《船山学刊》2018 年第 4 期,第 92-96 页。

二、中华优秀传统文化"双创"与马克思主义文化观

（一）马克思主义文化观及其发展历程、基本特征

1. 文化观与马克思主义文化观的内涵

（1）文化观的内涵

对"文化观"的内涵进行分析是科学认识和理解马克思主义文化观的一个必要环节。所谓"观"就字面意思来说，是指通过观察和思考形成对事物的看法、观点。因此"文化观"即人们在生产、生活实践中对"文化"的产生、形成的一种认知和观点。

从目前学术界研究成果来看，对"文化观"研究主要有"广义"和"狭义"两大主要观点。持广义文化观的学者们，所指文化不仅包括自然界在内的人类创造一切物质财富的总和，还包括人类所创造精神财富的总和。这一观点认为只要打上人类烙印的东西都属于"文化"范畴；持狭义文化观的学者认为在人类社会发展过程中所创造的物质财富不应该列入"文化"范畴。持此观点的学者以精神产物为着眼点，认为人类思想认识、心理活动、社会意识形态、精神生产、规章制度等观念形态的东西才属于"文化"范畴，认为文化属于无形之物，是一种思想、精神的延续与传承。

总之，通过以上文化观的分析，本文所指"文化观"是指人们在生产和生活过程中所形成的对一切有形器物和无形精神产生、发展过程中所具有的观点、立场、方法的概括总结，这种文化观是随着社会不断发展而变化的动态过程。

（2）马克思主义文化观

阐释"马克思主义文化观"的科学涵义，是系统研究马克思主义文化观的必要前提。具体而言，所谓马克思主义文化观是指马克思在探索人

第二章　中华优秀传统文化"双创"与马克思主义文化观的内在联系

类社会发展规律时,批判继承前人文化思想过程中形成的观点、立场、方法之总和。有学者认为,马克思、恩格斯在其文本中直接使用"文化"一词并不多,有时把"文化"与"文明"互用,在一定程度上文化就是指文明,认为马克思是从文明形态、社会生活方式的意义上来使用"文化"概念。[①]马克思在《1844年经济学哲学手稿》中论述共产主义时将文化和文明并列使用,是包含一个时期及其观念的意思,在《资本论》中使用"文化初期"是指一种文明程度较低的社会状态,而在《摩尔根〈古代社会〉一书摘要》中,马克思所说的"蒙昧时代和野蛮时代两种文化交织混合状态""三个顺序相承文化时期的人类状态"[②],这里所论述文化是与文明内涵等同的。

马克思从唯物史观角度来考察文化,研究了人的社会关系,特别是在生产过程中形成的生产关系,通过研究人的具体劳动来揭示文化产生的社会根源,这一文化根源也是认知和研究马克思文化思想的出发点。马克思在文本中多次论述,文明的真正价值在于实现主体人由"自然人"向"社会人"的转变,在转变过程中将人的社会属性得以全面展现和发展。由此可见,马克思所论述文化的本质在于实现人的自由而全面发展。在社会发展变革过程中,经济基础决定上层建筑,文化虽不是社会变革的根本动力,但上层建筑(意识形态的文化)在社会变革过程中具有一定的反作用,这个反作用往往起着关键的引领作用。

总之,文化是人类通过长期产生、生活实践所形成的产物,唯独人才能享有文化,因为文化的存在是为了满足人生存和发展需要,文化价值往往体现在人的最终解放和自由。马克思在《共产党宣言》中论述了共产主义社会中人的全面发展学说以及自由人的联合体,这一论述也充分体现了马克思主义文化观的终极目标是为实现人的自由而全面发展。研究发现,马克思文化观早期经历了黑格尔、费尔巴哈这一理性主义文化思想,并经过否定之否定过程逐渐发展为唯物主义文化观,最终回到人与自然的关系,回归社会现实中的人。

2. 马克思主义文化观的发展历程

任何一种理论都有孕育、发展、成熟到逐步完善的过程,马克思主义

---

① 林坚:《文化观—马克思的丰富遗产》[J].《探索与争鸣》2008年第3期,第20—24页.
② 《马克思恩格斯全集》第45卷[M].北京:人民出版社,1985年版,第331页.

理论来源属于社会生活、生产实践中,其文化理论同样经历从黑格尔理性唯心主义到费尔巴哈人本唯物主义、再到历史唯物主义文化观的形成。随着社会实践检验,又以高度的文化自觉不断发展和完善了马克思主义文化观。本文对马克思主义文化观的发展历程的论述是在认真研读了胡海波学者的论著《马克思恩格斯文化观研究》这一研究成果基础之上的概括与提炼。

(1)马克思主义文化观——孕育阶段

从1841年博士论文到1843年《〈黑格尔法哲学批判〉导言》是马克思文化思想孕育的重要时期。[1]青年马克思经过长期理论研究和实践探索,思想发生了很大的转变,开始对黑格尔的绝对观念批判,由黑格尔唯心主义逐渐转向费尔巴哈的唯物主义,并对文化问题进行唯物主义思考,逐步打开了历史唯物主义文化观的大门。

其一,博士论文《德谟克利特的自然哲学与伊壁鸠鲁的自然哲学的差别》中蕴含的早期理性主义文化思想。马克思最早对有关文化思想的论述,应从1841年的博士论文《德谟克利特的自然哲学与伊壁鸠鲁的自然哲学的差别》中来查找,马克思这一写作主要效仿了古希腊理性主义的写作方法,是对当时德国将要爆发革命理论的真实反映,论文主要从德国意识形态的立场为着眼点论述理性主义观点。在博士论文中对"定在中的自由""个别性"等问题展开详述,体现马克思对现实生活中人的生存状况的终极关怀,[2]马克思在其论文中有突破性地对先前理论资源做到有鉴别的借鉴。使其文化思想符合当时的现实性,为后来走向唯物主义奠定了基础。

其二,在《莱茵报》担任主编时期其理性主义文化观的动摇。马克思博士毕业没有如愿以偿进入大学从事教学工作,即1842年初,担任《莱茵报》主编一职,由于工作的需要,对社会政治生活开始更多关注和直接参与。"第一次遇到要对所谓物质利益发表意见的难事",[3]在工作中接触到摩泽尔河地区农民生活的困境以及林木盗窃案给马克思带来的困惑,此时德国官方哲学黑格尔的理性主义决定论与当时马克思本人思想发生较大分歧。促使马克思要思考国家政治、法的观念与现实人民需要的物质利益、经济关系存在着怎样的关系。而且,这一思考使马克思的研究视域发生了转变,开始从唯物主义角度思考文化在现实社会中的意义。

其三,早期唯物主义文化观思想在《〈黑格尔法哲学批判〉导言》孕育。

---

[1] 胡海波:《马克思恩格斯文化观研究》[D].东北师范大学,2010年。
[2] 同上。
[3] 《马克思恩格斯文集》第2卷[M].北京:人民出版社,2009年版,第588页。

第二章　中华优秀传统文化"双创"与马克思主义文化观的内在联系

《黑格尔法哲学批判》这部著作在马克思主义文化观发展里程碑中凸显了重要地位。马克思把批判的利剑直接指向了当时德国官方哲学黑格尔的理性主义思想,马克思指出:"理念变成了主体,家庭和市民社会是国家的前提,它们才是真正的活动者;而思辨的思维却把这一切头足倒置。"[①]并提出"市民社会决定国家"的思想,标志着唯物地理解文化理论方向的一个开端。这时马克思对文化问题研究还没有达到唯物主史观的高度,但对文化批判等问题有着重要意义。

（2）马克思主义文化观——新世界观形成阶段

1844年至1848年是马克思主义文化观曲折发展过程。其中《1844年经济学哲学手稿》《德意志意识形态》与《共产党宣言》三篇文章是研究马克思文化观形成过程中至关重要的文本。

其一,《1844年经济学哲学手稿》——被研究者誉为马克思主义文化观的发源地。在《手稿》中马克思不断对费尔巴哈等人思想的批判并进行改造,为历史唯物主义文化观奠定理论基础。在《手稿》中阐述了人类通过劳动实践不断创造文化成果,论述了文化的产生及其本质,并确立了文化观的自然存在前提。马克思在《手稿》中写道:"有意识的生命活动把人同动物的生命活动直接区别开来。正是由于这一点,人才是类存在物。"[②]这阐明了劳动是人的类本质。在《手稿》中论证了异化劳动并导致了文化上的异化,在辩证地批判文化异化现象过程中阐发了新型的文化理想。[③]在马克思看来,由人的异化劳动导致了文化异化,但从根源上看,是主体人在劳动过程中本身的异化,"一般地说人同自身的任何关系,只有通过人同其他人的关系才得到实现和表现"。[④]如果我们把文化异化的问题归结为异化劳动的结果,也就为认清资本主义的私有制提供了思路,为文化异化问题找到了存在的根源。[⑤]因此,《手稿》被誉为马克思主义文化观的真正发源地。

其二,《德意志意识形态》——马克思主义文化观形成。1845年至1846年马克思与恩格斯合作写下了《德意志意识形态》,在文本中对以往的唯心主义文化观作了一次清算,并划清了界限,实现了决裂,并系统论述了历史唯物主义文化观。通过研读文本发现,马克思主义文化观不是建立在空中楼阁中,而是以前人思想成果为养分,在不断批判黑格尔哲学

---

① 《马克思恩格斯全集》第3卷[M].北京:人民出版社,2002年版,第10页。
② 《马克思恩格斯文集》第1卷[M].北京:人民出版社,2009年版,第162页。
③ 参见胡海波:《马克思恩格斯文化观研究》[D].东北师范大学,2010年。
④ 《马克思恩格斯全集》第42卷[M].北京:人民出版社,1979年版,第124页。
⑤ 参见胡海波:《马克思恩格斯文化观研究》[D].东北师范大学,2010年。

基础之上,吸收其思想的合理内核,批判吸收费尔巴哈唯物主义理论成果上的全新体系。《德意志意识形态》能成为马克思、恩格斯文化理论成熟的重要标志,不仅清算从前的哲学信仰,也系统阐述了文化观的基本观点。在《德意志意识形态》中,马克思、恩格斯从人类意识的起源论述了精神是由物质存在决定的。马克思、恩格斯指出,"'精神'从一开始就很倒霉,受到物质的'纠缠'"[①] "不是意识决定生活,而是生活决定存在"。[②] 由此可知,马克思明确指出社会意识不是独立存在的,要受到社会存在的制约。马克思在阐述唯物史观基本原理的基础上进一步论证了文化发展以社会生产力、生产关系、经济基础、上层建筑为基础,不断揭示了人类社会发展的基本动力,并阐明了马克思主义文化观发展的科学历程。

总之,马克思、恩格斯在《德意志意识形态》中对以往唯心主义文化史观做了彻底的清算。以唯物史观为基础,批判抽象的人,还人以现实,论证了社会意识与社会存在的关系。阐明了生产力与生产关系、经济基础与上层建筑是人类社会发展的动力,从而确立了马克思主义文化史观的一般历程。因此,《德意志意识形态》是马克思主义文化观形成的重要标志。

(3)马克思主义文化观——发展与完善阶段

马克思、恩格斯在无产阶级革命斗争中从唯物史观角度探索了文化史的发展,马克思主义文化观是在科学探索中不断得以完善的过程。

其一,《资本论》作为一部伟大的经济学著作,充分展现了其丰富文化思想内涵。《资本论》中文化观思想从以下几点得以展现:首先,社会发展有机体理论得以提出,社会发展运行机制和规律得到了充分论证。马克思指出:"现在的社会不是一个坚实的结晶体,而是一个能够变化并且经常处于变化过程中的机体。"[③] 在《资本论》中,马克思从人的活动和经济结构着手,分析物质生产和精神生产之间的关系。通过社会交往形成社会关系纽带,分析社会有机体思想的形成,不断丰富和发展了马克思主义文化观的内涵;其次,提出人类社会三大社会形态理论,论证了不同社会形态下各自文化的特点。马克思提出"人的依赖关系,是最初的社会形态","以物的依赖性为基础的人的独立性,是第二大形态","建立在个人全面发展和他们共同的社会生产能力成为他们的社会财富这一基础

---

① 《马克思恩格斯文集》第1卷[M].北京:人民出版社,2009年版,第533页。
② 《马克思恩格斯文集》第1卷[M].北京:人民出版社,2009年版,第525页。
③ 《马克思恩格斯全集》第23卷[M].北京:人民出版社,1972年版,第12页。

第二章 中华优秀传统文化"双创"与马克思主义文化观的内在联系

上的自由个性,是第三个阶段"。① 通过三大社会形态经济、社会、文化发展的探索思考,得出不同社会形态下文化发展的不同特性。再次,《资本论》分析了生产方式、生产关系和交换关系,得出资本主义文化是建立在一定经济基础和上层建筑之上的,代表着统治阶级的意识形态。这一分析深刻地论证了马克思主义文化观的理论基础。

由此可见,马克思在《资本论》中对资本主义社会结构有机体的考察为其文化思想的完善提供了现实理论基础,使马克思主义文化理论更具有科学性和实践性。

其二,马克思晚期有关文化理论的探索与思考。从1873年—1883年是马克思生命的晚期时期。这一阶段,马克思放下了《资本论》写作,开始从事人类学研究,留下了许多有价值的笔记和摘录。如张奎良教授所阐述的,"马克思晚年人类学笔记是研究人类社会发展史的许多创造性探索"。② 通过晚年对文化人类学这一深入研究,马克思文化观得到了进一步完善,体现以下几个方面:首先,马克思对摩尔根《古代社会》一书资料摘录研究使我们重新认识了人类社会文化的发展。他写道:"有一些在地理上与外界隔绝,以致独自经历了各个不同的发展阶段。"③ 其次,《人类学笔记》透露出马克思对文化发展统一性有了重新认识,文化的发展存在多样性,又有其内在的一致性,人类文化发展也是有规律可循的。最后,马克思通过对大量文献资料的研究与考证,使我们对古代社会文化现象进行深入研究提供了可靠依据。马克思指出:"公社所有制……起源于印度,因而在欧洲各文明国家发展的初期都可以看到。"④ 由此得知,马克思通过对以往人类大量史学资料的研究,重新认识欧洲古代原始社会的起源问题,并不断深化自己的文化观。

总之,马克思通过晚年文化人类学的研究,对家庭起源、氏族部落发展、婚姻家庭关系等诸多问题都有了新的认知和思考,从唯物史观角度阐释了人类文化发展,不断丰富了文化观的内容。

其三,马克思主义文化观的完善和发展。马克思、恩格斯实现了社会历史观的伟大变革。在社会历史观上指出"过去在历史观和政治观方面占支配地位的那种混乱和随意性,被一种极其完整的严密的科学理论所

---

① 《马克思恩格斯全集》第46卷上册[M].北京:人民出版社,1979年版.第104页.
② 张奎良:《马克思的哲学历程》[M].上海:上海人民出版社,1993年版,第422页.
③ 《马克思恩格斯文集》第4卷[M].北京:人民出版社,2009年版,第35页.
④ 《马克思恩格斯全集》第32卷[M].北京:人民出版社,1974年版,第637页.

代替"。① 但是,这一科学理论接受着 19 世纪"经济决定论"错误阅读挑战,认为经济因素是决定社会发展的决定性力量。显然,在历史唯物主义初创时期马克思、恩格斯为把唯心主义从避难所驱除出去,主要论述了社会存在与社会意识、经济基础与上层建筑的关系问题,根据理论斗争的需要,侧重点有所不同,并不是强调"经济决定论",为避免这种错误的理解,恩格斯最后在晚年时期《历史唯物主义通信》中对这一问题进行了理论上阐释,论述了社会发展进程中经济因素、政治因素和文化因素之间的交互作用。并提出了"意识形态相对独立性"问题和"意志合力"论的思想,系统论证了文化因素在社会历史发展中的作用。在恩格斯看来,历史活动是人们自己创造的,每个单独的意志都有着各自不同的、甚至是完全相反的目标和愿望,每个人的意志"都对合力有所贡献,因而是包括在这个合力里面的"。②

恩格斯通过对经济基础与上层建筑、意识形态的相对独立性、历史合力论等重要思想的有力论述,有力回击了"经济决定论"惊人混论的误读和歪曲,进一步完善和发展了马克思主义文化观。

(4)马克思主义文化观——确立阶段

马克思主义对以往历史观的颠覆是从文化层面上发起和进一步展开的,科学揭示了人类社会发展的规律性,创立了历史唯物主义和辩证唯物主义的统一,从而使马克思主义文化观最终确立。

其一,马克思主义对以往文化观批驳和科学纠正。在马克思主义唯物史观创立过程中充分体现了与文化观的形成是有机统一体,马克思通过对唯心主义文化史的有力批判,唯物主义文化史观逐步得到了有力纠正。在这一过程中,马克思主义对资本主义政治、经济、文化进行了卓有成效的批判,实现了质的飞跃,从宏观上把握了政治、经济与文化三者之间的关系以及在社会发展中的作用,对人类社会历史发展规律作了科学揭示,创立了唯物史观。这一原理的发现,为认识和揭示文化产生的来源、探索文化本质内涵做了科学的解读,为人类认识文化在社会发展中的作用提供了有效支撑。这些研究论证了马克思主义文化观是唯物史观的重要组成部分。

其二,马克思主义文化观在社会发展中的嬗变。文化是由人创造的,文化的根本嬗变关键在于人。而西方文化理论更多是在本体论方面以先天设想的方式提出人的类本质。黑格尔的"人"只是"从口头说的、思考

---

① 《列宁选集》第 2 卷 [M].北京:人民出版社,1995 年版,第 311 页。
② 《马克思恩格斯文集》第 10 卷 [M].北京:人民出版社,2009 年版,第 592-593 页。

出来的、设想出来的、想象出来的人出发"。① 费尔巴哈给予了批判扬弃，在人的现实生活中创造出一个世俗的彼岸，费尔巴哈的"人"也不过"始终是在宗教哲学中出现的那种抽象的人"。② 完全脱离了人的现实生活，还是一种抽象的人，而马克思主义不仅对以往抽象人给予了批判，并立足社会现实，从实践出发，从人的现实生活和生存方式论述了唯物主义文化观，与唯心主义文化史观做出了严格区分，实现了逻辑与历史的统一、唯物论与辩证法的统一，使马克思主义文化观的逻辑性更加缜密和完整。

3. 马克思主义文化观的基本特征

马克思主义是一个不断发展的理论，内涵丰富的文化思想经历了漫长的孕育阶段，马克思主义具有与时俱进的理论品格，其表现的时代性与进步性、科学性与民族性、大众性与和谐性正是马克思主义文化观的时代特征。

（1）时代性与进步性

马克思主义文化观与时代发展同步，体现着时代性与进步性。随着社会历史条件的不断变化，社会生产方式也必然发生改变，文化形态也必将随之改变，社会文化往往表现出与社会形态相适应的状态，当然在一定条件下也会超越于一定的社会形态。二者是相互促进和不断变化的过程。如资本主义私有制与之产生的是利己主义文化形态，社会主义公有制下产生的是人民大众的文化。由此可知，文化与社会发展相互促进，同步发展，折射了一定形态的变化，反映了人们的需求，这是文化的时代性。马克思主义文化是一种不断自我更新的文化，只有大胆吸收一切优秀文化养分创新发展，才能具有生命力，这充分体现了马克思主义文化的进步性。文化的发展是一个从低级到高级的发展过程，由不完善到逐步完善的过程。其中先进文化是进步文化中最富有代表性的部分。中国共产党人既是中国先进文化的代表，又是促进文化发展的有力推动者。无论是在促进先进文化的发展，还是引领先进文化前进方向上始终是走在最前列。因此，时代性与进步性是马克思主义文化观的基本特性。

（2）科学性与民族性

当代马克思主义文化观是科学性与民族性的有机统一。时代在不断发展，社会在进步，马克思主义基本原理的科学性越来越凸显，是指导社

---

① 《马克思恩格斯文集》第1卷[M].北京：人民出版社,2009年版,第525页。
② 《马克思恩格斯文集》第4卷[M].北京：人民出版社,2009年版,第290页。

会主义现代化建设和先进文化建设的科学指南。马克思对文化问题的研究是以唯物史观为基础的,在研究过程中,马克思始终坚持正确的价值导向和科学性原则,认为文化产生的现实根源不能脱离人的生产实践。马克思文化思想更多体现了无产阶级革命的文化思想,是马克思在指导无产阶级革命运动中产生、发展和逐渐走向成熟的。因此,马克思主义文化思想是建立在人民群众基础之上,体现了其科学性与民族性的统一。文化是民族最集中的反映,是文化发展的集体象征,文化的民族性在马克思主义中国化过程中逐渐得以体现。马克思主义传入中国后与中国实际相结合,形成了中国化的马克思主义。习近平总书记指出"只有民族的才是世界的,只有引领时代才能走向世界"[①]文化是一个民族最好的名片,体现了民族共同心理和共同的价值追求,是民族集体的结晶,体现了民族的特点。毛泽东在《新民主主义论》中强调文化的大众性、民族性,是对马克思主义文化观的进一步丰富和发展。进入新时代,我们建设社会主义文化强国,不断提高文化软实力是对马克思主义文化观的丰富和发展,更是践行马克思主义文化观的科学性与民族性的统一。

(3)大众性与和谐性

新时代,马克思主义文化观体现了大众性与和谐性的统一。马克思主义文化观的价值在于贴近群众、构建社会主义和谐文化。马克思主义文化观具有大众性,在以往的斗争中体现了广大无产阶级反对资产阶级的斗争需要,反映了劳苦大众文化的需求。历史唯物主义认为人民群众是历史的创造者,文化来源于人民的现实生活,是对广大人民大众生活的真实反映。文化的大众性符合社会主义文化建设的要求。江泽民要求"我们的文化必须坚持为人民服务,为社会主义服务,充分体现人民的利益与愿望,满足人民不同层次的、多方面的、丰富的、健康的精神需求"[②]建设和谐文化必然成为社会主义先进文化的内在要求,以和谐作为文化的价值取向,是文化走向世界的判断标准。从文化发展的角度,积极倡导和谐文化,共建美好家园,是人类共同价值取向,坚持同世界先进文化交流,不断汲取优秀成分,才能让本民族文化屹立于世界民族文化之林。新时代,我们构建和谐社会,必须要有和谐的文化作为积淀,只有积极倡导和谐文化,才能更好构建和谐的社会氛围,人们才能过上更加殷实的社会生活。因此,文化的大众性与和谐性共同体现了文化的实践基础,也反映了人民的价值诉求,符合社会主义先进文化建设的必然要求。

[①] 习近平:《谈治国理政》第二卷[M].北京:外文出版社,2017年版,第349页。
[②] 江泽民:《在庆祝中国共产党成立七十周年大会上的讲话》[N].人民日报,1991-07-01(01)。

(二)中华优秀传统文化"双创"思想是马克思主义文化观的继承发展

任何一种文化都是对现实社会的真实反映,代表着一定的上层建筑思想观念和群众思想的文化。中华优秀传统文化是中华民族集体智慧的结晶,打着时代的烙印,立足现实,不断自我创新是中华优秀传统文化自身发展的必然要求。中国共产党是中华优秀传统文化忠实传承者,在领导中国革命、建设、改革时期始终是中华优秀传统文化的继承者和弘扬者。坚持以马克思主义文化观为指导创造更多人民喜闻乐见的文化,是群众的文化观。文化既是民族的,又是世界的,中华优秀传统文化"双创"是遵循文化发展规律,沿着文化历史延续发展的过程。

中华优秀传统文化有五千多年的历史,是中华民族在长期生产生活中集体智慧的结晶,具有独特的民族禀赋,在不同时期发挥着独特的作用。文化是动态的,不是静态的,会随着社会的发展不断演变。中华传统文化在历史长河中积淀形成,既有糟粕也有精华。毛泽东在革命战争时期就为我们正确对待传统文化确立了"剔除其糟粕,吸收其精华"的科学态度。可以说,毛泽东继承了马克思主义文化观,并在继承的基础上对中华优秀传统文化进行了创造性转化和创新性发展。中华优秀传统文化蕴含着丰富的人文精神、价值理念和道德规范,如何在新时代结合中国建设、改革发展的需要中使其发挥更大的价值作用,习近平指出:"对历史文化特别是先人传承下来的价值理念和道德规范,要坚持古为今用、推陈出新,努力用中华民族创造的一切精神财富来以文化人、以文育人。"[①] 这是有鉴别地加以对待,有扬弃地继承,结合时代发展需要来以文化人、以文育人是马克思主义文化观的具体运用。

在中国特色社会主义新时代,推动中华优秀传统文化"双创"必须以马克思主义文化观为指导,运用马克思主义的立场、观点、方法来指导中华优秀传统文化转化与创新。中华优秀传统文化"双创"不只是一个口号,不能仅停留于在书面纸张上,应该结合新时代中国特色社会主义文化建设的需要,把摆放在博物馆里的有形文化和无形文化加以改造创新,使其充满活力,彰显其价值。马克思主义文化观具有与时俱进的理论品格。中华优秀传统文化在不同的历史时期均发挥着不同的作用,具有强大的生命力和价值,中华优秀传统文化同样也具有与时俱进的理论品格,并随时代发展而发展,不断自我更新,推动着中华民族乘风破浪,继续前行。

---

① 习近平:《谈治国理政》第二卷[M].北京:外文出版社,2017年版,第338页。

中华优秀传统文化"双创"思想既是遵循人类社会发展的规律,又是辩证分析中华优秀传统文化在新时代接续发展做出的科学判断。如习近平总书记所说,"传统文化在其形成和发展的过程中,不可避免受到当时人们的认识水平、时代条件、社会制度的局限性的制约和影响,因而也不可避免会存在陈旧过时或成为糟粕性的东西"。[①] 结合时代发展对中华优秀传统文化进行"双创"既是符合文化传承发展的规律,也是符合中国特色社会主义文化建设的现实需要。中华优秀传统文化"双创"是符合文化自身发展的内在要求,有效推动优秀传统文化走向世界文化舞台的必然选择,也是对马克思主义文化观的继承与发展。

马克思主义作为实现"中国梦"的指导思想,是社会发展的主流意识形态,在中国,必须坚持马克思主义在社会发展中的指导地位。如习近平总书记所提出的"马克思主义的基本原理必须同中国具体实际结合起来,应该科学对待民族传统文化、科学对待世界各国文化、用人类创造的一切优秀思想文化成果武装自己"。[②] 马克思主义能够以科学的态度对待中国的优秀传统文化,能够以独特的视角解读世界不同民族的优秀文化。儒家文化、佛教文化、道家文化作为中华优秀传统文化的主要组成部分,蕴涵着丰富的华夏民族精神,体现着民族内涵和修养,也是中国共产党领导人民建设社会主义现代化国家、实现国家民主、富强的重要思想资源。随着全球化发展、多极文化共存,中国经济成为世界第三大经济体,对世界的贡献也越来越大,中国在世界的影响力日益凸显。但中国崛起背后的文化却相对滞后,如何彰显中国文化自信,在世界舞台上唱响中国声音,中国优秀的传统文化在世界多元文化共存中如何独占鳌头是摆在我们面前不得不去思考的问题。发扬中华优秀传统文化需要科学的理论指导,马克思主义的科学性与真理性为发扬中华优秀传统文化起到了示范作用,而有了这种理论指导才能使中华优秀传统文化在世界文化舞台上展现民族特性。

1. 马克思主义为什么能够引领中华优秀传统文化

目前在中国这片疆域上,研究传统文化已热潮高涨,传统文化重新成为热点。在研究传统文化的过程中,要区分不同社会思潮对研究者的迷

---

① 习近平:《谈治国理政》第二卷[M].北京:外文出版社,2017年版,第313页。
② 习近平:在纪念孔子诞辰2565周年国际学术研讨会暨国际儒学联合会第五届会员大会开幕会上的讲话[N].人民日报,2014-09-25(1)。

感。马克思主义对中华优秀传统文化科学引领,源于马克思主义自身的科学性与真理性,更取决于马克思主义与时俱进的理论品质。

马克思主义理论作为实现"中国梦"的指导思想,要求我们必须坚持和巩固马克思主义理论在意识形态领域的主导地位。人作为社会创新发展的主体,那么,牢牢把握人的意识形态理论导向问题,也就把握了社会发展的方向问题。只有掌握了马克思主义的理论、观点和方法,才能在人类社会发展的过程中更好地揭示人类社会发展的社会规律和历史规律,凸显人在社会中的主体地位。人在改造客观世界的过程中,如何发挥主观能动性问题,由于个体的差异,思想层面同样存在差异性。如何使每个人按照社会发展的要求从事着有规范的活动,社会的顶层设计者必须从意识形态领域对人进行规范的引导。习近平总书记指出:"要始终不渝地坚持和巩固马克思主义在意识形态领域的指导地位、坚持正确的政治方向、做到守土有责、守土负责、把思想统一到中央对意识形态工作的形势判断和工作措施上来,把意识形态工作的领导权话语权牢牢掌握在手中。"[①]习总书记的讲话充分肯定了党在当前和今后一段时期内面对国际国内时局变化下如何主动牢牢把握意识形态领域的主阵地问题。谁占领了意识形态领域这块阵地,谁就把握了话语权和主动权。我们共产党人是坚定的马克思主义者,马克思主义是科学的世界观和方法论,又是唯物论和辩证法的统一者。在中国特色社会主义现代化建设过程中,马克思主义为其提供科学的理论指导,揭示了自然界、社会和人类思维发展的一般规律。改革开放40多年来,社会主义现代化建设取得令人瞩目成就,在经济社会高速发展的同时各种社会问题也出现,尤其是青少年在面对外域多元文化思想的形势下,如何甄别腐朽思想对青少年身心成长的干扰腐蚀问题。已成为现今社会发展中不容忽视的意识形态领域中的重大问题,只有运用马克思主义的立场、观点、方法在现实社会中分析和解决实际问题,提高青少年的辨别是非问题的能力,才能认清社会发展中外域多元文化中存在的良莠不齐的问题,分清意识形态中哪些是主流和非主流,有效运用马克思主义理论抵制非主流思想的侵袭,才能去伪存真,提高青少年辨别是非的能力。马克思主义作为社会主义先进文化建设的指导思想,我们所从事的各项活动必须在这种语境下进行,在我国意识形态领域建设中马克思主义理论是指南,各项建设要围绕这个中心开展。

坚持马克思主义意识形态领域的指导地位,是党和国家保持社会稳定发展的思想保证,也是代表社会主义先进文化的前进方向。实践证明,

---

① 习近平在全国宣传思想工作会议上的讲话[N].人民日报,2013-08-21(1)。

在我国只有毫不动摇地坚持中国共产党的领导、坚持这一科学的指导思想,才能解决遇到的各种问题,解决社会主义现代化建设过程中对优秀传统文化价值观的认同问题,才能有效抵制各种社会思潮的侵袭,有效引领人们用马克思主义的立场、观点、方法解读传统与当代的发展问题。基于此,在对待中华优秀传统文化的问题上,就必须要用马克思主义科学的立场、观点和方法将传统文化中不好的残余思想抛弃掉,这样将有助于弘扬民族精神和社会主义核心价值观。

从时间维度上而言,中国共产党100多年的风雨兼程的实践证明,马克思主义理论之所以成为党的治国理政的指导思想,源于马克思主义与时俱进的理论品质。"马克思主义必定随着时代、实践和科学的发展而不断发展,不可能一成不变,社会主义从来都是在开拓中前进的"。[①] 社会主义在改革中发展,在发展中改革,改革与发展本身就是一对矛盾统一体,在社会发展中遇到的各种问题需要相关的理论来解答,在马克思主义经典著作中不可能找到现成的答案,这也就体现了马克思主义的与时俱进性。马克思主义在实践过程中,彰显与时俱进的理论品质,是随着社会时代的发展而不断丰富和发展的理论,如同习总书记指出的,新常态也伴随着新问题、新矛盾,一些潜在风险渐渐浮出水面。能不能适应新变化,关键在于与时俱进。"与时俱进"是马克思主义根据社会的发展和新形势下出现的新情况,遵循自然、社会、发展的一般规律,是不断自我超越和创新转化的过程。这也说明,马克思主义是随着社会不断发展和时代化的过程。在当代,随着中国社会不断的发展和超越,中国自信也越来越备受世界关注。马克思主义引领中华优秀传统文化复兴必然是一个与时代同步发展的客观趋势,让中国文化彰显普世价值也迎合世界人民的需要。这就要求我们学好、用好马克思主义基本原理,挖掘中华优秀传统文化中的养分,把二者有效结合,解决实际中遇到的问题。

从空间维度上说,马克思主义作为一种外来文化,本身具有西方特性,是对西方资本主义社会经济发展的一种揭露和批判。作为一种科学理论在东方社会发展和传播,直至上升为指导思想,在传播和发展的过程中难免会出现盲目性、机械性,甚至出现照搬套用经典作家的章句、出现断章取义、主观臆断、而不能辩证地结合本国实际有效转化和创新发展。尤其在世界经济一体化的时代,要学会批判吸收外来优秀文化,把外来优秀文化与中国优秀的传统文化做到有机结合,做到为我所用,也就是洋为中用。同样,不能有效运用马克思主义引领中华优秀传统文化的发展,也

---

① 习近平:《谈治国理政》[M].北京:外文出版社,2014:23。

第二章　中华优秀传统文化"双创"与马克思主义文化观的内在联系

很难做到古为今用,让中国优秀的传统文化走向世界,彰显中国文化自信。基于此,在中国,马克思主义作为党的意识形态理论,作为国家的指导思想,必须是一个结合中国实际不断发展、不断创新的过程。这个过程始终遵循中国的历史文化发展的脉络和背景,并能在中华优秀传统文化里找到与马克思主义相结合的元素,适合于国情,服务国家建设的需要。马克思主义是一个动态发展的过程,紧随时代的步伐,其理论体系发展日臻完善。

党的二十大报告首次提出以中国式现代化全面推进中化民族伟大复兴的宏伟目标,实现"中国梦"的伟大蓝图。这也对马克思主义迎合时代发展的需要提出更高要求和理论创新,从而使其担负引领中华优秀传统文化发展的旗帜,推进文化建设,并引领中华优秀传统文化走向世界,实现文化复兴提出新的要求。

2. 中华优秀传统文化为什么需要马克思主义的当代引领

中国传统文化是中华民族几千年生衍繁息及发展的历史见证,更是中华炎黄子孙区别其他民族的本质特性,深刻影响着中华民族的思维方式、为人处世原则和治国安邦理念。随着科学技术日新月异的发展,中华优秀传统文化必须要有与时俱进的理论品质和内涵,要接受现代社会的挑战和考验,在世界文化舞台上彰显中国风格,体现民族特色。

"马克思主义的强大力量就在于它与中国实际的结合,其中包括与中国历史和传统文化的结合。"[1] 中华优秀传统文化是中国五千年历史的积淀和人类物质文明、精神文明发展的见证,是中华民族血脉相连的纽带,是一个民族区别于其他民族在世界范围内最显著的特性。但是,人类文明进入工业社会以来,如何在新形势下保持优秀传统文化的传承和发展问题,不得不去思考。毕竟,传统文化是历史的产物,其精华与糟粕仍然夹杂在一起,如何区分良莠不齐,弘扬与批判已摆在世人面前。因此,需要科学理论去分析和阐释传统文化,使优秀的传统文化在社会发展中发挥正能量,在改革开放过程中能促进鼓舞人们精神世界积极有为。基于此,提出了中华优秀传统文化要符合时代化发展的问题。

"中华优秀传统文化时代化"就是将中华优秀传统文化置身于一种动态的过程,处在社会时代发展的场域中,要以崭新视角对待中华优秀传

---

[1] 陈先达:《马克思主义和中国传统文化》[M].北京:人民出版社,2015.11.第9页。

文化，对其精髓内涵的提升要给予新的解读和价值转化，使其成为社会主义制度下普遍认同的价值源泉和精神动力。显然，中华优秀传统文化要时代化很难靠自觉自为的过程，中华优秀传统文化要得到更好的发展和传承必须坚持马克思主义的指导地位并与社会改革发展相同步。中华优秀传统文化时代化就是紧跟时代步伐，与社会主义现代化建设发展相适应，站在历史发展的起点上，实现优秀传统文化价值的转化，激励青年人敢于创新，敢于奉献，为"两个一百年"目标而努力。如学者所言："马克思主义理论与中国具体的革命实践相结合，也就是马克思主义与中国传统文化相结合，在这个结合过程中，马克思主义实现了中国化。"[1] 在这里中华优秀传统文化与马克思主义是相互促进和融合，是中华优秀传统文化时代化的进步和转化，更是优秀传统文化的时代化与马克思主义中国化二者相互促进的体现。

在我国，走中国特色社会主义道路是符合中国国情的，是人民的选择。40多年的改革开放得以证明，只有走中国特色社会主义道路才能实现中华民族伟大复兴。如习近平总书记所指出的："中国特色社会主义，既坚持了科学社会主义基本原则，又根据时代条件赋予其鲜明的中国特色。"[2] 所谓"中国特色"就是传承优秀、彰显民族气派、体现民族特色的有机统一体，也是马克思主义的精髓与中国风格统一体。在国家建设中，无论是社会、经济、生态的发展规划，还是文化、教育的发展，都要坚持马克思主义的科学指导，结合民族特色、传承精髓。纵观中国特色社会主义理论的发展，从邓小平理论、三个代表、科学发展观再到社会主义核心价值观的形成，既是对马克思主义理论不断创新的过程，又是汲取中华优秀传统文化元素的二者有机结合成果。因此，中华优秀传统文化的发展需要马克思主义的当代引领，优秀的传统文化是中国特色社会主义理论体系形成的内在根源。

走中国道路，在坚持习总书记提出的"四个全面"的过程中，我们必须坚持马克思主义理论的科学指导。我们在全面深化改革的过程中，将面临着文化多元化、价值观多元化，甚至各种社会思潮对青少年产生的影响。习总书记提出的文化自信，给我们指明了方向、目标。在面临世界多元文化的环境影响中，要坚持社会主义先进文化的主体地位，以怎样的科学态度对待中华优秀传统文化，这不仅是方法问题，更主要的是立场问题，方克立先生提出了"马学为魂"的原则，就是以马克思主义的科学世

---

[1] 中共中央宣传部．习近平总书记系列重要讲话读本[M]．北京：学习出本社，2014.14。

[2] 《马克思恩格斯全集》（第3卷）[M]．北京：人民出版社，1960．第224页．

第二章　中华优秀传统文化"双创"与马克思主义文化观的内在联系

界观和方法论为指导,坚持新文化建设的社会主义方向。[①]也就是说,要用马克思主义科学理论引领中国传统文化,必须使传统文化沿着中国特色社会主义道路的方向,服务于人民大众的需要,这是必须坚持和遵守的原则。

3. 马克思主义科学引领中华优秀传统文化发展何以可能

马克思主义能够引领中华优秀传统文化的创新、转化和发展,基于马克思主义能在中华优秀传统文化中找到与自身相通的元素,把二者相通的元素作为切合点,引领中华优秀传统文化在社会发展的场域中发挥其当代价值。二者之间的相通性,为马克思主义引领中华优秀传统文化的发展提供了路径。

马克思、恩格斯在《德意志意识形态》《共产党宣言》等系列经典著作中系统论述了"人的全面发展"的学说。马克思在宣言里指出"根据共产主义原则组织起来的社会。将使自己的成员能够全面地发挥他们各方面的才能"。[②]马克思在这里对人的全面发展提出了全方位的要求,人在共产主义社会里人尽其才,使每个人的才能都能得到全面发展。我们知道人生活在现实社会中,每个人都不是孤立存在的,人类要生存首先必须从事物质资料的生产,从事各种交往活动,也就是说,人的全面发展离不开社会的主客观条件。马克思在《共产党宣言》中指出"代替那存在着阶级和阶级对立的资产阶级社会的,将是这样一个联合体,在那里,每个人的自由发展是一切人自由发展的条件"。[③]在马克思的文本中人的发展不是孤立或单独的个体,必须处于一定的社会中,与他人的交往中形成一种平等、自由的社会,在这种社会中群体之间和谐相处,相互促进,每个人都能自由而全面的发展。

马克思提出人的自由而全面发展是建立在以人为本学说基础之上的。人本理念在中国传统文化思想中一直存在,二者有着相同之处。在伦理道德实践中,在先秦儒家学派的创始人孔子思想中包含着对人的生命至高无上性。如《论语·乡党》一次马厩失火,孔子曰:"伤人乎? 不问马。"虽然在奴隶社会里,这一思想体现先秦儒家把人的生命价值看得至高无上,在物与人的价值理念中,人的生命价值是首当其冲的。在儒家

[①] 方克立:《马魂、中体、西用:中国文化发展的现实道路》[J].北京大学学报(哲学社会科学版),2010(4):16-19。
[②] 周桂钿:《儒学新论》[M].北京:人民日报出版社,2009.第220页。
[③] 《马克思恩格斯全集》(第1卷)[M].北京:人民出版社,1995.第294页。

学说中,孔子处处彰显以人为本的理念,如《论语·雍也》说:"如有博施于民而能济众,何如?"等。中国传统儒家文化特别关注人的能力的施展发挥。中国传统文化中提出"六艺"礼、乐、射、御、书、数的教育规范标准,也就是对人的全面发展提出了更高的要求和标准。使人能够全面学习掌握六种技能,才能成为一个全面发展的人。马克思提出人的全面发展学说与中国传统儒家文化中对人的生命的重视及对人提出学习掌握"六艺"的要求是具有相同性的。二者分别从不同方面对人的发展进行阐释。

马克思主义揭露了资本主义制度下人对自然开发的不协调性,资产阶级为了获取更多物质财富不惜一切代价对自然资源的过度开发。恩格斯在《自然辩证法》中指出"但是我们不要过分陶醉于我们人类对自然界的胜利。对于每一次这样的胜利,自然界都对我们进行报复"。[①]就是说,人类对自然界的支配或开发利用,要认识和遵循自然界的客观规律。因为,人是自然界中的一部分,是自然界的产物,人类的衣、食、住、行等来源于自然界,人类在向自然界索取的同时必须保护自然资源。否则,过度的开发、破坏必遭到自然界的惩罚。马克思主义指出了资本主义的发展是建立在对自然环境破坏和无辜滥用的基础之上的,其结果以牺牲自然环境为代价,换取人类短暂的物质享受,导致拜金主义,违背了人与自然界的和谐统一。在此,马克思主义揭露了资本主义的贪婪性,强调了人是自然界的一部分,要做到人与自然的和谐相处,才能同步发展。在社会生产实践中做到合目的性与合规律性的辩证统一。

在人与自然和谐统一问题上,中国传统文化提倡"天人合一"也就是"人道"与"天道"的统一,主张人所从事各项生产活动都必须尊重人的社会行为规范和自然界规律,在遵循二者规律前提下才能有所作为。在先秦儒家思想中就能体现对自然界生物的保护,如孔子的"钓而不纲,弋不射宿"(《论语·述而》)、荀子的"天行有常,不为尧存,不为桀亡"及"烈星旋转,日月递炤,四时代御,阴阳大化,风雨博施"(《论语·述而》),都充分体现了先秦大哲们对自然规律的遵守,对自然界的人文关怀,并对以后的哲学家产生了重要的影响。宋儒"关学"派代表张载提出"故天地之赛,吾其体;天地之帅,吾其性;民吾同胞,物吾与也"(《正蒙·乾称》)视生灵万物不再是与人类无关的外在者,而是与人类亲密有间的同伴。中国传统文化中有关天人关系的和谐元素表述,充分体现了先人对尊重天道自然规律与处理人事关系的重要性。对自然万物的人文关怀与友爱,

---

① 吴学琴主编:《马克思主义著作选读》[M]合肥:安徽人民出版社2012.第67页。

第二章 中华优秀传统文化"双创"与马克思主义文化观的内在联系

彰显了先人与自然的和谐相处,孟子说:"数罟不入洿池,鱼鳖不可胜食也;斧斤以时入山林,林木不可胜用也。"(《孟子·梁惠王上》)我们的先人秉持着一年四季规律的运行,对自然界的取之有度、有时的思想,本身就是对"天人合一"的宇宙观和生命观的践行和遵守。充分体现了先人对人与自然和谐相处的内在统一性。马克思主义阐释的自然观与中国传统文化中"天人合一"的天道观都是分别在不同的时境下提倡人类要遵道重德、善待自然、达到人与自然和谐相处的理想境界。

4.时代化语境下马克思主义引领中华优秀传统文化发展的指向

时代化语境下马克思主义如何引领中华优秀传统文化发展问题,这不仅是一个方法的创新,而是怎样解决马克思主义在多元文化的当代语境下科学引领中华优秀传统文化在继承中创新发展的问题。从引领的视角看,要做到观念上的更新与文化自信;在方法上,要坚持对传统文化的创新与转化。

所谓文化认同就是同一个地域群体长期共同生活,有着共同的文化背景,形成共同文化特性,同时在长期的生产交往中对某种东西具有共同的价值观。中国共产党人以马克思主义为指导带领各族人民进行社会主义现代化建设,每个人要自觉认同文化渊源,认同血脉相连,才能增强民族文化的凝聚力与自信力。马克思主义对中华优秀传统文化的引领,不仅要从观念上对中华优秀传统文化有一种高度自觉的认同感,而且更要吸纳中华优秀传统文化的精髓,这个精髓是蕴藏"中国特色"的思想渊源。马克思主义站在科学高度对中国传统文化进行批判和继承,以崭新的视角引领中华优秀传统文化创新与发展,不断推动中华优秀传统文化走向世界舞台。

思想观念是我们行动的指南,观念的一旦形成,就会对我们所从事的各种活动产生重要的影响。马克思主义对中华优秀传统文化的价值认同,不单单是停留在感官语言的判断上,而是与中国国情相结合,走中国道路,并取得举世瞩目的成就上。习总书记总结提出"坚持中国特色社会主义道路自信、理论自信、制度自信,说到底是要坚定文化自信。文化自信是更基本、更深沉、更持久的力量"。[①] 中华优秀传统文化经历了五千多年的历史积淀和孕育,党领导人民在战争年代形成了革命文化,在社会主义现代化建设中形成了社会主义先进文化,代表着中华民族独特的精

---

① 习近平.在哲学社会科学工作座谈上的讲话[N].人民日报,2016-05-19。

神标识。一个民族在任何时期只有对自己的文化充满着敬仰和自信,才能焕发出创造的活力,从而为国家富强、民族复兴提供持久的力量。马克思主义引领中国传统文化,必须要彰显文化自信的力量,"文化自信"其根源是人的自信。这就要求马克思主义理论工作者在对待中国传统文化的问题上要自信、要有所作为,把优秀的中国传统文化推至世界文化的舞台上去。随着中国社会经济的发展,中国声音在世界舞台上越来越洪亮,中华优秀传统文化不是博物馆里的收藏品,而是整个人类共同拥有的思想文化资源和财富。作为炎黄子孙,我们对中国五千年灿烂优秀的传统文化应有足够的自信和自豪,但不自傲。就是在认同优秀传统文化的根源上,我们在社会主义现代化建设中将优秀传统文化的思想精髓融入其中,融入每个人的骨髓当中,更要融入中国梦实现的理想信念中,让中国优秀的传统文化真正成为我们建功立业的动力之源。

传统文化的价值在于其内容对当代社会的发展具有借鉴意义。如何挖掘传统文化的当代价值,需要我们马克思主义理论工作者重新思考和更新思维视觉。"要加强对中华优秀传统文化的挖掘和阐发,努力实现中华传统美德的创造性转化、创新性发展,把跨越时空、超越国度、富有永恒魅力、具有当代价值的文化精神弘扬起来,把继承优秀传统文化又弘扬时代精神、立足本国又面向世界的当代文化成果传播出去。"[①] 从马克思主义基本原理发展思维的视角提出了对待中华优秀传统文化创新发展和继承问题提出了总体要求。对传统文化思维方式研究的创新,不要单独局限于研究某一学派的思想体系,而是要结合现实社会发展的总体需要和不同群体需要研究不同学派思想体系。如可以围绕着儒家、道家、法家、墨家、名家,并吸收包括佛家等各家思想进行研究。通过研究挖掘各家之精髓并与之结合,为马克思主义引领中华优秀传统文化的发展提供思想精髓。总而言之,思想方式的创新就是要坚持马克思主义的方法、观点、立场,坚持古为今用,要做到有批判的继承,是马克思主义引领中华优秀传统文化不断创新发展的根本路径。

思维方式的不断创新也就是思考问题时如何从新的视角入手,按照时代发展的要求找出解决问题的新方案、新方法,从而更有效达到解决问题目的。比如,东汉哲学家董仲舒为封建社会统治的需要提出的"三纲五常"思想,一度成为封建统治者的指导思想,在特定时境下发挥了特有作用。通常我们认为"三纲五常"是封建社会思想的残余。如果我们换

[①] 习近平:完善和发展中国特色社会主义制度 推进国家治理体系和治理能力现代化[N].人民日报,2014-02-18。

第二章 中华优秀传统文化"双创"与马克思主义文化观的内在联系

一种思想方式,把"三纲"中的"纲"阐释为"行为规范"或者是"榜样",那么,"三纲"可以理解为领导者要为下属树立榜样、做父亲的要为子女树立行为规范、做丈夫的要为妻子树立榜样。那么,整个社会将会形成一种良好的氛围,人与人之间的交往更加融洽,和谐社会指日可待。运用这种新的思维方式来阐释中国传统文化的精神内涵,更有利于弘扬传统文化的当代价值。

创造性的转化是指传统文化的古为今用,按照当今社会发展的特点和要求,对过去一些仍有借鉴价值的东西加以改造,赋予其新的时代内容为当代社会发展所用。现如今,中国政府明确提出中国传统文化的创造性转化和创新性发展这一重要任务,这是知识界与政界长期交流互动的结果。我们知道创造性转化不单单是对经典的诠释,而是要结合当今人文社会发展的精神价值理念的需要,对中华优秀传统文化的内涵加以提炼阐释、迎合时代发展的需要,增强优秀传统文化的影响力和当代价值。比如,中国古代先秦儒家文化当中提出的"中庸之道""知足常乐""明哲保身"等,民间多将其理解为无立场的中立主义、理解为见好就收、不思进取的享乐主义和因怕连累自己而回避的独善其身的立场或原则。实质上孔圣人所阐释的中庸之人是不走极端,为人处世始终要全面的、客观的、辩证的观点。而"知足常乐""明哲保身"讲的为人处世是指不要有过多的物欲,同时遵循社会的规律。从此意义上说,先秦儒家提出的"中庸之道""知足常乐""明哲保身"与马克思主义全面发展的观点、辩证的观点以及遵循事物发展的规律的原理具有会通之处。所以创造性转化就是不要拘泥于过去俗套,对传统文化要不断地创新、不断地拓展其外延使其日新月异。这也是中华优秀传统文化与时俱进发展的内在要求。

总之,我们是坚定的马克思主义者,是中国特色社会主义现代化建设的开拓者。实现"中国梦",必须选择正确的道路,正确的道路离不开科学的理论指导。经过实践证明只有把马克思主义理论与中国实际有机结合,尤其与中国历史和传统文化的结合,才能让中国走向富强。只有不断地汲取中华优秀传统文化的养分,马克思主义理论才能在中国不断得到创新性发展。同时,要清楚地认识到中国优秀的传统文化教育在社会主义现代化的建设中不能取代马克思主义教育,而马克思主义教育也要汲取中国优秀的传统文化养分与中华优秀的传统文化教育有机结合,用新的思维方式诠释优秀传统文化的内涵,而创造性转化的途径就是坚持马克思主义的基本原理、观点、立场和方法论的指导。众所周知,实现中华民族伟大复兴的"中国梦"离不开马克思主义理论的指导,也需要中华优秀传统文化的人文塑造。在中国五千年优秀传统文化的场域中,马克思主义理论的发展与创新需要优秀传统文化的滋养和丰富,而中华优秀传统文化的继承与发展需要马克思主义理论的科学指导,要有效做到两者的有效结合,才能不断丰富和完善马克思主义中国化的最新理论成果。这也符合马克思主义对中华优秀传统文化当代发展引领的双重效应。

(三)中华优秀传统文化"双创"过程是马克思主义文化观的践行过程

中华优秀传统文化"双创"的提出不只是对中华文化内涵与定位、价值与启示的阐释,对中华优秀传统文化的简单复述,而是让中华优秀传统文化在新时代发挥更大价值,不断提升我国文化的软实力,在世界文化交流互鉴中彰显民族特色,彰显大国文化话语权。文化既是民族的,又是世界的,中华优秀传统文化"双创"是以民族特色为基点,立足中国,放眼世界,遵循马克思主义这一科学理论为指导,不断激发中华优秀传统文化的时代内涵,展现优秀传统文化的活力,为中国特色社会主义文化建设增添动力,让优秀传统文化更好展现现代元素,做到传统与时代融合创新。

实践观是马克思主义哲学首要基本的观点,是贯穿马克思主义理论的一条主线。马克思在《关于费尔巴哈提纲》中指出"哲学家们只是用不同的方式解释世界,问题在于改变世界"。[1] 人们改造世界是主观见之于客观的过程,人类社会不是一个简单相加的集合体,而是一个过程的集合体。马克思主义文化观"并没有抛弃资产阶级时代最宝贵的成就,相反却吸收和改造了两千多年来人类思想和文化发展中一切有价值的东西"。[2] 中华优秀传统文化"双创"不是把过去的文化简单相加或堆积在一起向人们展示出来,而是根据现代人文需要通过多渠道和现代科技手段使其更具活力,体现当代价值。如过去的文化遗产是中华文化现实转化的载体,而这些文物和文化遗产由于种种原因在今天大多被遗忘在社会的角落里,很难发挥应有的人文价值和经济价值。那么如何在中国社会主义现代化建设中让其发挥更大的人文价值和经济价值,让优秀传统文化遗产"活"起来,是"双创"过程中值得思考的事情。习近平总书记要求:"要系统梳理传统文化资源,让收藏在禁宫里的文物、陈列在广阔大地上的遗产、书写在古籍里的文字都活起来。"[3] 结合现代经济社会发展的需要充分挖掘保护优秀传统文化资源,利用现代数字媒体网络让遗

---

[1] 《马克思恩格斯文集》第1卷[M].北京:人民出版社,2009年版,第502页。
[2] 《列宁选集》第4卷[M].北京:人民出版社,1995年版,第299页。
[3] 习近平:《谈治国理政》第一卷[M].北京:外文出版社,2018年版,第161页。

第二章 中华优秀传统文化"双创"与马克思主义文化观的内在联系

产的历史价值、文化价值、经济价值在当代发挥更大作用。

中华优秀传统文化"双创"不是自我封闭的阐释,而是要与世界先进文化不断融合的过程。文化交流不仅体现文化的动态性,而且也体现文化的相互汲取。中华优秀传统文化的"双创"要在世界各国文化交流互鉴中得以实现,才能有更强的竞争力和生命力。习近平总书记提出"要推动中华文化文明创造性转化、创新性发展,让中华文明同各国人民创造的多彩文明一道,为人类提供正确精神指引"。[①] 推进中华优秀传统文化交流互鉴,一要大胆走出去,敢于汲取优秀文化养分,二要通过形式多样化的途径推进中华优秀文化的国际传播。联系与发展的观点是唯物辩证法的基本范畴,中华优秀传统文化"双创"是以本民族文化为基础,世界各国优秀文化为纽带的有机联系与发展的整体。中华优秀传统文化"双创"要立足本国实际,与社会经济发展相符合,与弘扬社会主义核心价值观相得益彰,又要符合世界文化交流发展的趋势,对国外的理论、话语、方法,要有分析、有鉴别,有益于本国发展的文化就要合理借鉴,不适用的不要生搬硬套,这是马克思主义文化观最可贵的精神品质。

中华优秀传统文化"双创"不仅是中国特色社会主义进入新时代提出的重大理论课题,也是中华民族从富起来到强起来,从现代化走向强国之路的客观要求,为实现中华民族伟大复兴奠定了坚实理论基础。中华优秀传统文化"双创"的过程实际上就是把马克思主义与中华优秀传统文化相融合的过程,是提升中华优秀传统文化自身竞争力的必然要求,也是不断践行马克思主义文化观的过程。

马克思主义理论作为实现"中国梦"的指导思想,是新时代我国社会发展的主要意识形态,在中国必须坚持马克思主义在社会发展中的主体地位。如习近平同志所提出的"中国特色社会主义文化,源自于中华民族五千多年文明历史所孕育的中华优秀传统文化,熔铸于党领导人民在革命、建设、改革中创造的中国文化和社会主义先进文化,根植于中国特色社会主义伟大实践"。[②] 新时代中国特色社会主义思想能够以科学的态度对待中华优秀传统文化,能够以独特的视角解读中华优秀传统文化。众所周知,儒家文化、佛教文化、道家文化作为中华优秀传统文化的主要组成部分,蕴涵着丰富的中华民族精神,体现着我国各民族的内涵和修养,也是中国共产党领导人民建设社会主义文化强国重要思想源泉。随着全球化发展、各国文化交流融合,以及中国"一带一路"发展新理念的

---

① 习近平:《谈治国理政》第二卷[M].北京:外文出版社,2017年版,第340页。
② 习近平在中国共产党第十九次全国代表大会的报告[N].人民日报,2017-10-28。

推进,中国对世界的贡献也越来越大,中国在世界的影响力日益凸显,此时,不得不思考文化是国家强盛的保障,文化是民族的根和魂。党的十九大报告提出"坚定文化自信,推动社会主义文化繁荣兴盛文化是一个国家、一个民族的灵魂。要坚持中国特色社会主义文化发展道路,激发全民族文化创新创造活力"。[①] 中华优秀传统文化在世界多元文化交流发展中如何走进文化舞台的中心摆在我们面前不得不去思考,弘扬中华优秀传统文化需要什么样的理论为指导,如何运用马克思主义的文化观,社会存在决定社会意识,经济基础决定上层建筑,文化属于上层建筑的范畴。以科学的观点、立场、方法作为弘扬中华优秀传统文化创新发展的指南,使中华优秀传统文化在世界文化舞台上展现中国特色。

1. 马克思主义引领中华优秀传统文化发展是符合现代化之需

新时代,研究中国传统文化要坚守中华文化立场,立足于当代中国现实,在研究过程中,要区分不同社会思潮对研究者的迷惑。马克思主义对中华优秀传统文化发展的指引,源于马克思主义自身的科学性与真理性,取决于马克思主义与中华优秀传统文化相互借鉴吸收、融合、传承的辩证统一。

在新时代弘扬中华优秀传统文化,要求我们必须坚持和巩固马克思主义在意识形态领域的话语权。中国特色社会主义进入新时代,人民是时代发展的主体或中心,如何确立马克思主义意识形态理论在人民文化交流当中的主流地位问题,是我们在新时代发展中国特色社会主义文化不容忽视的重大问题。只有掌握马克思主义的理论、观点、方法,并根植于中华优秀传统文化的内涵才能在中国特色社会主义现代化建设过程中把握社会发展的历史规律,创造符合人民大众需要的优秀文化。十九大报告提出"人民是历史的创造者,是决定党和国家前途命运的根本力量"。在特色社会主义现代化建设中,如何发挥人民主观能动性、创造性问题,由于个体差异,思想的差异性,人们对文化需求的层次性同样存在着参差不齐。社会顶层设计者必须从意识形态领域对人进行规范和引导。习近平总书记在党的十九大报告中指出:"牢牢把握意识形态工作领导权。意识形态决定文化前进方向和发展道路,必须推进马克思主义中国化、时代化、大众化,建设具有强大凝聚力和引领力的社会主义意识形态,使全

---

① 习近平:在中国共产党第十九次全国代表大会的报告[N].人民日报,2017-10-28.

第二章 中华优秀传统文化"双创"与马克思主义文化观的内在联系

体人民在理想信念、价值理念、道德观念上紧紧团结在一起。要加强理论武装,推动新时代中国特色社会主义思想深入人心。"① 习总书记的讲话充分肯定了党在当前和今后一段时期内如何牢牢把握意识形态领域的主阵地问题,谁占领了意识形态领域这块阵地,谁就把握了话语权和主动权。文化属于上层建筑范畴,属于意识形态范畴,但文化又是和我们日常生活紧密相连的,我们有56个民族,有56种民族的文化,每个民族由于生活习性不同,文化的内涵形式也存在着多样化。现阶段我国生产力虽然取得了很大发展,但在一定的范围内存在发展不平衡问题,这样必然导致不同群体对文化需求存在着差异性,需要我们党的同一领导和规范发展。中国特色社会主义进入了新时代,马克思主义为实现中华民族伟大复兴中国梦提供坚强政治理论保障。改革开放40年来,在社会经济文化建设等领域取得显著的成就,在取得成就的同时也应看到存在的问题,特别是西方文化思想对我国优秀传统文化的发展冲击影响比较大,一些外来文化,如"万圣节""狂欢夜""圣诞节"等对我国传统节日造成很大的影响,一些商家为了谋求利益大肆宣扬给青少年带来很大的负面影响,同时也给社会治安带来很大的安全隐患。如何清除外来文化对我国社会造成的危害和影响,已成为新时代社会发展中不容忽视的重大问题。要运用新时代马克思主义的观点、方法,分析和解决现代社会出现的问题,提高青少年辨别是非问题的能力,净化社会环境,营造一个和谐团结的良好社会氛围。马克思主义作为中国特色社会主义先进文化建设的理论指南,我们所从事的各项文化创造与传播活动必须以这种理论为指导,在我国意识形态领域建设中各项建设要围绕这个中心开展。

坚持马克思主义对意识形态领域的指导地位,是党和国家保持社会稳定发展的思想保证,是解决特色社会主义现代化建设过程中对优秀传统文化价值观的正确认同,是有效抵制各种社会思潮的侵袭,引领人们在新时代传播马克思主义与弘扬优秀传统文化发展的基础。基于此,在对待中国传统文化的问题上,要用新的理论将传统文化中残余思想抛弃掉,发扬优秀传统文化中的内涵有助于弘扬民族精神和社会主义核心价值观。

实践证明,马克思主义自我党建立以来成为党的治国理政的指导思想,源于这一思想与时俱进的理论品质。"马克思主义必定随着时代、实践和科学的发展而不断发展,不可能一成不变,社会主义从来都是在开拓

---

① 习近平:在中国共产党第十九次全国代表大会的报告[N].人民日报,2017-10-28。

中前进的。"[①] 中国特色社会主义在改革中发展,在发展中改革,改革与发展本身就是矛盾统一体,在中国特色社会主义建设中遇到的各种问题需要理论来解答,在马克思主义经典著作中不可能找到现成的答案,必须到中国建设实践中找答案,也就体现了马克思主义与时俱进的理论品质。马克思主义是随着时代发展而不断丰富和发展的理论,如同习总书记指出的,新常态也伴随着新问题、新矛盾,一些潜在风险渐渐浮出水面。能不能适应新变化,关键在与时俱进。"与时俱进"是新时代中国特色社会主义思想根据社会发展和新形势下出现的新情况,遵循社会主义现代化建设、党的执政规律建设中不断自我超越和创新转化的成果。党的十九大明确提出"中国特色社会主义进入了全面建设社会主义现代化强国新时代",中国自信也越来越备受世界关注。马克思主义引领中华优秀传统文化发展是一个与时代同步发展的客观趋势,要坚持中国特色社会主义文化发展道路,激发全民族文化创新创造活力,不断铸就中华文化新辉煌。这就要求我们学好、用好新时代的马克思主义,挖掘中华优秀传统文化中的养分,把二者有效融合,解决实际中遇到的问题。

马克思主义在新时代担负引领中华优秀传统文化的发展是符合现代化文化建设的需要,是推动社会主义文化建设,引领中华优秀传统文化走向世界,实现文化复兴在新时代提出的新要求。

2. 中华优秀传统文化的内涵为马克思主义中国化发展注入活力

中华优秀传统文化是中华民族几千年繁衍生息及发展的历史痕迹,更是炎黄子孙区别其他民族文化的本质特性,深刻影响着中华民族的思维方式、行为方式和治国安邦理念。随着建设社会主义文化强国目标的提出,中华优秀传统文化必须要与中国特色社会主义现代化建设同步发展,十九大报告提出"发展中国特色社会主义文化,就是以马克思主义为指导,坚守中华文化立场,立足当代中国现实,结合当今时代条件,发展面向现代化、面向世界、面向未来的,民族的科学的大众的社会主义文化,推动社会主义精神文明和物质文明协调发展"。要接受世界多民族文化发展的挑战和考验,在世界文化舞台上体现中国风格,体现中华民族特色。"马克思主义的强大力量就在于它与中国实际的结合,其中包括与中国历

---

① 习近平:《谈治国理政》[M].北京:外文出版社,2014:23。

第二章 中华优秀传统文化"双创"与马克思主义文化观的内在联系

史和传统文化的结合。"① 中华优秀传统文化是中国五千多年来历史的积淀和人类文明发展的见证,是中华民族血脉相连的纽带,是一个民族区别于其他民族在世界范围内最显著的特性。但是,人类文明进入信息化、智能化以来,如何在新时代下保持优秀传统文化的传承和发展问题,不得不去思考。毕竟,传统文化是历史的产物,其精华与糟粕夹杂在一起,如何区分良莠不齐,弘扬与批判是必要的手段和措施。因此,需要用马克思主义的观点、方法去分析和阐释优秀的传统文化,使优秀的传统文化在社会主义现代化建设中发挥积极的有效作用,在中国特色社会主义建设中鼓舞人们奋发有为。同时,在新时代马克思主义必须要和中华优秀文化做到有机结合,把握优秀传统文化的内涵,吸收传统文化的精髓为马克思主义中国化不断注入新元素。

"中华优秀传统文化现代化"就是将中华优秀传统文化置身于一种动态的发展过程,处在社会时代发展的场域中,要以崭新视角看待中华优秀传统文化,对其精髓内涵的提升要给予新的诠释和价值转化,使其成为特色社会主义现代化建设中普遍认同价值观和精神动力。显然,中华优秀传统文化要实现现代化,跟上时代发展的趋势,满足新时代社会发展层面的需要,显然是不能停留在过去的时空场域中。优秀传统文化的发展很难靠自觉自为的过程,必须坚持马克思主义文化观的指导,要与中国特色社会主义文化建设同步发展。站在时代起点上,敢于创新,实现中华优秀传统文化价值的转化,为新时代的马克思主义注入活力。如学者所言:"马克思主义理论与中国具体的革命实践相结合,也就是马克思主义与中国传统文化相结合,在这个结合过程中,马克思主义实现了中国化。"② 在这里中华优秀传统文化与马克思主义是相互促进、融合,是中华优秀传统文化时代化的进步和转化。是中华优秀传统文化的时代化与马克思主义中国化二者相互促进的体现。

在我国,实现"两个一百年"奋斗目标是党领导人民正确选择。40多年的改革实践证明,只有走特色社会主义现代化建设道路才能实现中华民族伟大复兴。习近平指出:"中国特色社会主义,既坚持了科学社会主义基本原则,又根据时代条件赋予其鲜明的中国特色"。③ 所谓"中国

---

① 陈先达:《马克思主义和中国传统文化》[M].北京:人民出版社,2015.11.第9页。
② 中共中央宣传部:《习近平总书记系列重要讲话读本》[M].北京:学习出本社,2014.14。
③ 习近平在中国共产党第十九次全国代表大会的报告 [N].人民日报,2017-10-28。

特色"就是传承经典、体现民族风格、体现民族情怀的有机统一体,也是马克思主义的精髓与中华优秀文化的统一体。在中国特色社会主义建设中,无论是经济、政治、社会、生态的发展规划,还是不断铸就中华文化新辉煌,既要坚持马克思主义为指导,又要结合民族文化特色、传承精髓。纵观毛泽东思想、邓小平理论以及社会主义核心价值观体系的形成与发展,还是新时代中国特色社会主义思想的形成,都是把马克思主义基本原理与中国实际不断创新转化的成果,又是汲取中华优秀传统文化元素的有机结合并不断的提炼。特别是传统文化中的"百姓昭明、协和万邦"(《尚书·尧典》),以及"名法制、去私恩,夫令必行,禁必止"(《韩非子·饰邪》)为构建和谐社会、构建人类命运共同体和依法治国等治国理政提供有益的借鉴。因此,中华优秀的传统文化为新时代思想形成提供理论基础。

中国特色社会主义进入新时代,十九大报告指出"中华民族伟大复兴,绝不是轻轻松松、敲锣打鼓就能实现的",全党必须准备付出更为艰巨、更为艰苦的努力。在坚持习近平同志提出的四个"伟大"的过程中,我们必须坚持马克思主义为指导。在建设文化强国的伟大实践中,必将面临着文化多元化、思想多元化及价值观多元化,这些会对人们产生重大的影响。习近平同志提出的坚定文化自信,推动社会主义文化繁荣兴盛,给我们指明了方向、确立了目标。在面临世界多元文化的场域中,坚持中国特色社会主义先进文化的主体地位,以怎样的态度对待中华优秀传统文化,这不仅是方法态度问题,更是立场问题,方克立先生提出了"马学为魂"的原则,"就是以马克思主义的科学世界观和方法论为指导,坚持新文化建设的社会主义方向"。[①] 也就是说,要用马克思主义引领中华优秀传统文化,必须使优秀的传统文化沿着中国特色社会主义道路的方向发展下去,为社会主义服务,为人民大众服务,这是必须坚持和遵守的原则。马克思主义是一个不断发展具有与时俱进的理论品质,不是僵化不变的教条,是一个动态的集合体,在发展中吸收中华优秀的传统文化,不断注入新要素、新活力。在发展中继承,在继承中创新,使马克思主义在新时代更有活力和凝聚力。

---

① 方克立:《马魂、中体、西用:中国文化发展的现实道路》[J]. 北京大学学报(哲学社会科学版),2010(4):16-19。

第二章　中华优秀传统文化"双创"与马克思主义文化观的内在联系

3. 马克思主义引领中华优秀传统文化发展的三维路径

（1）新时代历史方位决定了两者结合的需要

新时代马克思主义要不断结合中国元素引领中华优秀传统文化创造性转化、创新性发展，不断铸就中华文化新辉煌。马克思主义的人本观点、和谐社会理论与中华优秀传统文化中的元素具有相通性，二者之间的融合、促进性，为新时代马克思主义引领中华优秀传统文化的发展提供了途径。新时代马克思主义如何引领中华优秀传统文化走向繁荣，让中华优秀传统文化走向世界舞台的中央，这不仅是一个方法的问题，而是怎样把马克思主义的观点、理论运用中华优秀传统文化中探寻其在当代的价值。从哲学视角而言，要做到文化认同与文化自信。

所谓文化认同就是长期生活在同一地域的社会群体在生产、交往中形成的价值观的一致性并遵循着社会的规则或规律，在一定的社会环境中有着共同的心灵归宿感。有了共同的文化认同和价值追求才能形成凝聚力、向心力，才能对中国特色社会主义进入新时代给予全新的认识；才能把握新时代提出的如何传承弘扬中华优秀传统文化给予全新诠释；才能更好地坚定文化自信，推动社会主义文化繁荣兴盛。让中华文化走向世界舞台，需要从两个方面着手推进：一方面是培育和践行社会主义核心价值观。党的十九大报告指出"社会主义核心价值观是当代中国精神的集中体现，凝聚着全体人民共同的价值追求"。[①]中华民族实现伟大复兴，人人要肩负责任，要有理想信念，把社会主义核心价值观融入新时代中国特色社会主义发展的方方面面，并转化为人们的价值认同和行为习惯；另一方面必须要以马克思主义思想为指导深入挖掘中华优秀传统文化蕴含的精髓，结合时代要求继承创新，让中华优秀文化展现出永久魅力和时代风采。中国共产党以马克思主义为指导创造了优秀的革命文化和社会主义现代化建设文化，不断推进文化建设，自觉认同文化渊源，认同血脉相连，是我们党的历史使命，习近平同志指出："优秀传统文化可以说是中华民族永远不能离别的精神家园。"因此，中华优秀传统文化是中华民族的凝聚力与自信力的源泉。在新时代马克思主义对中华优秀传统文化发展的引领，不是停留在理论层面上的宣传解读，重要的是采取哪种方式、方法、途径，挖掘中国传统文化中蕴含的思想观念、人文精神、

[①] 习近平在中国共产党第十九次全国代表大会的报告[N].人民日报,2017-10-28。

道德规范,结合中国特色社会主义进入新时代发展需要更好促进中国文化繁荣发展。中国特色社会主义现代化建设提出了明确目标,有了具体的发展规划,到 2020 年全面建成小康社会,从 2020 年到 21 世纪中叶分两个阶段来安排,第一个阶段是基本实现社会主义现代化;第二个阶段在实现现代化的基础上,把我国建成富强民主文明和谐美丽的社会主义现代化强国。有了物质的满足,人民必然产生对先进文化的需求,在建设社会主义现代化强国的过程中如何建设特色社会主义先进文化来满足人民的需要,这是时代赋予中国共产党提升文化软实力的历史使命,即要做中国先进文化的引领者和践行者,也要做中华优秀传统文化的传承者和弘扬者。目前要挖掘中国传统文化的精髓,这个精髓是蕴藏"中国特色文化"的思想渊源。马克思主义理论要站在历史的高度在实践中助推优秀传统文化的创新,不断助推中华优秀传统文化走向世界舞台的中央。

坚持发展新理念是我们行动的指南,有了新理念才能对我们要从事的事业产生重大的影响。马克思主义对中华优秀传统文化的发展给予了正确的指导方向,对于中国传统文化现实价值功能不能停留在感官语言的判断上,要与新时代中国特色社会主义现代化建设的需要相结合,与新时代人民日益增长的美好生活需要和不平衡不充分的发展之间的矛盾相结合。习近平提出"坚持中国特色社会主义道路自信、理论自信、制度自信,说到底是要坚定文化自信。文化自信是更基本、更深沉、更持久的力量"。[①] 中华优秀传统文化经历了五千多年的历史积淀和孕育,党领导人民在战争年代形成了革命文化,在社会主义现代化建设中形成了社会主义先进文化,根植于中国特色社会主义伟大实践。在新时代马克思主义引领中华优秀传统文化的发展就是要在世界多元文化的场域中体现中华文化自信的力量,"文化自信"的根源是人的自信。这就要求马克思主义理论工作者在科学研究中华优秀传统文化的问题上首先要自信、要有所作为,不忘初心勇于担当,把中华优秀传统文化推向世界文化舞台中央的使命感。我国倡导"一带一路"的新发展理念,这种发展理念不单是带动沿线国家发展经济,而是在发展经济的同时共享各国文化,推动构建人类命运共同体,推行兼收并蓄的文明交流。作为新时代的人们,对中国五千多年灿烂优秀的传统文化应有足够的自信和自豪,但不自傲,在特色社会主义现代化建设中将优秀传统文化的思想精髓融挖掘出来,融入新时代

---

① 习近平在中国共产党第十九次全国代表大会的报告[N].人民日报,2017-10-28。

第二章 中华优秀传统文化"双创"与马克思主义文化观的内在联系

思想中指导各项工作,让中华优秀的传统文化真正成为我们建设美丽中国的动力之源。

（2）新时代的历史方位决定了两者具有共同的使命

中华优秀传统文化的价值在于进入新时代如何创造性转化、创新性发展,推动中国文化走向繁荣兴盛。在实现这一价值转化中需要理论工作者站在新时代维度去思考,"要加强对中华优秀传统文化的挖掘和阐发,努力实现中华传统美德的创造性转化、创新性发展,把跨越时空、超越国度、富有永恒魅力、具有当代价值的文化精神弘扬起来,把继承优秀传统文化又弘扬时代精神、立足本国又面向世界的当代文化成果传播出去"。[①] 从新时代的起点对中华优秀传统文化创新发展和继承问题提出了总体要求。对中华优秀传统文化发展研究路径的创新,不要局限于研究某一学派的思想体系,要结合新时代社会发展的战略布局和人民群众需要去研究各派学术思想。如围绕儒家、道家、法家、墨家、名家等思想进行思考,通过研究挖掘各家的思想观点、人文精神、道德规范之精髓并与新时代人民群众需要相结合,为新时代马克思主义中国化发展注入新活力。总之,思维方式的创新就是要坚持马克思主义的观点、立场、方法,坚持古为今用,要做到有批判地继承,是新时代马克思主义引领中华优秀传统文化不断创造性发展的根本路径。

创造性转化是指传统文化的古为今用,按照新时代建设中国特色社会主义先进文化发展的要求,对过去一些有价值的东西加以改造,赋予其新的文化意蕴,使之符合新时代社会发展需要。毛泽东主张对传统文化采取批判继承的态度,反对食古不化。毛泽东指出:"清理古代文化的发展过程,剔除其封建性的糟粕,吸收其民主性的精华,是发展新文化提高民族自信心的必要条件,但决不能无批判地兼收并蓄。"[②] 继承弘扬中华优秀的传统文化,要深入挖掘优秀传统文化的人文精神和思想价值,不是走传统封建的老路,而是要在去粗存精、去伪存真的基础上,总结提炼传统文化中符合新时代发展的本质要求,更好满足人民过上美好生活的需要。进入新时代,党的十九大提出要"坚定文化自信,推动社会主义文化繁荣兴盛,坚持创造性转化、创新性发展,不断铸就中华文化新辉煌"。提出中华文化的创造性转化和创新性发展这一重要任务,是站在新的历史起点上对过去改革开放以来我国取得经济、社会、文化在国际地位提升的基础上长期总结得出的结论,也是我国进入新时代树立大国文化的需要。

---

① 习近平在中国共产党第十九次全国代表大会的报告 [M]. 北京:人民出版社,2017.10.第41页。
② 毛泽东:《毛泽东选集》第2卷,人民出版社1991年版,第707-708页。

创造性转化不单是对经典的诠释,是结合新时代特色社会主义发展的新战略,满足人民精神文化需要,挖掘其中符合新时代要求的思想精华,增强优秀传统文化当代影响力。这也是中华优秀传统文化与时俱进的内在要求。

创新性发展,是按照新时代中国特色社会主义建设先进文化发展的要求,把中华优秀传统文化的精髓给以提炼、拓展其内涵、注入活力、增强在新时代的影响力和感召力。要促进中华优秀传统文化与新时代中国精神的结合,把传统文化中讲"仁爱、重民本、守诚信、崇正义"等传统价值观与新时代中国精神相结合,实现中国传统价值理念的创新性发展。习近平在党的十九大报告指出:"发展中国特色社会主义文化,就是以马克思主义为指导,坚守中华文化立场,立足当代中国现实,结合当今时代条件,发展面向现代化、面向世界、面向未来的、民族的科学的大众的社会主义文化,推动社会主义精神文明和物质文明协调发展。"[1] 传承弘扬中华文化必须立足于中国现实,接地气,同时又要有开阔的胸怀吸收外来文化的精华,做到包容并进,为人民群众服务,为社会主义服务,满足人民过上美好生活精神食粮的新要求。文化发展的创新"要深化文化体制的改革,完善文化管理体制,加快构建把社会效益放在首位、社会效益和经济效益相统一的体制机制"。[2] 文化创新要有相应的配套机制措施,产生良好的社会效益和经济效益,这里不是说文化经济化,而是要让文化在创新发展的过程中带动其他产业的发展,引起社会的共鸣,提升文化产业的社会效应。通过有效的文化管理机制,培育新型文化业态,提高文化在新时代软着路,提高国家文化软实力。

(三)新时代历史方位决定了弘扬中华优秀传统文化要借鉴其他国家优秀文化的精华

对中华民族的文化能否有足够的自信,不仅源于对中华民族自身文化价值的肯定,同时,通过和其他民族文化的交流,更能体现本民族文化优势与劣势。在交流碰撞中突出民族文化的本质,"从本质上说,文化自

---

[1] 习近平在中国共产党第十九次全国代表大会的报告 [M].北京:人民出版社,2017.10.第40页。
[2] 习近平在中国共产党第十九次全国代表大会的报告 [M].北京:人民出版社,2017.10.第44页。

第二章　中华优秀传统文化"双创"与马克思主义文化观的内在联系

信产生于广泛的跨文化交往、交流、碰撞乃至冲突的过程中"。[①] 中华文化自古是兼容并包的文化载体,中华民族自古以来也是一个开放包容勤劳智慧热情好客的民族,在人类历史发展的过程中,中华民族始终都是通过学习借鉴其他国家的优秀文化精华来丰富完善本民族文化的内涵,始终以谦虚好学和开放包容的胸怀借鉴汲取其他国家优秀文化精华来发展中华民族优秀传统文化体系,如,唐朝时期来中国的留学生高达近千人,使中华优秀传统文化远播世界,在当时不仅让世界不同肤色的人了解到中华文化的特色,同时,在这一交流传播过程中增强了中华民族的文化自信。因此,中华民族的文化自信要想在世界文化舞台上得以确立,树立文化标识,体现中华民族文化的内在价值,就必须接受世界文化的考评。在接受马克思主义理论指导的同时,还要通过学习世界其他民族的优秀文化来增强中华文化的生命力与活性,增强中华文化的竞争力和吸引力。让中华民族优秀文化以更加自立、自信、自强的姿态屹立于世界文化之林。当然"我们要虚心学习借鉴人类社会创造的一切文明成果,但我们不能数典忘祖,不能照抄照搬别国的发展模式,也绝不会接受任何外国颐指气使的说教"。[②] 因此,我们在吸收借鉴世界多民族优秀文化精髓来创新发展中华优秀传统文化的过程中,必须要坚持马克思主义理论的指导,既要坚持一定的原则,又要守住文化发展的底线,即要遵守在发展中体现中华民族优秀传统文化的中国特色,还要在创新中凸显中国风格,必须要旗帜鲜明、道路明确,这是弘扬中华民族优秀传统文化发展的重要原则,更是增强中华民族文化自信的重要举措。

总之,提升中国文化的软实力,提高中国文化在国际上的竞争力和影响力,必须坚持习近平新时代中国特色社会主义思想在文化发展中的指导地位。习总书记在党的十九大关于推动文化事业和文化产业发展中指出:"中国共产党从成立之日起,既是中国先进文化的积极引领者和践行者,又是中华优秀传统文化的忠实传承者和弘扬者。"中国特色社会主义进入新时代,推动中华优秀传统文化创造性转化、创新性发展,发扬革命文化,发展社会主义先进文化,不忘本来,吸收外来,更好构筑中国精神、中国力量,为人民提供精神指引。实践证明,实现中华民族伟大复兴的"中国梦"离不开新时代马克思主义的科学指导。在中国五千多年优秀传统文化的场域中,中华优秀传统文化为马克思主义的发展与创新提供

---

① 候德泉,唐亚阳:《文化自信,优秀传统文化与民族精气神——学习习近平总书记的重要论述》[J].文化软实力,2017.(4)。
② 习近平:在庆祝全国人民代表大会成立60周年大会的讲话[N].人民日报,2016-07-02。

了活力,同样在新时代弘扬中华优秀传统文化要以马克思主义文化观为指导,探寻二者的契合点,这也符合马克思主义理论与中华优秀传统文化共同创新发展的双重效应。

第三章　中华优秀传统文化"双创"的必要性与必然性

　　文化体现的是一个时代发展的印记,因时代而发展,随时代而变迁,这体现出文化是一个动态演进的过程。中华优秀传统文化要实现质的飞跃,展现永久魅力,必须乘势而变,与时俱进。在中国特色社会主义的新时代,推动中华优秀传统文化的"双创"既有其必要性,又有其必然性,从坚定文化自信、弘扬社会主义核心价值观、提升文化软实力、实现中华民族伟大复兴和在世界文化激荡中站稳脚跟等方面看,"双创"是必须的、必要的;同时,"双创"也是中华文化"因时而兴、乘势而变、随时代而行"和中华民族"不忘本来、吸收外来、面向未来"的必然要求。习近平总书记指出:"文化自信是一个国家、一个民族发展中更基本、更深沉、更持久的力量。"[①]有了文化自信,人民才会有信心,社会发展才会有希望。因此,怎样结合社会主义现代化建设的需要,挖掘中华优秀传统文化资源进行"双创"是很有必要性的,也是中华优秀传统文化在面临世界大发展、大变革时代的必然性选择。

一、中华优秀传统文化"双创"的必要性

　　"文化问题并不是脱离历史进程高悬于天空的纯精神领域,它与我国

[①]《中国共产党第十九次全国代表大会文件汇编》[G].北京:人民出版社,2017年10月版,第18页。

的历史发展密不可分。"① 文化是与整个社会发展紧密联系在一起的。新时代,结合文化强国建设实现中华优秀传统文化"双创"是有其必要性的。因此,要从坚定文化自信、弘扬社会主义核心价值观、提升文化软实力、实现中华民族伟大复兴、在世界文化激荡中站稳脚跟等方面论述"双创"的必要性。

(一)坚定文化自信必须"双创"

"时代是思想之母,实践是理论之源。"② 任何思想理论都是在一定时代背景下产生,存在一切社会实践当中,并在实践中发挥指导和推动作用。"人们自己创造自己的历史,并不是在他们自己选定的条件下创造,而是在直接碰到的、既定的、从过去继承下来的条件下创造。"③ 中国在革命、建设和改革实践经验中总结了时代发展的特点,在践行社会主义道路、制度、理论"三个自信"基础上提出富有创新性的文化自信。文化自信有着深厚的社会根基。文化自信的提出与社会主义现代化建设实践分不开,与中华民族有着五千多年灿烂辉煌的文化有着内在联系。在社会主义现代化建设中要树立坚定的文化自信心,有了这个自信心,一切社会发展问题都可以解决,做起任何事情来才会信心百倍,国家未来的发展才会有希望。

在新时代,坚定文化自信,建设文化强国是实现社会主义现代化建设的必然选择。自信不是盲目的自信,不是要我们脱离社会发展的实际,坚定文化自信必须遵循中华民族历史发展规律,以中华优秀传统文化为根基,这种自信才是务实的自信。习近平总书记指出"历史和现实都表明,一个抛弃了或者背叛了自己历史文化的民族,不仅不可能发展起来,而且很可能上演一幕幕历史悲剧"。④ 因此,中华优秀传统文化的思想理念、传统美德、人文精神在历史上曾经发挥过重要的作用,其历史地位和主要价值一直被人们所传颂。坚定文化自信必须"双创",中华传统文化形成于农耕社会,也是传统农耕社会人民生产生活的集中反映,具有一定的历史局限性,有许多有价值的东西可以为社会主义现代化建设提供借鉴,同时

---

① 陈先达:《文化自信中的传统与当代》[M].北京:北京师范大学出版社,2017年版,第1页。
② 《中国共产党第十九次全国代表大会文件汇编》[G].北京:人民出版社,2017年版,第21页。
③ 《马克思恩格斯文集》第2卷[M].北京:人民出版社,2009年版,第470-471页。
④ 习近平:《谈治国理政》第二卷[M].北京:外文出版社,2017年版,第349页。

第三章 中华优秀传统文化"双创"的必要性与必然性

也存在一些与当代社会发展不相适应的文化,要辩证分析,结合现代社会发展的需要来取舍。中国特色社会主义先进文化不是凭空而来,它是党在革命、建设、改革的既定历史条件中形成的。党和国家一直都十分重视中华优秀传统文化的传承与发展,毛泽东同志说:"我们这个民族有数千年的历史,有它的特点,有它的许多珍贵品。对于这些,我们还是小学生。从孔夫子到孙中山,我们应当给以总结,承继这一份珍贵的遗产。"[①] 中华优秀传统文化是中华民族数千年的积淀,有其独特的精神标识,对其珍贵价值要善于学习和总结,这是我们文化自信的源泉。坚定文化自信必须要扎根中国历史,忽略了中华优秀传统文化又何谈思想与文化发展的创新。文化自信被党中央放到前所未有的高度,凸显了文化建设在国家社会发展中的重要地位。文化自信不仅要扎根于中华大地,更要立足于民族文化,在挖掘、继承优秀传统文化时不能全部拿来,要鉴别优劣,按照新时代的特点和要求,对优秀传统文化进行转化和创新发展,使其更具有生命力和感染力。

当代中国,坚定文化自信是具有时代性的命题。明清以前,中国在经济文化发展上是世界上最发达的国家之一,春秋战国诸子百家,两汉盛唐气象,两宋文化均有空前盛世,在世界文化史中占有一席之地。毛泽东同志说过:"在中华民族的开化史上,有许多伟大思想家、科学家、发明家、政治家、军事家、文学家和艺术家,有丰富的文化典籍。"[②] 这些中华优秀传统文化在世界上产生了极大的影响力,并不断向周边国家辐射,逐渐形成了东亚儒家文化圈,这一时期的文化自信是世人皆知的。晚清以降,中国经济社会发展逐渐落后于西方国家,文化也慢慢失去了应有的地位。文化自信是国家综合力量强大的表现,"文化自信绝不是文化自大,更不是文化上的闭关锁国或拒绝文化交流"。[③] 中华民族长期以来就始终秉持和而不同的原则,不断吸收外来先进文化,做到兼容并蓄。十八大以来,国家越来越重视对文化的发展和投入,积极推动中华文化走出去,不断努力学习世界先进的文化思想,如习近平总书记倡导的"一带一路"战略,既是一种经济交往,又是一种文化交流学习。中国特色社会主义进入新时代,当代中国正处于实现中华民族伟大复兴的最好历史时机,坚定文化自信,提升优秀传统文化的竞争力,助推民族复兴。

总之,新时代,坚定文化自信必须立足于五千多年中华优秀传统文化

---

① 《毛泽东选集》第2卷[M].北京:人民出版社,1991年版,第533-534页。
② 《毛泽东选集》第2卷[M].北京:人民出版社,1991年版,第622页。
③ 陈先达:《文化自信中的传统与当代》[M].北京:北京师范大学出版社,2017年版,第115页。

的基因,立足于世情、国情,立足于时代发展的特点,充分挖掘中华优秀传统文化的精髓,结合社会发展需要进行创造性转化、创新性发展。

(二)弘扬社会主义核心价值观必须"双创"

中华优秀传统文化是中华民族的基因,内化于心,深刻影响着人们的思维方式和行为方式。在新时代,弘扬社会主义核心价值观要汲取优秀传统文化的内涵和养分,否则就缺乏生命力和影响力。中华优秀传统文化能够为弘扬社会主义核心价值观提供有益启迪,彰显其永不褪色的价值。鉴于此,弘扬社会主义核心价值观,需要着眼当代社会发展需要,深入挖掘中华优秀传统文化的治国理念、传统正义和道德规范,结合时代特点和要求进行有效"双创"。

习近平总书记强调,要"使中华优秀传统文化成为涵养社会主义核心价值观的重要源泉"。[①]让中华优秀传统文化在现代化建设中发挥更大价值。弘扬社会主义核心价值观必须"双创",要采取科学有效的文化转化模式,将"返本开新"的传承模式与"积累式"的创新模式有机结合起来,[②]正确处理好传承与创新的关系。社会主义核心价值观在社会主义现代化建设中能够促进人的全面自由发展,引领社会新风尚,对于全面建成小康社会具有正能量,这些正能量在中华优秀传统文化中都有深刻的内涵。如中华优秀传统文化强调"民惟邦本"[③],强调"天行健,君子以自强不息"[④],强调"德不孤,必有邻"[⑤],培育和弘扬社会主义核心价值观必须立足中华优秀传统精髓,"牢固的核心价值观,都有其固有的根本,抛弃传统、丢掉根本,就等于割断了自己的精神命脉"。[⑥]弘扬社会主义核心价值观要根植于中华优秀传统文化,而中华优秀传统文化要与时代发展相结合不断实现自我转化和创新。中华优秀传统文化要在新的历史背景下重新焕发出生命力与感染力,要牢牢扎根于人民,因为人民是社会生产生活的主体。实现对中华优秀传统文化"双创",重在赋予优秀传统文化新的

[①] 习近平:《谈治国理政》第一卷[M].北京:外文出版社,2018年版,第164页。
[②] 王琳:《弘扬核心价值观要实现传统文化创造性转化》[J].《理论导报》2015年04期,第45页。
[③] 王世舜,王翠叶 译注:《尚书·五子之歌》[M].上海:中华书局,2012年版,第67页。
[④] 萧圣中编著:《周易》[M].北京:金盾出版社,2009年版,第79页。
[⑤] 杨伯峻译注:《论语译注》[M].上海:中华书局,2018年版,第83页。
[⑥] 习近平:《谈治国理政》第一卷[M].北京:外文出版社,2018年版,第164页。

第三章 中华优秀传统文化"双创"的必要性与必然性

时代内涵,激活中华优秀传统文化的内在生命力。

中华优秀传统文化是社会主义核心价值观的历史底蕴。任何事物的成长和发展都有其内在根据,其价值观的形成确立,都必须建立在已有历史文化脉络和精神传统基础之上,不断与时俱进。习近平总书记指出,"我们提倡的社会主义核心价值观,就充分体现了对中华优秀传统文化的传承和升华"。① 中华优秀传统文化是民族的根和魂,深深扎根于百姓心里。中华优秀传统文化中有主张"富国强兵""先富后教""民为邦本""民贵君轻",倡导"文明以止""化成天下",有追求"天人合一""和而不同",有主张"道法自然""民胞物与""天下为公""天下兴亡、匹夫有责""业广惟勤",有倡导"言必行、行必果""出入相友、守望相助"等② 这些思想精髓是中华民族文化的精品,都有永恒的时代价值,可以从国家、社会和个人等三个层面提升社会主义核心价值观的内涵。

社会主义核心价值观三个层面的高度概括是对中华优秀传统文化的提炼和升华。中华优秀传统文化是各民族在华夏大地上共同创造的,体现了一定历史条件下人民的智慧和创造力。社会主义核心价值观是对这一智慧的传承与发展。在社会主义现代化建设中,对中华优秀传统文化"双创"是弘扬社会主义核心价值观的实践过程。追求共同价值取向是符合人们的现实需要。从现实角度来看,社会主义核心价值观不只是停留在思想层面的理论,它根植于传统,存活于社会主义现代化建设的实践中,是活的理论与现实实践的统一。作为时代精神标识的文化,已成为推动时代发展的永恒动力。黑格尔曾指出,"时代精神就是一定时代和一定现实的时代逻辑,而时代逻辑又必须通过一定的思想、精神和价值体现出来"。③ 在不同时代背景下,一些思想精髓和价值遵循,如"己所不欲勿施于人""仁者爱人""天下大同"等具有永不褪色的时代价值。传统的思想、理念和精神又会紧扣社会发展的主题重新阐释和表达,如社会主义核心价值观中的爱国、敬业、诚信、友善等价值要求,就是对优秀传统文化中的仁、义、礼、智、信、忠、孝、廉等创造性转化和创新性发展的时代解读。

概而言之,新时代弘扬社会主义核心价值观要懂得"求木之长者,必

---

① 习近平:《谈治国理政》第一卷[M].北京:外文出版社,2018年版,第171页。
② 苏森森、王未强:《坚定社会主义核心价值观自信的三重根据》[J].《思想理论教育导刊》2019年第8期,第72页。
③ [德]黑格尔:《历史哲学》[M].王造时译.北京:生活·读书·新知三联书店,1957版,第104页。

固其根本；欲流之远者，必浚其源泉"。① 中华优秀传统文化为社会主义核心价值观建设提供丰厚养分，潜移默化地激励着中华儿女不断开拓。要深入挖掘和阐释中华优秀传统文化精髓，在践行社会主义核心价值观的过程中做好创造性转化、创新性发展。

（三）提升文化软实力必须"双创"

进入21世纪以来，随着世界文化交流不断加强和国际文化关系深刻变化，文化的重要性在国际交往中日益凸显，文化软实力日益成为国家综合实力的象征。文化软实力概念最早由美国学者约瑟夫·奈在1990年出版的《注定领导：美国权力性质的变迁》一书中提出。他认为，使美国霸权地位得以确立的是物质基础，是靠强大的经济、军事等"硬实力"，而其霸权得以维系的侧翼是以美国民主制度和价值观为代表的"软实力"。在国内最早将软实力介绍到国内是王沪宁。他认为，"把文化看作一种软权力，是当今国际政治中的崭新概念，人们已经把政治体系、民族士气、民族文化、经济体制、历史发展、科学技术、意识形态等因素看作是构成国家权力的属性"。② 提升文化软实力不仅成为学界关注的热点而且得到国家的重视，十七大报告提出，"要坚持社会主义先进文化的前进方向，激发全民族文化创造活力，提高国家文化软实力"。③ 随着改革开放的深入，我国综合实力显著提高，国际竞争力明显增强，而文化软实力在国际事务中日益凸显出更大价值。十八大以来，习近平总书记在各种重要讲话中对大力弘扬中华优秀传统文化给予明确指示，强调中华优秀传统文化是我们国家最深厚的文化软实力，是我们坚定文化自信，建设社会主义文化强国的重要基础。

文化是一个国家的精神命脉。提升文化软实力要立足本土文化，中华优秀传统文化博大精深、源远流长，"蕴含着极其丰富的文化软实力要素，也是我国文化软实力建设的最重要的精神资源"。④ 习近平总书记指出"讲清楚中华优秀传统文化是中华民族突出的优势，是我们最深厚的

---

① 习近平：《把培育和弘扬社会主义核心价值观作为凝魂聚气强基固本的基础工程》[N]. 人民日报，2014-2-26（1）.
② 王沪宁：《作为国家实力的文化：软实力》[J]. 复旦学报（社会科学版），1993年版，第3期，第91-96+75页.
③《十七大报告读本》[M]. 北京：人民出版社，2007年版，第11页.
④ 张国祚：《中国文化软实力发展报告2014》[M]. 北京大学出版社，2015年版，第16页.

第三章 中华优秀传统文化"双创"的必要性与必然性

文化软实力"。①因此,中华优秀传统文化这种深厚的软实力如何结合时代发展与现代价值转化必须认真地思考。提升国家文化软实力,既要扎根于中华优秀传统文化,又要在转化创新去粗取精、去伪存真。坚持古为今用、推陈出新,努力实现中华文化新发展,来进一步夯实国家文化软实力的根基。

提升文化软实力,关乎着国家的文化建设,关系着中华文化在世界舞台上能走多远的问题。在世界文化交流中,把具有当代价值的中华文化精神传播出去是国家软实力的重要体现。在国家治理中,中华优秀传统文化的软实力价值在社会发展、生态文明建设、构建和谐社会中日益凸显。约瑟夫·奈指出"中国的软实力存在几个方面:富有魅力的传统文化;在政治价值观方面;中国的发展模式——'北京共识'在广大亚非拉国家正变得越来越比'华盛顿共识'更有吸引力;在外交上积极参与多边机制"。②因此,中华优秀传统文化中的仁爱、以德治国、天人合一、和合、中道等思想和价值观对于世界文明的冲突,解决现代工业社会发展中遇到的困惑以及构建和谐社会提供了方案与智慧。中华优秀传统文化的时代价值要结合现代化建设需要进行"双创",才能更好地体现其时代性与价值性。

其一,中华优秀传统文化包容与开放的特质有利于提升文化软实力并实现可持续发展。中华优秀传统文化在同世界文明、文化相互融汇与借鉴中得到了发展,虽在一定程度上受到影响,但在碰撞、交流中汲取营养,始终保持自身独立性。两汉隋唐时期外来佛教的传入,中华优秀传统文化不仅没有被侵蚀,反而中土文化将外来佛教改造与创新成中国佛教,到魏晋时期儒释道深度融合形成魏晋玄学,促进了中华优秀传统文化的融合与创新。宋明以降,明万历年间基督教耶稣会的传入,东西文化的巨大差异让中华优秀传统文化以包容开放的姿态借鉴和汲取西方文化养分,在与外来文化的碰撞交流中不断融合,并传播中华优秀传统文化的智慧。在今天,中华优秀传统文化走出国门让世界人民认知、学习中华文化,孔子学院在世界各国的开堂授课已经充分体现中华优秀传统文化的当代价值。中华优秀传统文化的包容和开放品质有利于加强文化的创造力、凝聚力,是提升文化软实力并实现可持续发展的力量之源。

其二,中华优秀传统文化的民本思想为推动社会民主政治建设提供可借鉴资源。中华优秀传统文化包含的民本思想闪耀着永恒光辉,为治

---

① 习近平:《谈治国理政》第一卷[M].外文出版社,2018年版,第155页。
② Joseph S.Nye.The rise of China'S Soft Power[J].The Wall Stree Journal Asia.29 December.2005.

国理政提供智慧。其中《尚书》云："民为邦本,本固邦宁";《孟子》云："民为贵,社稷次之,君为轻。"这些反映了中国先人在国家治理中把人民摆在重要位置,是国家稳定发展的重要基础。中国共产党人始终是中华优秀传统文化的继承者和弘扬者,自中国共产党成立以来,提出了"为人民服务"的理念,以全心全意为人民服务为宗旨,"以人为本"的科学发展观等充分体现了人民至上的发展理念。进入新时代,习近平总书记提出"以人民为中心"的发展思想,这些治国理政智慧是对中华优秀传统文化创造性转化、创新性发展的运用与实践。弘扬中华优秀传统文化,要充分挖掘其宝贵思想资源结合时代需要进行"双创"。习近平总书记在文化强国战略的重要讲话中强调:"中华优秀传统文化是中华民族的突出优势,是我们最深厚的文化软实力,建设文化强国,必须立足于中华优秀传统文化的根基,汲取营养,获取力量,赋予时代精神。"[1] 要认识到中华优秀传统文化不仅具有历史文献和文明遗产的价值,也是提升文化软实力的重要源泉。因此,提升我国文化软实力要深入挖掘中华优秀传统文化宝贵资源,不断实现转化创新,从而提升国家文化竞争力。

其三,中华优秀传统文化的天道自然观为全球生态文明建设提供智慧。近代西方工业文明的发展给人类带来了物质文明,同时也给全球生态造成了极大破坏,如环境污染、生态恶化、气候变暖、人与自然的对立等不良后果。人类对物质生活的过度追求不断滋生享乐主义、个人主义、人情淡化等较突出的现代问题。中华优秀传统文化提倡人与自然的和谐统一,强调人与万物的平等,注重对生态的保护,为世界生态治理提供有益借鉴。其中,天人合一的思想价值是遵循人与自然规律的统一,这些思想充分显示了古人在思考社会发展与自然界关系的辩证思维智慧,做到既遵循天道,又符合人道的完美统一,实现了社会发展与自然界美美与共的和谐共生。这一传统文化思想在我国社会治理中得到充分体现,提出了可持续发展和五位一体的创新发展理念。

概而言之,中华优秀传统文化包容和开放的特质,注重民本思想的理念,以及天道自然、天人合一的价值取向为治国理政提供重要资源,为提升文化软实力提供深厚的文化根基。当然,孕育于农耕文明的中华传统文化也有其局限性,要结合时代发展与建设文化强国需要进行创造性转化、创新性发展,在提升国家文化软实力中发挥积极作用。

---

[1] 徐志远、张灵:《文化软实力与社会主义核心价值观》[J].《马克思主义研究》2017年,第11期,第67—73页。

第三章　中华优秀传统文化"双创"的必要性与必然性

（四）实现中华民族伟大复兴必须"双创"

实现中华民族伟大复兴是中华儿女的责任与担当。昔日的中国,曾以她的辉煌和荣耀雄踞世界。可是当我们沉浸于昔日的荣耀之时,世界却发生了巨大变化,一些过去弱小的西方国家,抓住了工业文明发展的进程成为世界强国。伴随着西方列强的崛起,西方国家掠夺的欲望不断攀升,带来对其他国家的侵略,中国与西方列强发生冲突与矛盾在所难免,这种冲突背后,是工业化时代与农耕文明进程下的中国之间的较量,其胜负是可知的。近代中国遭受西方列强的惨痛教训,唤醒了中华儿女寻求救国和实现中华民族伟大复兴的道路,先是技术层面的模仿,企图来实现富国强兵,但其效仿的结果,没有让长期受蹂躏中华民族走向强盛。探索中的一个个教训和启示,使中华儿女充分认识到要挽救中华民族的命运,必须从思想文化上启发国人的觉醒。

十月革命后,中国共产党人选择了马克思主义作为救国救民的真理。在马克思主义指引下,中国共产党带领人民踏上了社会主义现代化建设的征程。经过几十年的浴血奋战,建立了新中国,确立了社会主义制度,开启了民族伟大复兴的步伐。改革开放后,中国发生了翻天覆地的变化,人民生活水平显著提高,综合国力不断增强,这些努力与奋斗为实现民族复兴奠定了基础。

中国革命、建设和改革的经验和教训再一次证明,只要我们以先进文化为引领,我们的各项事业就一定能取得胜利。民族复兴是一项伟大工程,涉及社会主义现代化建设的许多方面,其中文化的复兴和强盛,是实现民族复兴的重要支撑。在21世纪,实现中华民族复兴要立足中国国情,要坚持中国特色社会主义发展道路,中国特色社会主义文化,"源自于中华民族五千多年文明历史所孕育的中华优秀传统文化,植根于中国特色社会主义伟大实践"。[1] 当前,社会主义先进文化建设尤为重要,立足中华文化,结合现实需要进行鉴别取舍,如习近平总书记所说的"坚持有鉴别的对待、有扬弃的继承,努力实现传统文化的创造性转化、创新性发展与现实文化相融通"。[2] 世界列强崛起的历史证明,一个国家的强大不仅表现为经济的强大,军事的强大,更多表现为文化在世界的影响力、感召力,

---

[1]《中国共产党第十九次全国代表大会文件汇编》[G].北京：人民出版社,2017年版,第33页。
[2] 习近平:《谈治国理政》第二卷[M].外文出版社,2017年版,第313页。

这种影响力和感召力离不开本民族文化的滋养。

其一,推进中华民族伟大复兴要立足中华优秀传统文化。历史是一面镜子,可以帮助我们知晓古今。回顾近代以来特别是新中国成立以来的历史,我们在文化建设方面取得了辉煌成就,文化建设与国家命运息息相关。每到重大历史关头,文化都能感国运之变化。近代以降的中国历史,不仅是一部启迪史,更是一部中华民族的伟大复兴史。站在新的历史起点上,审视国家的未来发展,实现现代化强国之路仍在征途中。因此,只有牢牢扭住经济建设这个中心,不断增强我国经济实力和科技实力,才能成就伟业,才能自立于世界民族之林。面对错综复杂的世界格局和正在深度调整的国际战略格局,宏伟蓝图已绘就,砥砺奋进正当时,我们不能有丝毫的自满和点滴的懈怠,要继续把中国特色社会主义现代化事业推向前进。在当代世界,一个国家要真正实现强大,在吸收世界先进文化同时,更要立足本民族的优秀传统文化,这不仅在于它为社会主义现代化建设提供强大的精神力量,更在于它是文化强国的重要保障。

其二,实现中华民族伟大复兴要坚持文化传承。习近平总书记指出:"一个国家、一个民族的强盛,总是以文化兴盛为支撑的,中华民族伟大复兴需要以中华文化发展繁荣为条件。"[①]在历史长河中孕育的中华优秀传统文化,是中华民族的根和魂,是中华民族伟大复兴的文化支撑。中国共产党自成立以来,担负着民族独立和国家富强的重任。中华优秀传统文化是一个庞大的思想体系和文化有机体,有民族性、时代性和阶级性,如果将其简单化、抽象化的理解,则是片面的和形而上学的。过去,在传统文化的理解上犯了不少的错误,因传统文化落后或腐朽的成分而将其全盘否定,忽略了其应有价值。随着世界经济文化融合发展,国内出现了"历史虚无主义""文化虚无主义""文化保守主义"等错误思潮,这些错误思潮以不同形式粉饰登场,给当前文化建设带来一定的影响,歪曲或丑化社会主义,对此要给以科学批判。如何传承中华优秀传统文化,习近平总书记提出要"结合新的实践和时代要求进行正确取舍,而不能一股脑儿拿到今天照套照用,努力实现传统文化创造性转化、创新性发展。使之与现实文化相融相通"。[②]结合时代发展之需,对中华传统文化的精华部分必须做出正确抉择。应在马克思主义的指导下遵循文化自身发展规律进行"双创",注重从历史和文化延续性的视角来把握中华优秀传统文化的地位和价值,认清其时代内涵与现实意义,在实现中华民族伟大复兴实

---

① 习近平:《谈治国理政》第一卷[M].外文出版社,2018年版,第212页。
② 习近平:《谈治国理政》第二卷[M].外文出版社,2017年版,第313页。

第三章 中华优秀传统文化"双创"的必要性与必然性

践中弘扬优秀传统文化,努力创造具有中国特色、中国精神、中国气派、中国风格的中华文化。

总之,深刻认识中华文化的繁荣兴盛与中华民族伟大复兴的逻辑关系。共同推动中华优秀传统文化创造性转化、创新性发展,实现中华民族伟大复兴不仅是中国共产党人的使命,而且也是中华儿女共同的责任。因此,实现中华民族伟大复兴必须"双创",将激发人们"以文化人"的精神力量,助推中华文化走向繁荣。

(五)在世界文化激荡中站稳脚跟必须"双创"

在世界多极化、文化多样化的时代背景下,文化能弥合不同价值观的冲突,中华优秀传统文化在世界多元文化环境中应发挥更大作用。关于中华优秀传统文化如何在世界文化激荡中站稳脚跟,习近平总书记指出"中华优秀传统文化是中华民族的优秀命脉,是涵养社会主义核心价值观的重要源泉,也是我们在世界文化激荡中站稳脚跟的坚实根基"。[①] 中华文化博大精深,它体现在中华民族的生活方式和传统风俗民情之中,作为世界四大文明之一的中华文明,有着灿烂辉煌的文化,在不同历史时期,中国四大发明、中草药、陶瓷、茶叶、丝绸等对世界各国都产生过重要影响。因此,结合世界潮流发展,不断推动中华优秀传统文化"双创",使其焕发新气象,中华文化才能在世界文化激荡中站稳脚跟,赢得世界人民的赞誉。

其一,继承传统,拓宽视野。中华优秀传统文化传承发展要以继承传统为依托,拓宽其视野,优秀传统文化才能得到更好的弘扬。作家冯骥才先生近年来致力于中华文化遗产的抢救与保护。他认为,中华优秀传统文化体现着民族真挚情感,是民族特征的直接表现。越是经济全球化、科技日新月异的时代,文化的走向就越本土化,越要体现民族的印记。中国是一个文化大国,在世界文化多元化的背景下更应该捍卫文化大国的气度和尊严。理论工作者的创作活动不仅要弘扬传统的优秀价值观,同时也应向读者传递面向未来新的价值观。不断丰富中华优秀传统文化的意蕴,为当代读者提供新的思考和价值观趋向。关于理论工作者如何将传统与现代做到有机结合,要扎根现实生活的土壤,去找寻文化创作的基因。传统是作家共有的,民间性是各有各的不同,有民间性才能继承传统性,才能丰富和发展现代性。因此,建设社会主义先进文化不仅要继承中

[①] 习近平:《谈治国理政》第一卷[M].外文出版社,2018年版,第164页。

华优秀传统文化,而且还要结合现代社会发展的需要,不断拓宽文化创作的视野。

其二,洋为中用,交流互鉴。洋务运动时期,"洋为中用"作为当时有志之士向西方寻求救国图存的口号。向西洋学习技艺、文化制度思想,中国走向世界的每一步,都印证了借鉴国外先进科技文明的曲折历程。改革开放后,外国优秀文艺作品曾影响和鼓舞了一代中国青年,给我国文艺发展带来了新生机。文化是无国界的,不同文化相互交流借鉴、不同文明在相互碰撞中不断发展,已成为当今世界文化发展的趋势。在文化交流的大潮中如何做到洋为中用、融会贯通,吸收外国文化精华,今天的文艺工作者仍然需要头脑清醒,学会辨别,有效利用。文艺工作者应以宽广的胸怀和敏锐的眼光,对文化现象和文化思潮作出科学判断。例如对于当前美国文化不能完全复制过来,要学会有鉴别的筛选,对我国社会发展有益的成分才可以借鉴。随着全面深入对外开放,文化霸权和网络信息等不断渗透到人们的生活,对我国政治思想、价值观和主流意识形态提出了严峻挑战,这也是"世界文化激荡"的突出表现。对此,我们应认识到,每个国家和民族的文化涵养与国情不同,其发展必然有着自己的特质,中华优秀传统文化是中华民族的突出优势,是我们最深厚的文化软实力。只有结合需要,在吸收与借鉴的同时不断丰富自身文化生态,才能做到取长补短,不断提升文化在国际上的竞争力。

其三,立足时代,站稳脚跟。中华优秀传统文化在发展中不断吐故纳新,受到世界的关注和瞩目。面对世界文化激荡,中华文化要站稳脚跟,除了融合民族优秀传统和汲取外来优秀文化以丰富自身之外,提升文化竞争力,还需要以开放的眼界和胸怀,脚踏实地进行文化艺术的创作、创新。对于文艺工作者来说,要贴近生活、贴近现实、立足时代。中国的繁荣昌盛是从过去积贫积弱土壤中不断努力奋斗而来的,中国共产党带领中国人民经过70多年的浴血奋战,中国人民付出了血与泪的代价,有许多不为国外人所知的经历,这些都可以通过文艺创作的形式表达出来。新时代,推进中华优秀传统文化创造性转化、创新性发展,是弘扬中华优秀传统文化发展的重要使命,也是推动中华文化走向世界的前提。在此基础上,只有通过适当的方式传播和推广中华优秀传统文化,中华文化才能以自强包容的姿态面向世界,不断提升文化的国际竞争力,在世界文化激荡中站稳脚跟。

第三章　中华优秀传统文化"双创"的必要性与必然性

二、中华优秀传统文化"双创"的必然性

中华优秀传统文化有着深厚的历史底蕴,博大精深,不断推动中华民族砥砺前行、发展壮大。中华优秀传统文化是多种哲学思想完美融合的文化,但文化不是凝固不变的,它"因时而兴、乘势而变、随时代而行",是时代发展的最强音。具有高度的包容性,中华优秀传统文化与当代文化相包容、与现代社会相适应,与世界文明交流互鉴,这是中华传统文化"双创"的必然性要求。

（一）它是中华文化"因时而兴、乘势而变、随时代而行"的必然要求

中华文化既需要薪火相传,又要推陈出新。一个时代有一个时代的文艺,一个时代有一个时代的精神。习近平总书记指出:"在人类发展的每一个重大历史关头,文艺都能发时代之先声、开社会之先风,成为时代变迁和社会变革的先导。"[1]中华优秀传统文化创新性要充分体现时代新声,成为推进社会主义先进文化建设的助力器,彰显中华优秀传统文化时代性。

伴随着经济全球化、一体化发展,世界多元文化并存,各种文明交流频繁。中华优秀传统文化的历史地位和价值也曾得到世界认同。近代清末以降,"中华传统文化也随着'西学东渐'踏上了顺应现代化,进行现代转化的艰难历程"[2]。在世界多元文化发展的背景下,中华优秀传统文化的发展必将面临着新的挑战和机遇,实现转化创新不仅是其自身发展的趋势和要求,而且也是与新时代中国特色社会主义实践相结合,推动社会主义现代化建设现实需要的选择。

其一,中华文化自身发展的要求。对于中华优秀传统文化来说,"传统"体现着文化发展的过去与连续性,而"现代性"则意味着文化发展的

[1]　习近平:《谈治国理政》第二卷[M].北京:外文出版社,2017年版,第350页。
[2]　李培峰:《马克思主义中国化视域下中国传统文化现代化研究》[D].兰州:兰州大学,2013年。

时代性。文化随时代而行,在不同的时期,中华优秀传统文化因时而变,与当代社会相包容,与当代社会相适应,这是中华优秀传统文化乘势而变所决定的。中华优秀传统文化的突出优势是因时而兴、乘势而变、随时代而行,这一优势使中华优秀传统文化在不同历史时期都包含有强大的生命力,也为优秀传统文化时代转化提供强劲的动力。如《周易》中包含有丰富的易思想,变化、变革观是其基本的原则,这一思想在中国社会不同时期都发挥了重要作用,引领社会不断的改革或变革。王韬说:"孔子圣之时者也,于四代之制,斟酌损益,各得其宜。诚使孔子生于今日,其于西国舟车、枪炮、机器之制,亦必有所取焉。"[1] 历史上的王安石革故鼎新的变法思想,康有为把穷则变、变则通的观点发挥到极致。

回顾先秦儒家思想发展的历程不难看出,中国古代儒家思想自春秋到战国经荀子、孟子的总结和改造使其不断发展;经两汉时期,大儒董仲舒将阴阳五行、黄老之学及法家思想融入儒家思想确立了大一统地位,使其上升为统治阶级的主流意识形态;魏晋时期,对儒释道三家合流,形成魏晋玄学;隋唐两宋,佛学传入,为适应社会发展需要,儒学、佛教、道教相互融入渗透;至宋明形成新的儒学体系新儒学即宋明理学等。优秀传统文化的不断适应与变革,使其形成了不同的文化形态,这一变化是传承文化自身的内在活力因素不断突破传统实现质的飞跃的创新发展过程,也是适应时代变迁与社会发展的新要求。中华优秀传统文化除了包含有变易思想以外,还包含有许多经世致用思想,如尚和合、重民本、守诚信、崇正义、求大同等思想理念在社会主义现代化建设中仍发挥着重要的价值,为新时代治国理政提供了智慧。由此可见,中华文化自身发展的要求与当代社会主义先进文化相适应,与当代文化相包容,与时代同进步。

其二,中华文化与新时代中国特色社会主义实践相结合。认识源于实践,中华优秀传统文化是中华民族在长期生产实践中的产物。可以这样理解,文化发展变迁要以实践作为支撑,因为文化与实践是相互联系、相互促进、共同促进二者发展创新的有机统一体。中华文化要保持长久的生命力与影响力要与新时代中国特色社会主义实践相结合,在建设社会主义先进文化中彰显中华优秀传统文化的价值内涵,为建设文化强国提供丰富滋养。马克思曾说过:"全部社会生活在本质上是实践的,凡是把理论引向神秘主义的神秘东西,都能在实践中以及对这个实践的理解中得到合理的解决。"[2] 在这里实践即成为人最本质的属性,中华传统文

---

[1] 王韬:《弢园文录外编》[M].北京:中华书局,1959年版,第4-5页。
[2] 《马克思恩格斯文集》第1卷[M].北京:人民出版社,2009年版,第501页。

第三章 中华优秀传统文化"双创"的必要性与必然性

化时代转化要符合社会主义文化建设的需要,既满足人民群众的现实需要,又要和新时代社会实践充分结合。中国特色社会主义进入新时代,人民不仅对物质生活提出了更高要求,而且对高品质的文化生活也提出新要求。

在新时代,如何把优秀传统文化内涵与当代构建社会主义和谐社会实践相结合,进一步弘扬"和实生物""和而不同""和为贵"等思想的时代内涵,在中国特色社会主义建设实践中回答了这一问题。由"中华民族所承载的中华民族精神是中华文化核心价值的集中体现和中华文化的生命力、创造力和凝聚力的灿烂绽放"。[①]在特色社会主义实践中构建和谐社会是人民普遍的愿望,也是新时代中国共产党人的重要任务。当然,我们在中国特色社会主义文化建设过程中汲取了优秀传统文化精髓和符合现代人们所需要的价值观,应认识到传统文化发端于传统农业文明,一些思想观念与现代化建设不相适应的元素。因此,要坚持从中国特色社会主义建设实际出发来转化发展优秀传统文化,使中华优秀传统文化因时而兴、乘势而变、随时代而行,为新时代中国特色社会主义现代化建设注入新活力。

其三,新时代社会主义现代化建设的现实需要。现代化建设之路从来都不是一条康庄大道,而是一条布满荆棘的万里长征之路。党的十九大报告提出了在"全面建成小康社会的基础上,分两步走全面建设社会主义现代化国家的战略安排"。[②]实现社会主义现代化是党和人民的重大历史任务,结合国情推动中华优秀传统文化"双创"是当前社会主义现代化强国建设的现实需要。中国特色社会主义进入新时代,社会主义现代化不但是经济、科技、国防硬实力的现代化,还要实现软实力的现代化,因此,文化现代化建设给我们提出了更高要求。

中华优秀传统文化与社会主义现代化建设既有契合性,也有异质冲突性,如毛泽东同志所说:"一定的文化(当作观念形态的文化)是一定社会的政治和经济的反映,又给予伟大影响和作用于一定社会的政治和经济;这是我们对于文化和政治、经济的关系及政治和经济的关系的基本观点。"[③]中华优秀传统文化蕴含着刚健有为的进取精神,诚信为本的价

[①] 李江涛:《当代文化发展新趋势研究》[M].北京:中央编译出版社,2009年版,第265页。
[②] 习近平:《决胜全面建成小康社会 夺取新时代中国特色社会主义伟大胜利——在中国共产党十九次全国代表大会上的报告》[R].北京:人民出版社,2017,第27—29页。
[③] 《毛泽东选集》(第2卷)[M].北京:人民出版社,1991年版,第622—623页。

值理念,可以为社会主义现代化建设提供内在动力,为社会主义市场经济发展完善提供道德价值指引。在现代化建设中我们也应该认识到中华优秀传统文化中也存在不符合当代社会发展需要的元素,传统文化中重人文伦理,轻自然科学等思想是阻碍现代化建设的因素。如何在社会主义现代化建设中正确处理传统文化与现代化需要之间的关系问题,是在现代化建设中不可忽视的重要环节。社会主义现代化必然是具有中华民族文化特质的现代化,社会主义现代化建设过程中不可能抛弃文化传统,如习近平总书记指出:"历史和现实都表明,一个抛弃了或背叛了自己历史文化的民族,不仅不可能发展,而且很可能上演一幕幕历史悲剧。"[1] 社会主义现代化建设需要以先进文化为支撑,中华优秀传统文化"双创"必将在社会主义文化建设中发挥更大价值。同样也能成为中华优秀传统文化因时而兴、乘势而变、随时代而行的自身变革的动力,形成与新时代社会主义现代化建设相适应的文化形态。

(二)它是中华民族"不忘本来、吸收外来、面向未来"的必然要求

文化是一个民族的灵魂和身份标识,是引领社会发展的新风尚,也是人类进步的显著标志。当今世界多极化、经济全球化深度融合,以信息技术为主导的高新技术向现实生产力转化不断加快,"文化因素越来越多地向经济领域渗透,这使经济获得了新的发展形态和动力"。[2] 文化将成为一种资本不断融入经济中,而经济借助文化魅力不断扩张,成为当代国家综合实力竞争的重要力量。在不同历史时期,重视文化引领前进的方向,发挥文化精神在经济建设中的重要鼓舞作用,是一个国家经济社会发展的动力之源。在中华民族伟大复兴的进程中,中华优秀传统文化"双创"是新时代语境下坚守中华文化立场,"不忘本来、吸收外来、面向未来"的必然要求。

其一,不忘本来:就是要立足优秀传统文化不断铸就中华文化新辉煌。

在这里要说清楚什么是"本来"这个问题?首先,"本来"就是不忘源头,知道自己从何而来,要尊重、继承和弘扬本民族优秀传统文化,对优秀传统文化保持定力。"本来"是中华文化独有的理念、智慧、气度、神韵

---

[1] 习近平:《谈治国理政》第二卷[M].北京:外文出版社,2017年版.349页。
[2] 段联合、王立洲、桑业明:《当代中国马克思主义文化观》[M].北京:中国社会科学出版社,2011年版,第61页。

第三章　中华优秀传统文化"双创"的必要性与必然性

等特质,是体现在诗经、楚辞、汉赋、唐诗、宋词、元曲、明清小说等文艺作品在内的以爱国主义为核心的民族精神。其次,这个"本来",既包含党领导人民在伟大革命斗争中孕育的革命文化,又内涵在建设、改革实践中创造的社会主义先进文化。它既是民族之魂,也是力量之源。是中华民族历经磨难而绵延发展的精神标识,是推动中华民族发展的精神力量。

中华民族如果缺乏优秀传统文化的支撑,就会在未来文化竞争中失去向心力;如果不传承弘扬优秀传统文化,也就缺乏维系中华民族共有精神家园的文化根基。不忘本来,就是要守护好我们的文化底线,要坚定文化自信,对中华优秀传统文化、革命文化、社会主义先进文化等要高度认同、自觉维护、自觉践行。绵延五千多年的中华优秀传统文化包含丰富的哲学思想、人文精神、价值观念、道德规范,对世界文明形成与发展产生了重大影响,具有不可磨灭的历史功绩和时代价值。在世界文化多元化的今天,汉语热、中国节、孔子学院等所折射出的中华优秀传统文化吸引力和感召力日益明显。习近平总书记强调:"要系统梳理传统文化资源,让收藏在禁宫里的文物、陈列在广阔大地上的遗产、书写在古籍里的文字都活起来。"[1] 传承发展中华优秀传统文化不是为了把古董遗址作为摆设,只供观赏,而是要发扬光大,把其价值内涵融入国民教育、道德建设、生产生活,结合时代发展需要不断"双创"使其更好服务经济社会发展。中华优秀传统文化中"讲仁爱、重民本、守诚信、崇正义、尚和合、求大同等核心思想"[2] 为新时代治国理政提供重要智慧,也是涵养社会主义核心价值观的重要源泉。当前,我国主流思想文化健康向上、正能量强劲,但各种观念和错误思潮仍不时沉渣泛起。五千多年积淀的优秀传统文化,在我国革命、建设、改革的伟大实践中形成的革命文化和社会主义先进文化,是中华民族永续发展的力量之源。惟有扎根于这块生于斯、长于斯的土地,始终坚守中华文化立场,坚持"双创"才能不断铸就中华文化新辉煌。

其二,吸收外来:为不断铸就中华文化新辉煌提供丰富的养料和动力。

什么是外来?外来就是从外部而来。吸收外来,就是善于学习、吸收、借鉴中华民族以外的世界优秀文化、文明成果,并充分消化不断增强自身文化的凝聚力和影响力。每个国家和民族在不同历史条件下都形成了不同文化底蕴,任何一种文化发展要有一个"双创"的过程。首先,坚守本

---

[1] 习近平:《谈治国理政》第一卷[M].北京:外文出版社,2018年版,第161页。
[2] 中共中央办公厅、国务院.关于实施中华优秀传统文化传承发展工程的意见[N].人民日报,2017-1-26(001)

民族的文化传统,它是中华优秀传统文化存在和发展的精神支柱。其次,在坚守的基础上,不断汲取外来文化精华,使之融入本民族文化发展之中,要善于将外来各种有益思想文化资源、优秀文明成果与社会主义现代化相结合,为新时代中国特色社会主义文化建设提供借鉴,为不断铸就中华文化新辉煌提供丰富的养料和动力。

纵观世界文化发展史,在不同历史阶段文化繁荣兴盛的民族,往往其文化都是处在互相开放、互相交流、互相补充的状态,这也是文化发展的客观要求和必然趋势。文明因多样而交流,因交流而互鉴,因互鉴而发展。人类社会发展史昭示我们,一个国家、一个民族的文化只有不断汲取世界优秀文明、文化成果,才能更加丰富、更加博大精深,才能保持持久生命力和竞争力;反之,在文化上夜郎自大、封闭保守,必将导致僵化和被世界历史所遗忘。当今世界,世界经济一体化、文化多元化,信息网络技术日新月异,国与国、民族与民族文化交流日益密切,处于一种你中有我、我中有你相互交融状态,优秀传统文化正处在共同推动世界文化交流发展的大好时期。如费孝通先生所说的,在"各美其美"的前提下,去不断实现"美人之美、美美与共、天下大同"。我们知道任何一种文化只有不断自我更新,不断汲取其他优秀文化的养分,才能有更大的发展潜力。

坚持吸收外来,要求我们更加主动学习、借鉴其他国家民族文明优秀的文化精髓,进一步解放思想,坚决抛开狭隘的思想观念,放眼世界,尊重其他国家和民族文化的特殊性,在中外文化交流中要保持对自身文化的自信和定力。在吸收外来文化的同时,首先要把本民族的文化当做主流,运用马克思主义的立场、观点、方法吸收一切外来优秀文明成果,做到不盲目选择,不随波逐流,更不能全盘西化。要立足当前中国特色社会主义文化强国建设的需要,去粗取精、去伪存真,创造性转化创新性发展,使外来优秀文化精髓在社会主义现代化建设中发挥积极的作用,成为不断铸就中华文化新辉煌的活力元素。

其三,面向未来:不断推动中国特色社会主义文化繁荣兴盛。

面向未来,就是放眼全球,把握世界百年之未有大变局的趋势,站在历史起点和高度做到与时俱进、推陈出新。创新是文化发展的生命,也是文化审视自身价值的重要方式。中华优秀传统文化既要有立足民族的自信,又要有面向未来的勇气,更要"贵在独辟蹊径,不拘一格"独领于世界文化潮流的气魄。文化的厚度具有基础性,为政治建设、经济建设、社会建设提供强大的智力支持和价值引领。在习近平新时代中国特色社会主义思想的指引下,中国共产党领导人民最大使命就是实现中华民族伟大复兴。面向未来,既要尊重历史,加强对中华优秀传统文化"双创",使优

第三章 中华优秀传统文化"双创"的必要性与必然性

秀传统文化的基因同当代社会文化建设相适应,同现代社会相协调,激活其内在创造力,又要不断推动中国特色社会主义文化繁荣兴盛,建设文化强国,为实现中华民族伟大复兴中国梦提供强大动力。

文化兴则国运兴,文化强则民族强。回顾人类社会历史,一个国家文化的繁荣兴盛是与现代化进程分不开的。面向未来,就是要紧紧围绕实现中华民族伟大复兴的中国梦,推动优秀传统文化走向未来,使中国特色社会主义文化更具有感召力。这也是我们坚定文化自信、建设社会主义文化强国的必由之路。

随着信息技术飞速发展,当代世界各国思想、文化交流互鉴日益频繁,在价值观、意识形态、文化实力等领域竞争日趋激烈。在此际遇下,以高度的文化自信推动中华文化迈出国门。坚持科学理论为指导,为中华优秀传统文化发展注入新思想。在新时代,我们始终坚持以习近平新时代中国特色社会主义思想为指导,坚守中华文化立场,不断加强马克思主义在意识形态领域的指导地位,巩固党领导人民实现共同理想的思想基础。

面向未来,不断推动中华文化繁荣兴盛,以中华优秀传统文化"双创"为契机。事物都是处在一个不断发展变化的过程,过去辉煌不等于现在辉煌,现在的辉煌不等于永远的辉煌。马克思曾说过"经济上落后的国家在哲学上仍然能够演奏第一小提琴"。[①] 我们的思想文化只要能满足人民群众需要,与时代同发展,就一定会创造新成果,引领时代发展潮流。因此,要结合现实社会发展需要发挥社会主义先进文化的引领和启迪作用,坚持马克思主义辩证思维方法,以与时俱进的精神创造转化创新发展。吸收外来文化,一方面要秉持学习、借鉴、转化、创新的态度;另一方面,学会消化、融合不断为中华文化注入新元素,形成独具特色的新文化。

总之,中华民族不忘本来,体现的是对中华优秀传统文化的一种尊重和传承;吸收外来,展示的是党领导人民对外来优秀文化的一种博大胸怀和汲取态度;面向未来,昭示的是在新时代中国特色社会文化必将矗立于世界民族文化之林的豪迈气概。在中国特色社会主义新时代,中华优秀传统文化"双创"是符合文化强国建设的必要性与必然性的。

[①] 《马克思恩格斯文集》第10卷[M]. 北京:人民出版社,2009年版,第599页。

第四章　中华优秀传统文化"双创"面临的机遇与问题

中华优秀传统文化是中华民族的瑰宝,是最深厚的文化软实力,对世界文化发展产生了重要影响。进入信息化时代以来,文化受到了全球化、信息化、网络化等一系列影响。在此境遇下,中华优秀传统文化发展遇到百年未有之大变局的新趋势。这一新趋势既是时代赋予中华优秀传统文化"双创"的机遇,又是中华优秀传统文化"双创"所面临的问题。首先,从机遇上看,"双创"面临着中国特色社会主义进入新时代的历史机遇、社会主义文化强国建设的实践机遇和人类命运共同体构建中的全球文化交流互鉴的开放机遇等;其次,从问题上看,"双创"也会碰到中国传统文化自身历史局限的制约、各种错误思潮的干扰、世界多元文化的碰撞等一系列问题,机遇与挑战并存。总之,遵循文化发展规律,以科学方法为指导,对中华优秀传统文化"双创"面临的机遇与问题作出科学分析,这也是推动中华优秀传统文化实现"双创"的重要前提。

一、中华优秀传统文化"双创"面临的机遇

中华优秀传统文化在一定历史时期曾发挥着应有的价值,随着工业文明的推进,一些传统文化逐渐被更多的现代元素所替代,甚至面临被遗忘的角落。应该看到,现代化的进程中,人类在享受工业文明带来的成果的同时,在生态文明建设、社会治理等问题上面临共同的困惑,甚至困扰着人类社会的发展。基于此,新时代,中国共产党提出了人类命运共同体这一战略构想,在人类面临共同问题上试图从中华优秀传统文化中借鉴

古人治国理政的智慧,为世界面临发展难题提供中国方案。这一战略的提出为中华优秀传统文化发展确立了新的历史方位,彰显了中华优秀传统文化在社会主义现代化强国建设中的重要地位,这对于中华优秀传统文化自身发展而言是一次难得的机遇。

(一)历史机遇:中国特色社会主义进入了新时代

中华优秀传统文化"双创"立足当下,服务于中国特色社会主义现代化建设,既面临着现实挑战,又迎来了新的发展机遇。从国家、社会发展的现实需要来看,实现中华优秀传统文化的"双创"已成为理论界的广泛共识,成为推动社会主义现代化建设的重要文化支撑。

1. 新时代党和国家高度重视传承弘扬中华优秀传统文化

中国共产党历来重视中华优秀传统文化的传承与发展,无论在革命时期,还是在社会主义建设时期,都肩负着优秀传统文化传承弘扬的使命。习近平总书记在参加纪念孔子诞辰2565周年国际学术研讨会上强调:"我们要善于把弘扬中华优秀传统文化和发展现实文化有机统一起来,在继承中发展,在发展中继承。"[1]这一重要讲话为理论创作者提出了新要求和思路,把弘扬优秀传统文化与当前社会主义先进文化建设有机结合起来,为中华优秀传统文化发展提供了广阔空间,为中华优秀传统文化发展提供了新的历史机遇。

为了进一步确保弘扬中华优秀传统文化工程的畅通性和实效性,党中央把这一工作常抓不懈,于2017年1月中共中央办公厅、国务院办公厅联合印发《关于实施中华优秀传统文化传承发展工程的意见》。《意见》强调"实施中华优秀传统文化传承发展工程,是建设社会主义文化强国的重大战略任务"。这一文件出台为中华优秀传统文化创造性转化、创新性发展指明了方向,明确了任务和实践路径。党和国家结合新时代国家建设发展的目标把传承弘扬中华优秀传统文化上升到国家战略高度,是实现中华民族伟大复兴过程中文化支撑的一部分。马克思主义认为,"每一历史时代主要的经济生产方式和交换方式以及必然由此产生的社会结

---

[1] 习近平:《在纪念孔子诞辰2565周年国际学术研讨会暨国际儒学联合会第五届会员大会开幕上的讲话》[N].《人民日报》2014-09-25(02)。

构,是该时代政治的和精神的历史所赖以确立的基础"。① 就文化发展而言,中华优秀传统文化在不同的历史时期发挥着应有价值,推动着中华民族劈风斩浪,不断远航,展现了中华民族的智慧和勇气。文化是一定时期社会政治、经济发展的集中反映,中国特色社会主义文化根植于中华优秀传统文化,在社会主义现代化建设中展现了强大的文化优势,引领了文化发展的方向。

党的十九大报告指出,"深入挖掘中华优秀传统文化蕴含的思想观念、人文精神、道德规范,结合时代要求继承创新,让中华文化展现出永久魅力和时代风采"。② 把传承中华优秀传统文化提升到新的历史高度,坚守中华文化立场是建设中国特色社会主义先进文化的根本要求,在中国特色社会主义文化建设中要不断汲取其精华,不断激发中华优秀传统文化的时代生命力。

2. 新时代人民生活质量的提高,对高品质的文化需求愈加强烈

中国特色社会主义进入新时代,中华民族经历了从站起来、富起来、到强起来的伟大转变。中国经济已成为世界第二大经济体,人均 GDP 突破 8000 美元,人民对生活质量的要求发生了改变,在满足物质生活需要的同时开始追求更高的精神文化的生活。文化自信、精神信仰是人民生活质量提高的重要组成部分。这一精神文化品质的需求为优秀传统文化转化发展提出了新的机遇。中华优秀传统文化来源于现实生活,汇聚了人民智慧,反映于人民需求。中华优秀传统文化以满足人民群众的精神文化需要为根本宗旨,为社会主义现代化建设提供精神支撑。

中华优秀传统文化服务于社会主义现代化建设,不是全盘拿来,而是要在创造性转化创新性发展过程中,与国家"五位一体"发展紧密联系起来。使中华优秀传统文化服务于社会主义"两个一百年"目标建设,服务于人民对更高精神文化的需求。中华优秀传统文化作为宝贵精神财富,为今天人们追求更高的精神文化生活提供了良好的文化底蕴,这些精神或物质资源也是与人民追求的生活品味高度契合。一方面,随着物质生活条件的提高,人们才有精力去学习和践行中华优秀传统文化,丰富自己的业余生活,通过学习书法、高雅艺术、传统技艺等文化国粹,来提高自身

---

① 《马克思恩格斯文集》第 1 卷[M].北京:人民出版社,2009 年,第 14 页。
② 习近平:《决胜全面建成小康社会 夺取新时代中国特色社会主义伟大胜利——在中国共产党第十九次全国代表大会上的报告》,《人民日报》[N].2017-10-28(01)。

的生活品味。近年来,全国旅游业尤其是具有浓厚文化气息的旅游景点越来越受到人们的青睐,物质文化或非物质文化逐渐受到人们的普遍关注,这些旅游文化品质的提高逐渐改变了人们的生活方式,提高了人们的生活品味。另一方面,"随着生活节奏的加快,在一定程度上唤起人们对休闲生活方式的集体向往"。[①] 使人们有兴趣、有条件去认知、接受优秀传统文化,体验传统生活的休闲雅居,感悟优秀传统文化的魅力,从追求快节奏的生活逐渐转向追求简约极致的慢节奏生活方式。

随着现代化进程的加快,物质生活的提高,人们对现代精神文化需求有了更高的要求,开始对优秀民族文化有了新的认识。在新时代,推动中华优秀传统文化"双创"不仅是满足人民群众的精神文化需求,而且也是优秀传统文化自身发展的历史机遇。

3. 新时代以马克思主义最新理论成果为指引促进中华优秀传统文化传承与创新

当代中国马克思主义的发展是以中国国情为基点,以中华民族文化为底蕴,是对中国社会发展的真实反映。如马克思所言:"人们创造自己的历史,但是他们并不是随心所欲地创造,而是在直接碰到的、既定的、从过去继承下来的条件下创造。"[②] 当代中国马克思主义的发展以马克思主义经典著作为文本依据,以新时代中国实际发展需要为现实依据,注重历史与现实的统一,并以中华优秀传统文化的继承为基础,在创造中坚守中华文化立场。新时代,提出中华优秀传统文化"双创"符合新时代中国特色社会主义现代化建设的需要,习近平新时代中国特色社会主义思想是马克思主义中国化最新理论成果,是党和人民在社会主义现代化强国建设中集体智慧的结晶。

中华优秀传统文化"双创"是在新的历史时期为马克思主义中国化提供文化的土壤,两者有机结合,是进一步巩固和发展马克思主义文化观指导地位的现实需要。其一,在文化多元化的影响下,马克思主义为中华优秀传统文化现代转化提供了科学指引。中华优秀传统文化"双创"符合时代发展要求,既具有文化传承向心力,又具有文化创新的时代性。因此,中华优秀传统文化"双创"体现了马克思主义与时俱进的理论品质,

---

① 万光侠、夏峰:《新时代弘扬中华优秀传统文化服务现代化强国建设的系统思考》[J].《东岳论丛》,2019年(40)第5期,第73页。
② 《马克思恩格斯文集》第1卷[M].北京:人民出版社,2009年版,第470页。

彰显马克思主义的内在特性,不断丰富马克思主义中国化的内涵。其二,马克思主义在中华优秀传统文化"双创"中,为其提供方法论的指引。马克思主义不仅具有与时俱进的理论品质,而且遵循辩证的思维方法。中华优秀传统文化"双创"要以科学的思维方法为指引,坚持辩证唯物主义和历史唯物主义,才能把握中华优秀传统文化在创造创新中的实际运用,抵制各种错误思潮的干扰。因此,不断丰富马克思主义文化观的内涵,巩固马克思主义在意识形态的主导地位,抵制西方错误文化思想的侵蚀,发挥中华优秀传统文化的价值取向,进一步丰富马克思主义文化观的思想内涵。

总之,以马克思主义中国化最新理论成果促进中华优秀传统文化"双创",立足中华文化立场,以建设文化强国为目标,不断提升优秀传统文化的内涵,使之更加符合社会主义先进文化建设,进一步提升文化软实力。

(二)实践机遇:新时代社会主义文化强国建设

中华优秀传统文化"双创"是新时代中国特色社会主义的实践要求,更是社会主义文化强国建设的现实需要。中国特色社会主义进入新时代,全面建设社会主义现代化国家新征程已经开启,中华优秀传统文化"双创"是社会主义文化强国建设的重要环节。在全球化时代背景下,文化的重要性日益彰显,"文化是一个民族在全球化进程中的名片、身份证和识别码,是一个民族的集体记忆和精神家园"。[1] 中华优秀传统文化是中华民族独特的身份标识。习近平总书记指出:"宣传阐释中国特色,要讲清楚每个国家和民族的历史传统、基本国情不同,其发展道路必然有着自己的特色。"[2] 新时代社会主义文化强国建设是一项宏大的系统工程,更是一个长期奋斗的过程。坚守文化本根,充分认识到中华优秀传统文化为文化强国建设奠定坚实文化基础,把握时代脉搏,在发展中阐释中华优秀传统文化精髓,加强我国文化话语体系的创新研究,在推进社会主义现代化建设中注重实践养成不断增强中华文化的文化自觉与文化认同。因此,我们要把握实践机遇,在实践中推动中华优秀传统文化发展,赋予时代精神。

---

[1] 郭建宁:《中国文化强国战略》[M].北京:高等教育出版社,2012年版,第2页。
[2] 习近平:《胸怀大局把握大势着眼大事努力把宣传思想工作做得更好》[N].《人民日报》,2013-08-21(01)。

第四章 中华优秀传统文化"双创"面临的机遇与问题

1. 中华优秀传统文化为文化强国建设奠定坚实基础

社会主义现代化不仅要有繁荣的经济,而且还要有繁荣的文化,先进文化是凝聚和激励人民进行社会主义现代化建设的重要力量,中华优秀传统文化为文化强国建设奠定坚实基础。在人类文明发展的进程中,人们总是生活在自己与他人共同创造的一定文化环境之中。在一定环境中形成了别具一格的文化,这些别具一格的文化融化于人们的血液中,植根于内心深处,形成独特的价值取向、道德观念等。枝繁叶茂源于树大根深,要把握中华优秀传统文化"双创"的机遇,积极汲取一切世界优秀文化资源加以创新,中国特色文化强国的目标才能得以实现。

中华文明绵延数千年,有其独特的价值体系。中华优秀传统文化内涵丰富,建设社会主义文化强国必须从中汲取丰富营养,以增强社会主义先进文化的生命力和影响力。中华优秀传统文化包含的"民惟帮本""天人合一""和而不同",强调"天下兴亡,匹夫有责",强调"厚德载物、自强不息"等思想。这些思想,都有其鲜明的民族特色,有其永不褪色的时代价值,为文化强国建设提供丰厚滋养。发展中国特色社会主义先进文化,实现社会主义文化强国目标,要以对"民族、历史、后人高度负责精神,共同建设好中华民族共有精神家园"[1],这不仅是历史使命对民族文化提出的要求,而且也是民族文化保持持久生命力的必然选择。

从世界文明发展的角度来看,每一个社会形态文化都是多元共存的。每个历史悠久的国家都有着各自的文化传统,体现着各自的民族文化特质。文化之所以具有强大的生命力,不仅具有自身的韧性,而且还在于不断汲取外来优秀文明成果,以及与之融合并创新发展。文化不仅要有开放的胸襟,而且还要有包容的姿态,开放是文化自信的外在表现,包容是文化内在定力的彰显。孔子说"三人行,必有我师焉;择其善者而从之,其不善者而改之"。[2] 善于吸收一切外来优秀文明基因,积极参与世界文化交流,在多元文化中寻求共识,在多元化中构建中华文化话语体系,实现弘扬主旋律与倡导多元化的有机统一。当然,开放与包容并不是盲目崇洋媚外,全盘拿来,所以建设社会主义文化强国必须要立足中华优秀传统文化,以中华文化为基础,不断借鉴吸收其他民族和国家的优秀文明

---

[1] 许青春:《关于弘扬优秀传统文化的几个问题》[J].《山东社会科学》,2014年第4期,第46-49页。
[2] 罗少卿:《论语·述而》[M].南京:金盾出版社,2008年版,第75页。

成果,凝练和提升本民族的文化要素为社会主义文化强国建设提供新内涵。

总之,建设社会主义先进文化必须立足中华优秀传统文化,用优秀传统文化为文化强国之梦奠定坚实基础。

2. 新时代阐释优秀传统文化内涵,加强中华文化话语体系的创新研究

结合时代特点,阐释中华优秀传统文化内涵,抓住这一实践机遇,加强对中华文化话语体系的时代解读和创新研究。任何一种文化都需要用一定语言或话语来表达,通过一定媒介方式呈现出来。① 习近平总书记强调"按照立足中国,面向未来的思路,着力构建中国特色哲学社会科学,充分体现中国特色、中国风格、中国气派"。② 讲清楚中华文化核心概念,要深入阐释中华文化与时代发展的内在联系,在阐释中华文化话语的原有内涵与本真价值的基础上,解读中华文化话语的时代新意与当下价值。基于此,对于中国儒家经典、道家经典等传世文献、出土文物的整理与研究,要结合现代科技手段并注入时代元素,进一步展现中华优秀传统文化的时代价值。

站在新的历史起点上,抓住时代赋予中华优秀传统文化发展的实践机遇,不断加强中华文化话语体系的转化与创新研究。"中华文化话语体系研究在注重文本原义阐发与时代转化的基础上,将文本的真实内涵与创新有机结合符合文化强国建设需要"。③ 认识到在"文化传习过程中,阐释不是停留在古代文本的表面意义上,而是把古代文化中原有语句或命题解释为另一种积极意义,以适合当代的需要"。④ 由此可知,中华文化话语体系的转化是将话语内容创新与话语表达方式转化,根据先进文化建设需要做到有机结合。在转化过程中要注重话语内容的选择,要选择一些具有现实价值意义的文化要素,使得文化经典价值意蕴与社会主义先进文化建设具有一致性,能更好融入人们的现实生活中。在话语表达方式上要体现现代话语的运用,充分利用网络多媒体行之有效的网络语

---

① 万光侠、夏峰:《新时代弘扬中华优秀传统文化服务现代化强国建设的系统思考》[J].《东岳论丛》,2019年(40)第5期,第67-76+192页。
② 习近平:《在哲学社会科学工作座谈会上的讲话》[N].《人民日报》2016-05-19日(02)。
③ 万光侠:《中华传统文化创造性转化创新性发展的哲学审视》[N].《东岳论丛》2017年第38卷第9期,第33页。
④ 陈来:《中华优秀传统文化的传承和发展》[N].《光明日报》2017-3-20(15)。

言表达方式传递给人民大众。将优秀传统文化中晦涩的语言表达方式转化为通俗易懂的语言,提炼成可观赏性与创意性的文化产业和产品。这些文化产品更要有可触摸性、生动性、灵感性并使之具体化,贴近生活,做到优秀传统文化语言与现代话语相融合,让优秀传统文化精髓通过现代全新科技手段"活"起来。如何将中华优秀传统文化在时代语境下得到更好传播发展,要结合现代人对高品质文化产品需要赋予优秀传统文化新的意蕴,做到优秀传统文化精华与现代文化产业相结合,增加文化的吸引力,创新话语表达方式,构建新的话语体系,改进传播方式,增添中华文化的魅力。

3. 注重实践养成,不断增强中华文化的文化认同

中华优秀传统文化传承与弘扬需要全体国民自觉将其融入生产实践中,自觉增强中华优秀传统文化的实践思维养成,在践行中不断提高对中华优秀传统文化高度的自觉性与认同性。中华优秀传统蕴含的"反求诸己""克己守静"以及"精益求精"的实践智慧,修身养性的价值理念以及追求完美至极的品格理念,在社会主义现代化建设中结合新时代要求转化为科学精神、工匠精神和奋斗精神的具体再现。人是群体性动物,人的活动离不开生产实践过程,人们正是在生产、生活交往中将人文精神与传统美德凝聚升华为一定层面的精神信仰。在社会主义现代化建设过程中,中华优秀传统为人的价值观养成和人格塑造提供着良好道德规范,这些道德规范在日常生活中融入生活实践,做到内化于心,外化于行,增强了人们的文化自觉与认同。中华民族有许多"传统佳节习俗,充分发掘传统习俗文化的科学价值与人文价值,积极引导人们深刻体会传统历法、节气等所蕴含的农业文化底蕴。阐明传统中医、养生等所蕴含的现代科学意义,在日常生活中自觉把传统习俗与现代生活相融合",[①]增强中华文化践行的自觉性与认同性。

在日常生活中注重文化实践养成,增强文化自觉性,也必将形成高度的文化认同。文化认同是一个民族长期在同一地域生活所形成的对本民族文化标识特质的感同身受、形成共同情感、共同心理归属,是对基本价值观的普遍认同,也是凝聚民族文化的基础。中华优秀传统文化是中华民族的共同血脉,是滋养中国人的肥沃土壤,是中华儿女达成共识、恪守

[①] 万光侠:《新时代弘扬中华优秀传统文化服务现代化强国建设的系统思考》[N].《东岳论丛》2019年第40卷第5期,第75页。

规范、形成文化认同的根基所在。在社会主义现代化建设中,文化认同源于民族心理,是对社会主义现代化实践的亲身体验,让我们在历史观、国家观、民族观、政治观上不断增进文化认同。在日常生活中注重对优秀传统文化的学习,自觉传承优秀文化,不断扩大辐射面,让广大人民群众在生活中体会优秀传统文化的魅力,提高对优秀民族文化的认同。

总之,文化自觉与文化认同是在日常生活实践中养成的,伴随人的一生。只有具备高度的文化自觉和文化认同,才能在社会主义文化强国建设中增强自信,更好地传承弘扬中华优秀传统文化。

(三)开放机遇:人类命运共同体构建中的全球文化交流互鉴

文化发展与时代同步。让中华优秀传统文化走出去既是提升文化竞争力的机遇,又是让世界人民更好地认识中国和进一步了解中华文化。改革开放后,国际与国内竞争相互交织,对于文化既是机遇,又是挑战。马克思曾指出:"那些发展着自己的物质生产和物质交往的人们,在改变自己的这个现实的同时也改变着自己的思维和思维的产物。"[1] 可知,文化是人们社会生活、生产实践的产物,并随着社会发展而发展,并日益走上国际化。文化在形成过程中不仅具有民族性的特征,而且还具有世界多样性的特点。世界文化展现了文化的多样性,这是符合人类文化发展的客观性。如亨廷顿认为,"当代世界存在着西方文明、东正教文明、伊斯兰文明、中华文明、印度文明、日本文明、拉丁美洲与非洲文明等八种主要文明"。[2] 这些文化或文明都是在本民族历史中产生的,各种不同文化或文明又是在世界文化交流中延续发展的。

在经济全球化、文化多样化发展的时代背景下,面对世界格局变迁,需要我们站在历史高度重新思考不同文化如何交流互鉴,如何把握改革开放的大好机遇,立足中华文化,从"人类命运共同体"这一理念中思考当今世界处于百年未有之大变局的客观历史现实,创造性转化、创新性发展中华优秀传统文化与推动中外文化交流互鉴,不断提升中华文化的竞争力和影响力。

---

[1] 《马克思恩格斯文集》第1卷[M].北京:人民出版社,2009年版,第525页。
[2] [美]亨廷顿:《文明的冲突与世界秩序的重建》[M].周琪等译,新华出版社1998年版,第370页。

第四章 中华优秀传统文化"双创"面临的机遇与问题

1. "一带一路"提出为中华优秀传统文化创新发展提供中外交流平台

"一带一路"是统筹国内外形势变化发展提出的长远重大战略,是对外开放的重要载体,同时也是推动中华传统文化创新发展的一个平台。该战略的提出和实施,有利于我国经济转型升级和"两个百年奋斗"目标的实现,也将为世界人民造福,不断推动沿线国家开放互惠、均衡的文化经济交流发展。此战略蕴含着深厚的文化底蕴,将中国古代"丝绸之路"的历史轨迹重新勾画并赋予新的发展战略意义与区域发展平台。与沿线国家签署了多项文化领域的合作协议,通过举行艺术展、特色节庆、文化周、互派艺术团体演出等形式多样的文化活动,提升了中国国际形象,展现了中华文化魅力。

"一带一路"为中华优秀传统文化发展提供了空间和开放视野,既可以充分展现中华文化独特魅力,又可以吸收借鉴其他国家优秀文明成果,为提升中华文化国际影响力与文化品牌建设提供了广阔空间与交流平台。"一带一路"战略使更多的沿线国家了解中华文化,认知中华文化,学习中华文化,并为更多喜欢中华文化的外国人提供了学习的平台和窗口。国外先进文化引入,有利于丰富优秀传统文化的时代意蕴,"深化其价值内涵,推动持续发展。更以'外需'的方式,利用现代科技传媒,加强文化策划与创意,使中华优秀传统文化以国际化标准构建话语体系、提升文化形象与优质文化产品展现给世界人民"。[①]

2. 推动中外文化交流互鉴,提高中华文化的国际影响力

在人类社会发展的历史进程中,遵循一条普遍规律,世界文明平等交流互鉴,便能促进文化发展,反之则不然。在两汉时期,张骞出使西域极大地促进了东西方文化交流。但西方历史上的十字军东征,却造成了欧亚人民的血泪史。世界文化因交流而有价值,因有价值而相互借鉴,因相互借鉴而不断发展。2014 年 3 月 27 日,习近平总书记在巴黎联合国教科文组织总部发表演讲中指出:"各种人类文明在价值上是平等的,文明没有高低、优劣之分,历史和现实都表明,傲慢和偏见是文明交流互鉴的

[①] 万光侠,夏锋:《新时代弘扬中华优秀传统文化服务现代化强国建设的系统思考》[J].《东岳论丛》2019 年第 40 卷第 5 期,第 74 页。

最大障碍。"① 阐明了人类文明"交流互鉴"是推动世界不同文化交流必须坚持的原则,也是提高本民族文化影响力的根本所在。

不断推动中外文化交流互鉴,首先要厘清世界不同民族优秀文化成果的差异性。习近平总书记指出"要理性处理本国文明和他国文明的差异,坚持求同存异,取长补短,不攻击、不贬损其他文明"。② 要知道辨析和厘清不同国家文明的差异性,从整体上把握不同国家文化发展的历史脉络,由于各国具体历史环境不同,文化也存在着差异性,只有通过交流与对话,尊重不同国家民族的文化多样性,才能达到文化交流的目的,提升文化竞争力。

推动中外文化交流互鉴,还需要辩证分析不同民族文明成果的适宜性。基于不同国家民族文明成果的具体性与多样性,要选择有益于社会主义先进文化建设需要的文明成果,做到适宜选择,区别良莠,通过交流互鉴提升本国文化生命力、创新力和竞争力。

推动中外文化交流互鉴,在吸收不同国家民族优秀文化成果时注重消化,并有效做到创造性转化、创新性发展。习近平总书记指出:"我们要强化问题意识、战略意识,紧密跟踪亿万人民的创造性实践,借鉴吸收人类一切优秀文明成果。"③ 在中外文化交流中,我们要结合社会主义文化强国建设的需要充分借鉴其他国家优秀文化成果,使这些有益成分在中国特色社会主义现代化建设中发挥应有作用,将这些优秀文化元素融入中华优秀传统文化之中,融入社会生活与时代发展之中,真正做到"洋为中用",不断提高中华文化的国际影响力。

3. 坚守中华文化立场,推进人类命运共同体的具体实践

经过40多年的改革开放,中国已发展成为世界第二大经济体,经济快速发展带来了国民生活质量的提高,也使得中国在世界的影响力日益增强。中国有能力为国际社会秩序构建提供优秀传统文化智慧,提出"人类命运共同体"这一理念,正是基于世界百年未有之大变局的客观历史事实提出中国方案,这一方案将对构建国际新秩序和全球治理作出重大贡献。

---

① 习近平:《谈治国理政》第一卷[M].北京:外文出版社,2018版,第258页。
② 习近平:《在纪念孔子诞辰2565周年国际学术研讨会暨国际儒学联合会第五届会员大会开幕会上的讲话》[N].《人民日报》2014-09-25(02)。
③ 习近平:《在庆祝改革开放40周年大会上的讲话》[N].《人民日报》.2018-12-19(02)。

第四章　中华优秀传统文化"双创"面临的机遇与问题

进入21世纪以来,互联网信息技术、人工智能技术、量子通信技术飞速发展,人与人之间交往更加紧密,世界各国人民交往出现了"零时空"的态势。在此时代语境下,习近平总书记提出人类命运共同体理念是基于人类社会发展共同趋向的价值追求,也是在人类处在大发展大变革大调整时期在世界舞台发出的最强音,是符合人类追求和平、发展、合作、共赢的时代潮流。坚守中华文化立场,习近平总书记对未来人类文明将走向"命运共同体"的判断,"是着眼于未来人类和平与发展所做出的文化交融中如何实现建设持久和平、共同繁荣、开放包容、清洁美丽的世界的新诠释"。[①] 因此,在人类命运共同体实践中,自觉维护世界文化多样性,尊重文化差异性是促进文化交流互鉴的基础。

大道至简,实干为要。构建人类命运共同体,关键在于行动。当下的中国已进入与世界深度融合互动的阶段,中国日益走近世界舞台的中心,昭示着对世界和平与发展肩负起更大的责任。坚守中华文化立场,践行"上善若水,有容乃大"的实践智慧。中华民族是宽厚包容的民族。在社会主义现代化强国进程中,中华民族自古就没有"国强必霸"文化痕迹,而是展现在世人面前"协和万邦"的家国情怀,把握中华优秀传统文化"双创"的历史和实践机遇,始终遵循建设一个和平、发展、合作、共赢的和谐世界宗旨。

二、中华优秀传统文化"双创"面临的问题

中国特色社会主义进入新时代,实现中华优秀传统文化"双创",建设文化强国,作为一项重要战略任务摆在突出位置。中华优秀传统文化"双创"中面临一系列理论和现实问题。在国内,随着市场经济体制的建立,不同利益群体逐渐形成,利益诉求开始多样化。这种文化交融与冲突给中华优秀传统文化发展带来新的挑战。在国际上,世界经济一体化也必然带来世界文化的多元化,西方文化作为一种强势文化,在世界文化多元发展中占据着中心地位,对其他文化形态产生不平等的竞争。因此,要重视挖掘中华五千年文明中的精华,弘扬优秀传统文化,把其中的精华同

[①] 邹广文:《对人类命运共同体的文化哲学思考》[N].《中国社会科学报》,2019-05-30(02)。

马克思主义立场、观点、方法结合起来,在文化建设中克服传统文化自身历史局限的制约,抵制各种错误思潮的干扰,结合时代发展需要创造性转化创新性发展,在世界多元文化碰撞中站稳脚跟,彰显中华文化的永久魅力。

(一)自身历史局限的制约

文化形成与发展是一定社会历史条件下的产物,受到地理环境、社会形态、生活习俗的影响与制约。中华传统文化是农耕文明、宗法社会下的产物,受到传统宗法观念、封建制度的制约,带有封建思想的残余,具有一定的历史局限性。中华传统文化既有精华又有糟粕,如何适应时代发展,不断实现自我创新与转化是文化生命力延续的根本所在。

1.传统观念对人的束缚与制约

传统伦理型文化是建立在中国农耕文明、宗法社会基础之上的。中华文化传统观念强调人本思想,重视人、追求人与自然、人与社会的和谐发展。人是"万物之灵",是衡量宇宙万物的尺度。人对自然的认识与改造是在满足人的需要为前提下进行的,在这种思想观念支配下的人,对自然界探索与思考不可能成为中国古人的首要任务。

对人与自然、人与社会和谐相处的追求,是通过伦理道德来加以规范的。优秀传统文化中"天人合一"思想,强调了天人之间的统一性与和谐性,人的伦理道德和价值理念更多倾向于天,使"天成为人们实现道德理想的手段,把协调人际关系的行为准则和价值初度的伦理道德原则,上升为世界本体,从而成为自然、人、社会共同遵循的普遍原则"。[1]这样一来,人的价值要从伦理道德中得以寻找,遵循社会约束道德规范,才能实现人生价值。这种思想观念将人的视野仅仅局限于对社会道德领域的思考,注重社会道德理想的自我修养,而忽略了对自然领域探索和研究,表现出重人伦轻自然的学术倾向,自然科学研究被边缘化。在传统社会对技艺、器物制造比较藐视,往往被饱学之士称之为"雕虫小技",这种思想观念严重制约了人们探索伦理道德规范以外的自然世界。

中国古代思想家都以"圣贤之言"为最高标准,具有不可动摇的地位。

---

[1] 曹晓宏等:《中国传统文化指要》[M].四川出版集团巴蜀书社,2008年4月,第376页。

特别是封建大一统社会的确立,儒学成为独尊,正统地位得以确立,两汉经学更加昌盛,儒生们埋头研读只为注解前贤思想,没有更多探寻人伦道德以外的自然世界。到了宋明,经学发展态势更甚。朱熹曾说:"曾经圣人乎,议论安敢到?"这种只为注解前人治学思想观念的影响深远,形成了一种因循守旧、缺乏创新的思想范式,阻碍了创造性思维的发展。

中华优秀传统文化在自然科学的研究上重视不够,具体表现为重道轻器传统观念。如在义利观上,往往重义轻利,生与义两者不可兼得,更多的是鼓励舍生取义的价值判断标准;在社会与自然关系上的标准是重社会,轻自然。注重社会伦理本位的原则,道德之上的价值选择,从社会历史领域来约束人们的实践行为。古代三纲五常的确立是衡量人言行的价值判断标准,严重制约了人的身心发展,把人们好坏标准严格限制在内心道德修养上;在名与身的关系上,强调名分地位的重要性,忽视了人生命的重要性,道德判断成为人们认识事物和鉴别价值的根本原则。

中华传统文化这种重道轻器、重义轻利、重社会与轻自然等思想观念的形成,是受当时封建社会统治者意识形态的制约,在这种制约下形成的思想观念必然带有阶级局限性,只能从道德修养上内在反省并寻求符合社会发展需要的规范,不能对外在自然界产生更多的质疑。这种内在伦理道德规范对人的约束也必然产生文化上的历史局限性。

2. 受到封建制度制约和影响

文化具有阶级性,是对一定政治、经济的集中反映。中华传统文化主要是在封建社会制度下形成的,是以自然经济为基础,中央集权专制统治为保障的社会意识形态的集中体现。中国两千多年封建社会制度曾一度创造了高度繁荣的封建政治、经济、文化,由于这种体制下的政治、经济和文化是以维护封建君主专制为主体的产物,具有一定阶级性和制约性,更多是满足封建主的需要,在此境遇下产生的传统文化是和人民立场相违背的。

自给自足的小农经济是中国封建社会赖以存在的基础和支柱,一块土地,一个家庭,这种以家庭为单位的农耕生活方式,把人们牢牢束缚在土地上。这种以土地为纽带的社会结构,缺少商品交换流通机制,致使社会生产力发展缓慢。明清之际虽产生了早期资本主义萌芽,难以摆脱封建生产关系束缚而取得重大发展。科技文化发展是和整个社会生产需要紧密相连的,社会生产力发展为文化的产生提供了前提条件,是推动社会发展的引擎,对文化发展起着有效作用。中国由于长期受小农经济的束缚,制约了生产力发展,近代以来扼杀了资本主义的萌芽,从而使我国科技文化远远落后于西方。

在漫长封建社会体制中,形成了中央集权专制统治,构建了一个以君主为中心,家国同构,以知识分子为主体的官僚政治体制。知识分子以治理国家为己任,"学而优则仕"的理想成为当时广大读书人的最终目标。这一时期知识分子注重的是"内圣外王",经史治国,最终实现"修齐治平"的理想抱负,这种体制下的文化理念更多的是维护上层封建君主统治,维护封建地主阶级集团利益,强调的是尊君轻民思想。

中国以农业立国,封建统治者重农抑商,主要依靠地租、苛捐杂税来满足其骄奢糜烂的生活,与西方资产阶级靠生产和商业来维持阶级统治有着本质的区别。历代封建统治者延续着不断强化自然经济基础,把农民禁锢在土地之上来维护自己的封建统治,明清之际为了防范外敌,实行了闭关锁国。在思想文化上限制了学派的自由发展,出现了"焚书坑儒"、大举"文字狱"等文化惨案。这种保守、封闭、专制的思想氛围,对先进思想文化的产生无疑有着严重扼制作用。与此同时,在漫长的封建社会中,封建统治者滋生了夜郎自大、闭塞保守的心态。对西方近代的工业文明漠视冷淡,关闭了对外科技文化交流的大门,致使近现代中国文化与科学技术失去交流创新发展的机会,给近现代中华文化融入世界,中国现代化的进程产生了重要影响,导致长期处于被动挨打的局面。

基于此,在这种长期受传统思想束缚和封建制度制约影响下形成的中华传统文化带有一定保守性,使中华优秀传统文化失去了创新的机遇。在社会主义先进文化建设过程中,中华传统文化自身的局限性必然暴露出来,如何结合现代化建设需要对中华优秀传统文化"双创"是社会主义文化建设的重要任务,也是优秀传统文化保持旺盛生命力的必然选择。

(二)各种错误思潮的干扰

随着我国全面深化改革,社会政治、经济、文化等方面取得较快发展,社会经济文化发展的同时也为各种错误思潮提供了存在空间。近年来,历史虚无主义、新自由主义、新儒家等思潮以唯心主义历史观为基础,在我国理论界蔓延。这些错误思潮给人们的思想带来了极大的干扰,甚至对社会主义现代化建设产生了影响。因此,对于这些错误思潮要坚持采用辩证唯物主义和历史唯物主义的科学方法给予有力批判,坚守中华文化立场,坚持古为今用、以古鉴今,不能搞厚古薄今、以古非今,必须努力

第四章 中华优秀传统文化"双创"面临的机遇与问题

实现优秀传统文化的创造性转化和创新性发展。

1. 历史虚无主义思潮

历史虚无主义作为一股政治思潮于20世纪80年代末、90年代初开始在我国出现。这种思潮是以历史唯心主义为哲学基础,代表着西方资产阶级利益,为资产阶级呐喊助威的政治帮凶。这股思潮在我国泛起之后往往是站在人民的对立面,否认中国人民社会进步发展史和中国共产党领导的革命、建设和改革史,否定马克思主义意识形态的主导地位,与西方其他反马克思主义思潮如出一辙,通过多种形式加紧对中国社会主义思想文化进行渗透,达到进一步消解和扰乱人们对主流意识形态和主流文化形态的认同,他们以扰乱人们思想为最终目的。

在社会主义文化强国建设中,坚持科学的理论指导,以马克思主义文化观来辩证分析和处理在文化建设中我国主流文化形态与其他文化的关系。坚定当代中国主流意识形态的历史根基分别是中华优秀传统文化、新民主主义文化、社会主义革命文化和社会改革建设的文化等。如何理解当前建设社会主义文化强国的文化根基和历史,"不仅涉及史学领域的大是大非问题,而且直接关系到做人立国的根本问题"[1]。历史虚无主义往往借"重新评价"和"反思历史"之名,对中国近代历史如"辛亥革命""五四运动"等事件进行蓄意评价和解释,来颠倒历史是非、歪曲历史人物,蓄意向广大人民群众传递一套与中国主流意识形态相违背的思想观点,或者把马克思主义唯物主义历史观称为教条主义的历史虚无主义,给广大人民造成一种误区,企图构建一套符合其自身核心价值观点的理论体系。这种错误历史观给广大群众造成在历史文化知识、价值观等方面错觉和混淆,以不负责任的态度对待中国近代历史,必将消解人民群众对马克思主义等主流意识形态文化的高度认同,有损社会主义先进文化的建设。

这种错误思潮影响了中华优秀传统文化的传承发展,危害中华民族伟大复兴的事业,必须给予有力批判,揭露其丑恶嘴脸。中华民族有着悠久历史和璀璨的文明,对世界经济、文化的发展产生了重要影响,以自立自信鹤立于世界民族之林。近代以来中华民族遭受外敌入侵和内部动荡,使这个东方大国蒙受羞辱。新民主主义革命以来,中华民族在曲折中探寻救国富强之路。中国共产党把一个贫穷落后的国家逐渐建成一个繁荣

---

[1] 梁柱:《历史虚无主义思潮评析》[J].《红旗文稿》2009年第9期,第12-17页。

昌盛的东方强国,在文化建设中重塑了中华文化精神面貌,为中华民族伟大复兴中国梦的实现提供了精神支撑。然而,历史虚无主义思潮不从中国近代社会发展的实际情况出发,随意歪曲近代中国历史文化,甚至否定中国近代以来中国革命、建设、改革的历史事实,并任意贬损近代中国爱国人士和恶意抹杀以爱国主义为核心的民族精神。在历史虚无主义看来,"中华民族是愚昧落后、充满奴性的,中国优秀的文化传统是没落的'黄色文明',马克思主义是教条主义的历史虚无主义……对中国精神的这种贬损和否定"[①],是不利于中华优秀传统文化传承发展的,不利于建设社会主义文化强国,不利于中华民族伟大复兴中国梦的实现。因为,"一个民族的精神被矮化、丑化,优秀的文化被嘲弄、糟蹋,这个民族还能立得起来吗"?[②] 在新的历史时期,必须保持清醒的头脑,认清历史虚无主义丑恶嘴脸和危害性,坚守中华文化立场,坚守意识形态主阵地,时刻警惕和清除其毒瘤,要旗帜鲜明地批判和清除这种错误思潮在社会主义文化强国建设中的影响。

2. 新自由主义思潮

新自由主义萌芽于19世纪末20世纪初,在20世纪二三十年代形成的一种理论,到20世纪90年代发展成为西方资本主义国家占主导地位的一种重要社会思潮。自由主义主张私人产权和自由竞争,要建立法治社会,减少政府干预。在我国,近代以降西方自由主义思潮就有一定传播和发展,中国新自由主义思潮通过文献出版、各种论坛平台、研究机构学术讨论等方式传播,产生了极其不好的影响。为了改变中国经济政治体制改革的性质,干扰社会主义方向,新自由主义思潮提出了许多违背社会主义制度的主张。在政治理论上,抛出了西方资产阶级国家的政治理论、政治观念,主张实行总统制、两院制等走西方化道路,企图改变我国社会制度,要求建立资本主义政治制度。这种妄自菲薄的言论主张是毫无任何历史现实根据的。

在思想文化上,新自由主义思潮偏离了中华文化立场,违背马克思主义唯物主义历史观方法论原则,不切实际散布西方资产阶级自由化的言论,诋毁歪曲中国近代以来的历史事实和历史文化。忘记了中华民族近

---

① 潘莉.梅荣政:《历史虚无主义思潮的表现、特点及其危害》[J].《新疆师范大学学报》(哲学社会科学版),2015年第36卷第5期,第24-29+2页。
② 梁柱:《警惕历史虚无主义新变种》[J].《人民论坛》2015年第3期,第48-50页。

第四章 中华优秀传统文化"双创"面临的机遇与问题

代以来遭受外来入侵与动荡的事实。在新时代,坚定文化自信是实现社会主义文化强国战略的重要理论基础,一个民族没有文化自信很难在世界文化激荡中站稳脚跟,很难为国家社会发展提供强大精神动力。新自由主义思潮恶意攻击国家指导思想马克思主义,企图否定五四新文化运动,否定社会主义建设的历史,否定社会主义先进文化,鼓吹要"意识形态多元化",以达到消解主流意识形态的目的。中华优秀传统文化作为社会主义先进文化建设的重要资源,必须发挥其价值以抵制错误思想的干扰。当代中国新自由主义思潮是资产阶级自由化思潮,企图通过宣传西方资产阶级的自由化思想来破坏我国主流文化,干扰我国改革理论和政策,甚至扰乱人民思想以达到不可见人的目的。

总之,在新时代,要保持清醒头脑,充分认识这一思潮对中国特色社会主义现代化建设的影响,坚持马克思主义在意识形态的指导地位,坚守中华文化立场,结合建设社会主义文化强国需要不断弘扬中华优秀传统文化,来抵制和批判这一错误思潮。

3. 现代新儒家思潮

在中国两千多年的封建社会中,儒家思想一直占有重要的社会地位,曾一度成为封建统治阶级的主流意识形态,在维系中国封建社会稳定方面发挥着重要作用。在中国特色社会主义现代化建设中,现代新儒家思潮粉饰登场,试图成为中国社会主流意识形态,达到取代马克思主义的主阵地的目的。尤其是以本土文化为主的现代新儒家思潮,其观点比较复杂,其性质也有所不同,在中国特色社会文化建设中容易产生错觉,要根据建设社会主义文化强国需要对其性质做出正确判断。当代中国大陆新儒家危机感是其共同的心理,缺乏科学的指导,在面对西方强势文化,感到中华民族如何自处? 甚至要在中国建立儒教政权。在国内"'儒化当代中国'的主张者将实现'儒教国'的策略路线分为'上行路线'和'下行路线','上行路线'即在上层儒化中国共产党,'下层路线'即在基层儒化社会"。[①] 其目的是用新儒家思想来替代马克思主义。基于此,我们既要正确看待现代新儒家的思想,揭露其真实意图,给以科学批判。

在社会主义现代化建设中,有些人总是以学术研讨的名誉,想"以儒

---

① 梅荣政:《对当前几种错误观点的评析》[J].《理论导报》,2015年第7期,第36—40页。

反马"。[①] 认为马克思主义是西方异族文化,是造成中华民族文化断裂和缺失的罪魁祸首,企图用儒家思想来替代马克思主义,使儒家思想成为正统,以实现儒化共产党、儒化中国的目的。基于此,我们要正确看待儒家思想与马克思主义的关系,辩证分析儒家文化与中国特色社会主义现代化建设的关系。中华优秀传统文化是我们民族的根和魂,儒学是中华优秀传统文化重要组成部分,在不同时期对中国和世界产生了重要影响,发挥了重要作用。在新的历史时期,从社会生产力发展的角度来看,以孔孟为代表的儒学主张以伦理道德为主,对社会生活的现实基础缺乏理性思考,如果以儒学为指导,也不能使中国实现社会主义现代化。在今天,我们也不能只看到儒学的精华,而忽略其糟粕。对此,要结合中国特色社会主义新的实践和人民精神文化建设需要对其创造性转化创新性发展。在新的历史时期要看到新儒家思潮的复杂性,认清它的实质和危害。

总之,在世界多元文化的今天,中国特色社会主义走进新时代,我们必须坚持马克思主义意识形态的指导地位,对历史虚无主义、新自由主义、现代新儒家等各种错误思潮运用历史唯物主义原理分析其危害性,坚决抵制各种错误思潮对中国特色社会主义先进文化建设的干扰,更要提防错误思潮对中华优秀传统文化的阐释和误解。

(三)世界多元文化的碰撞

世界是多元化的。每一个国家、民族的文化都各具特色。进入 21 世纪以来,人类迎来全新变革,在全球化背景下,文化作为社会结构的一个层面也必然面临着变革。改革开放以来,全球化浪潮对我国影响不断加深,给中华文化带来巨大冲击与碰撞,民族文化与现代文化的交融、不同文明板块之间的碰撞、意识形态激烈交锋等与世界多元文化发展有着内在联系。如马克思所言"各民族的精神产品成了公共的财产,民族的片面性和局限性日益成为不可能,于是许多种民族的和地方的文学形成了一种世界的文学"。[②] 经济全球化的渗透,文化频繁交流,各国文化在交流与碰撞中不断融合。中国作为在世界上比较有影响力的大国,在经济上与世界融为一体,在文化上也应发挥更大的价值。

总的来说,中国虽然是文化资源大国,但还不是文化大国,在世界多

---

① 梅荣政:《对当前几种错误观点的评析》[J].《理论导报》,2015 年第 13 期,第 8-11 页。
② 《马克思恩格斯文集》第 2 卷 [M].北京:人民出版社,2009 年版,第 35 页。

第四章 中华优秀传统文化"双创"面临的机遇与问题

元文化交流中,西方文化往往带有排挤中国主流文化的意味,甚至出现价值多元的文化乱象,给中华文化发展带来严峻的挑战。

1. 世界多元文化对中华文化的碰撞

文化的主流与支流在哲学上表现为一元与多元的矛盾,任何文化形态也是一元与多元、共性与个性的对立统一。随着经济全球化的深入发展,经济的全球化带来文化的全球化,而文化的全球化并不是文化的一体化,而是文化呈现多样化。世界是由诸多国家、民族构成的。由于国家、民族、生活习俗、宗教信仰不同也必然形成不同的文化,这一构成决定文化的多样性或多元性。从世界范围看,有欧洲文化、北美文化、拉美文化、非洲文化、亚洲文化等不同地域的文化。从历史发展角度来看,世界文化从相对一元走向相对多元是符合人类文化发展的客观要求。全球化成为推动文化多元的催化剂,打破了国界使得各民族文化有了更多的交流与碰撞,又使每个民族文化呈现多元化。

在世界多元文化格局中,西方文化特别是美国文化在全球仍然占有强势地位,在信息化时代,网络上信息内容主要以英语为主,网络硬软件、协议、语言等都是以英语为主导,这种话语权强势地位在一定程度上潜移默化对人的意识产生很大影响。西方国家凭借科技、经济、传媒、技术等优势主导着全球话语权,并通过网络、电视、杂志等新媒介传播资产阶级价值观和意识形态。在全球化综合国力竞争中,政治、经济背后文化力竞争日益凸显,文化作为一种软实力在国家竞争中的重要性显得尤为重要。我国已成为世界第二大经济体,中国在世界上的声音越来越强,中华文化越来越受到世界各国人民的欢迎。我国是文化资源大国,还不是文化强国,在中华文化走向世界进程中必然要和世界不同文化进行交融与碰撞。在世界多元文化中美国一向推行文化霸权主义,必然对其他民族文化进行排挤,甚至千方百计想吞噬中华文化,利用在国际话语体系中的强势地位,通过形式多样的媒体在宣传中断章取义,歪曲中国形象,误导国际舆论,制造各种事端,对中国意识形态进行干扰和破坏。

基于此,在社会主义文化强国建设中,既要看到世界多元文化为中华文化走向世界提供了广阔舞台,更好地展现中华文化的价值和魅力,又要充分认识到在世界多元文化交流中给中华文化带来的摩擦与碰撞。在与西方文化碰撞中如何避其锋芒,更好地汲取世界多元文化精髓,不断提升中华文化的竞争力,以发挥中华文化的最大优势,激发中华文化的活力和元素,使其焕发出强劲动力。同时,我们也要看到世界文化的多元化也为各国文化发展提供竞争的机会,在竞争中凸显民族特色,展现文化的多样性,可以认识自身文化的不足,加以学习借鉴,提升自身文化竞争力,有利于人类文明的大发展。中华文化延绵五千多年,在每一次民族危难之际,每一次与世界文化交锋中,中华文化都能兼容并包、海纳百川,挺起民族脊梁,凝聚中华智慧、汇聚中华力量,在世界多元文化中激流勇进、破浪前行。

2. 西方主导价值观多元化导致了文化乱象

在信息化时代,网络媒体承载着数以万计的信息,与以往历史时代相比,人们在信息选择上无论从纵向和横向上都比较丰富,这也造成了文化发展多元化,以及人们价值观选择的文化乱象。以新媒体为代表的信息产物对广大消费者带来了巨大的冲击和影响,网络承载着形形色色不同价值观的文化产品进入了大众消费者的日常生活。全球化加剧了不同国家文化的交流,造成了国内和国外、传统和现代、积极和消极等各种价值观交汇。给人的价值观的选择造成了错觉,导致了一些人选择享乐主义、拜金主义等价值观的错位。当今世界是"多元化"的时代,人们在价值观选择上越来越个性化、碎片化。随着科技发展、市场经济对人的逐利欲望越来越导致价值多元化趋势,给文化的发展造成了极大影响。

全球化背景下,东西方国家政治、经济、文化等差距依然在拉大,形成了强势文化和弱势文化在价值观上的巨大差异,深刻影响着发展中国家的文化走向,影响着人们价值观的选择。如杜维明所认为的,"由欧洲启蒙运动而发展起来的以自由、人权、法制和追求个人尊严、理性的普世价值是人类文明史上最强势的意识形态",[1]说明西方文化的强势地位,给世界落后国家文化发展带来了冲击。由于西方文化的强势地位,掌握了更多话语权,如世界四大通讯社——美联社、合众国际社、路透社和法新社均属于发达国家,对中华文化世界传播带来一定的影响。西方国家通过新媒体在全世界传播他们的价值观,甚至干扰我国主流意识形态和价值观。西方主导价值观多元化往往通过影视文化对大众产生更多的侵蚀,如美国好莱坞的电影通过虚幻描绘美丽神话、美丽的新世界,从而不动声色地影响青少年的内心世界,使他们自觉或不自觉地接纳了西方文化,以企图从意识形态上达到腐化的目的。正如中国人民大学校长纪宝成所

---

[1] 杜维明:《四书——儒家人文精神的价值》2004 年 9 月 30 日在山东大学所作大报告。

第四章 中华优秀传统文化"双创"面临的机遇与问题

说:"我们的青少年对好莱坞大片趋之若鹜但却不知道屈原、司马迁为何许人,我们的大学生能考出令人咂舌的托福高分但却看不懂简单的文言文,甚至连中文写作都做不到文从字顺。"[①]可见,西方文化的渗透与价值理念对中国青少年身心健康成长、意识形态形成造成很大的影响。

在网络科技化时代,西方国家利用科技互联网优势不断对发展中国家进行"文化入侵",这一入侵导致了各国在文化、意识形态等领域对国民的管控力趋于下降。随着我国综合实力的提升,中华文化在世界的影响力日益显著,如何让中华文化在世界文化舞台上展现魅力,为世界和平发展提供中国方案、提供中国智慧,发挥中华文化应有的作用,这是我们在新媒体时代,必须要慎重考虑的重要问题。考虑世界文化发展多样性这一特点,在尊重不同文化发展的同时,不断提升中华文化在世界文化中的认同感。在信息化时代,中华文化的传承发展也要趋于多样化,要结合信息、网络技术的应用让中华文化传播更加迅速,并通过数字平台加快中华文化创新的速度。现代青年人大多通过网络平台接触更多信息。在人类文化史上,中华文化为世界文化繁荣和发展作出了贡献,产生了积极影响。随着近代西方工业文明发展以及现代互联网技术的发展,优秀传统文化以其固有形式难以跟上网络化的节奏,在西方文化主导价值多元化中难以凸显,在此境遇下,对中华文化走向世界必将带来影响和冲击。

基于此,坚守中华文化立场,以社会主义核心价值为引领,抵制西方主导的价值观多元化对我国文化意识形态的干扰。结合文化强国需要,激发中华优秀传统活力,使其在世界文化竞争中展现风采。

---

① 纪宝成:《重估国学的价值》[M].北京:中国人民大学出版社,2012年版,第256页。

第五章 中华优秀传统文化"双创"的原则与内容

中华优秀传统文化既是民族集体智慧的结晶,又是民族延续发展的根本。中华优秀传统文化内涵丰富,是推动中华民族不断发展的动力。文化不是凝固不变的,必然随时代而变。习近平总书记指出:"努力实现传统文化的创造性转化、创新性发展,使之与现实文化相融相通,共同服务以文化人的时代任务。"[1] 社会主义现代化建设中,努力实现中华优秀传统文化的创造性转化、创新性发展,使之与时代发展相适应,共同服务现代化强国建设,也是新时代文化建设的一项重大任务。在"双创"过程中,必须坚持批判性与继承性、传统性与时代性、理论性与实践性、人文性与科技性、民族性与世界性相结合的原则,采取不同的方式做好器物文化、制度文化、行为文化、心态文化的"双创";中华优秀传统文化"双创"要与时俱进,为社会主义现代化建设提供有力的精神支撑,为传承与弘扬中华文化提供价值遵循。

一、中华优秀传统文化"双创"的基本原则

在人类社会发展中,对于任何一种文化形态来说,创造性转化、创新性发展是符合文化发展趋势和保持持久生命力的重要方式,对于中华优秀传统文化而言更是如此。中华优秀传统文化在五千多年历史积淀中形成、传承延续,这体现在它遗存众多、原典丰富等方面,更重要的是它在不同的历史时期都能坚守文化发展的基本原则,与时代同行,不断自我革故

---

[1] 习近平:《谈治国理政》第二卷[M].北京:外文出版社,2017版.第313页。

第五章 中华优秀传统文化"双创"的原则与内容

鼎新。

（一）批判性与继承性相结合的原则

批判性是指富于洞察力、辨别力、判断力，是人智慧地回顾性反思。在哲学中也叫"斗争性"即对现实保持一种质疑和批判的态度。继承性是指人们对先辈们遗留下来并具有一定价值存在物结合现代社会发展需要给予一定传承弘扬，使之延续发展以发挥更大价值。

1. 批判性与继承性的内涵

中华优秀传统文化是既定历史条件下的产物，糟粕与精华并存。中国共产党担负着传承弘扬中华优秀传统文化的使命，在社会主义现代化建设中践行着优秀传统文化。中华优秀传统文化"双创"是新时代党中央站在历史高度，对中国特色社会主义文化建设提出的重要论断。如何深刻领会这一重要论断，然后贯穿中国特色社会主义文化建设的全过程。要以历史与逻辑相统一的辩证思维方式来对待中华优秀传统文化，做到科学批判传统文化中的糟粕部分，继承发展中华优秀传统文化中的精髓是文化接续发展保持生命力的关键所在。

批判性是对传统文化中存在的不合时宜的元素给以辩证分析，做出正确取舍，使其符合文化发展趋势，扬长避短，焕发出新生命力。继承性是建立在科学批判基础上的传承发展，使之得以延续。批判性与继承性的方法论前提就是辩证法。"辩证法在对现存事物的肯定理解中包含对现存事物的否定的理解，按本质来说，它是批判的和革命的。"[①] 因此，要以马克思主义科学真理指导中华优秀传统文化转化创新才能始终保持文化的自我超越，在实践上与社会发展同步。中华优秀传统文化是中华民族集体智慧的结晶，一些人文精神、价值理念在不同时期发挥着不同作用。随着社会的进步，一些传统文化价值理念带有陈旧的思想观念，必须结合时代需要进行批判性继承。毛泽东在《新民主主义论》一文中，对如何建设民族科学大众的文化时明确指出要做到两个"决不能"，对中华优秀传统文化的批判性、继承性提出了要求。一是对一切国外的文化，"决不能生吞活剥地毫无批判地吸收"；二是在清理古代文化发展过程中，"决不能无批判地兼收并蓄"。这两个"决不能"为批判性继承优秀传统

[①]《马克思恩格斯全集》第23卷[M]. 北京：人民出版社，1972年版，第24页。

文化提供科学指导。对于不合时宜的优秀传统文化要结合现代当前社会主义先进文化建设需要,运用批判性思维,"通过批判旧世界发现新世界"[①]剔除传统文化中被裹挟的封建残余意识形态的成分,使人们认识到传统文化有其所属那个时代的局限性,结合社会主义先进文化建设积极挖掘和继承优秀传统文化的时代价值。结合中国特色社会主义文化建设需要的批判性和继承性在原则上显然是"自愿接受它自身的变革、价值重估和自我再阐释的。"[②]

在批判与继承优秀传统文化过程中,首先考虑的是优秀传统文化资源在当下的价值转化问题。我国传统文化资源丰硕,但也存在着许多不合理的元素。如何有效转化有价值的成分,在社会主义现代化建设中发挥更大社会价值和经济效益,是批判与继承的前提。批判那些"君权神授,富贵在天""上智下愚、男尊女卑""纲常名教、克己复礼"等封建残余思想,这些思想具有愚昧性,扭曲了人们的价值判断,不适应社会主义先进文化建设,应给以抛弃。在批判中坚持正确的思想导向,保持科学的态度,不能因个人主观态度来做出价值判断。要遵循文化发展规律和优秀传统文化自身特点来把握方向。真正做到不忘历史才能更好继承,善于继承才能善于创新。结合实践和时代要求对传统文化做出正确判断和科学取舍。

2. 做到批判与继承相结合

文化与社会发展是有机统一体,有着系统性联系。人类历史是在批判与继承中发展的,优秀传统文化资源不仅是社会主义先进文化建设的有益补充,也是增强民族凝聚力的核心因素。我们对待文化遗产的态度如果一味批判,甚至带着有色眼镜看待传统文化,会给优秀传统文化发展带来不小的损失。中华优秀传统文化"双创"的提出,蕴含了对中华优秀传统文化批判和继承的辩证统一。一方面,做到批判中有继承。批判不是盲目否定一切,批判本身的含义就是分析与判断的有效结合。另一方面,继承中也存在着批判。继承并不是毫无保留的照搬,也不是拿来主义。就"继承"来说,是对原来已有物质或精神方面有选择性保留。对中华优秀传统文化的继承是一种选择性接受,因为文化具有一定时代性和局限性,是特定时期社会发展的集中反映,不可能照搬照用。因此,对中华优

---

① 《马克思恩格斯文集》第10卷[M].北京:人民出版社,2009年版,第7页。
② [法]雅克·德里达:《马克思的幽灵——债务国家、哀悼活动和新国际》[M].北京:中国人民大学出版社,1999年版,第124页。

第五章　中华优秀传统文化"双创"的原则与内容

秀传统文化的继承,必须符合社会发展需要的价值取向,对糟粕的东西进行有效剔除,对精华的部分应结合现代元素给以继承。必须要将"古代封建统治阶级一切腐朽的东西和古代优秀人民文化即多少带有民主性和革命性的东西区别开来"。[①] 基于批判与继承两者是辩证统一关系,在中华优秀传统文化"双创"的过程中,我们要注意一些错误做法:一种是毫无科学依据的批判,盲目否定一切好的民族优秀文化遗产和有精神文化价值的东西,只顾批判没有继承,这样容易犯文化虚无主义错误;另一种是只要继承不要批判,在一些地方为了搞活旅游经济,达到促进经济发展为目的,将传统文化当做吸引游客的招牌菜,随意篡改传统文化的元素,通过各种所谓的艺术演出丑化扭曲传统文化的内容,以达到经济收入的目的,这些做法都是违背文化发展原则和要求的,应该给予惩罚。从当前中国社会主义现代化建设的需要出发,做到中华优秀传统文化批判性与继承性相结合。一方面要取其精华,对于其优秀部分的人文精神、道德规范、价值理念等需要继承好、弘扬发展好;另一方面也要对其落后、愚昧不能与时代发展相适应的错误观念、封建思想给以抛弃,剔除其毒瘤,对传统文化中一些消极成分给予批判。真正做到批判性与继承性相结合,充分发挥中华优秀传统文化的积极因素,为中国特色社会主义文化建设提供优质资源,使中华优秀传统文化不断绽放异彩。

(二)传统性与时代性相结合的原则

对于中华优秀传统文化而言,"传统性"寓意着文化发展的连续性、永续发展,"传统"是在文化发展过程中逐步形成和日臻完善的观念、规范和认知的核心要素,寓意着人们过去的生活方式与生存智慧,影响着文化社会发展。"时代性"则体现文化发展具有与时俱进,彰显文化时代精神和内涵,是一个时代标志、印记。优秀传统文化不是一成不变的,在不同历史时期,随着社会变迁、时代发展,其文化都会或多或少发生相应改变,这是符合文化自身发展规律和与时俱进的要求。我们要对传统文化做出科学判断和认知,认识传统的文化不代表都是陈旧、跟不上时代的,其中蕴含和凝聚着中华民族智慧结晶,要取其精华做到与时共勉。

如何处理传统与时代的关系问题,即是对待文化的传承与创新问题。恩格斯说"每一个时代的理论,都是一种历史的产物,它在不同的时代具

---

① 《毛泽东选集》第 2 卷 [M]. 北京:人民出版社,1991 年版,第 708 页。

有完全不同的形式,同时具有完全不同的内容"。[①] 中华优秀传统文化是民族的"根"和"魂",结合时代发展需要让"根"和"魂"彰显更大的民族凝聚力、感召力,是坚持传统性与时代性相结合的应有之意。文化传承的主体是人为了自身发展所持续改造旧文化、符合现代化建设需要的新文化创新过程。坚持文化传承是对文化传统性的延续与发展,在现实生活中如果光"传"不"承",那么传统中好的东西也就失去存在载体,随着时间洗涤,将逐渐失去了应有的价值。

总而言之,坚持传统性与时代性相结合就是坚持对中华优秀文化的扬弃继承与时代创新发展相统一。那么,扬弃继承就是有鉴别地加以取舍,取其精华、去其糟粕,结合时代发展需要传承中华优秀传统文化基因。习近平总书记指出,"我们要对传统文化进行科学分析,取其精华、去其糟粕,而不能采取全盘接受或者全盘抛弃的绝对主义态度"。[②] 中华优秀传统文化的转化创新,要以优秀传统文化为基础,坚持推陈出新,赋予优秀传统文化新的时代内涵和新的表现形式,形成符合人民喜闻乐见的文化创新格局,充分弘扬中华优秀传统文化的当代价值,积极服务时代发展和人的需要。

在坚持传统性与时代性相结合的文化创新过程中,结合当前建设社会主义文化强国的历史使命,需要不断推陈出新。"推陈出新并不是与传统文化彻底决裂,而是顺着中华传统文化的方向谋求新的发展。"[③] 在保持优秀传统文化内涵的同时,结合现代元素进行转化创新,使优秀元素融入人们的生活实践中,提高人民文化素养。因此,坚持文化的传统性与时代性原则,可以有效保持优秀传统文化的本真元素,有利于结合时代发展需要不断提升中华优秀传统的活力。

(三)理论性与实践性相结合的原则

意识形态建设关乎着一个国家的旗帜,也决定着文化性质与发展方向。文化作为人类社会特有的精神产品,其形式多样化,体现了不同层次的社会心理,反映了不同层次的社会意识,迎合了不同层次思想需求,但作为主流文化都有其特定的旗帜与思想理论引领。习近平总书记指出"意识形态工作是党的一项极端重要的工作,是巩固全党全国人民团结奋斗

---

① 《马克思恩格斯文集》第9卷[M].北京:人民出版社,2009年版,第436页。
② 习近平:《牢记历史经验历史教训历史警钟为国家治理能力现代化提供有益借鉴》[N].《人民日报》2014-10-14(01)。
③ 陈来:《中华优秀文化的传承和发展》[N].《光明日报》2017-03-20(15)。

第五章　中华优秀传统文化"双创"的原则与内容

的共同思想基础"。① 这也充分体现了意识形态在社会发展中的重要性,谁牢牢把握了意识形态的主动权,谁就掌握了意识形态的主阵地。没有文化的繁荣兴盛,就没有中华民族的伟大复兴。在新时代,发展中国特色社会主义先进文化就是以马克思主义文化观为指导,坚持创造性转化创新性发展,不断铸就中华文化新辉煌。从理论上看,马克思文化观是马克思主义科学理论体系的重要组成部分,是新时代建设文化强国之路的思想理论基础,引领着先进文化的前进方向,体现着中国特色社会主义文化强国建设的根本性质。从实践上看,坚持马克思主义文化观的指导地位,中华优秀传统文化的现代转化创新是实现中国特色社会主义文化繁荣发展的根本要义,也是马克思主义和中华文化融合发展的必然趋势。

1. 理论根基:依托马克思主义理论科学的真理性

一种理论是否具有科学的真理性,主要看它能否经得住实践检验。马克思指出:"批判的武器当然不能代替武器的批判,物质的力量只能用物质力量来摧毁;理论只要说服人,就能掌握群众;而理论只要彻底,就能说服人。"② 马克思主义的强大生命力在于它与中国实际相结合,与中华优秀传统文化有机结合。研究中华优秀传统文化要立足中华大地这一肥沃土壤,在研究过程中,要区分不同社会思潮对研究者的迷惑,区分不同民族文化的特性。马克思主义对中华优秀传统文化发展的指引,源于马克思主义的科学性与真理性,取决于马克思主义与中华优秀传统文化相互借鉴吸收、融合、传承的辩证统一。

在新时代弘扬中华优秀传统文化,必须坚持和巩固马克思主义在意识形态领域的话语权。中国特色社会主义进入新时代,人民是时代发展的主体或中心,如何确立马克思主义意识形态理论在文化交流当中的主流地位问题,是新时代发展中国特色社会主义文化不容忽视的重大问题。要挖掘中华五千年文明中的精华,弘扬优秀传统文化,把其中的精华同马克思主义立场观点方法结合起来,坚定不移地走中国特色社会主义道路。十九大报告中指出:"意识形态决定文化前进方向和发展道路,要加强理论武装,推动新时代中国特色社会主义思想深入人心。"③ 习近平总书记的讲话充分肯定了党在当前和今后一段时期内如何牢牢把握意识形态领

① 习近平:《谈治国理政》第一卷[M].北京:外文出版社,2018年版,第153页。
② 《马克思恩格斯文集》第1卷[M].北京:人民出版社,2009年版,第11页。
③ 《中国共产党第十九次全国代表大会文件汇编》[G].人民出版社,2017年版,第33页。

域的主阵地问题,谁占领了意识形态领域这块阵地,谁就把握了话语权和主动权。文化属于上层建筑范畴,更是意识形态范畴,但文化又是和我们日常生活紧密相连的。我们有56个民族,形成56种民族文化,共同构成中华文化,每个民族由于生活习性不同,文化的内涵形式也存在着多样化。现阶段我国生产力虽然取得了很大发展,在一定的范围内还存在发展不平衡问题,这样必然导致不同群体对文化需求存在着差异性,需要中国共产党来统一领导和规范发展。中国特色社会主义进入新时代,马克思主义为实现中华民族伟大复兴中国梦提供坚强政治理论保障,弘扬优秀传统文化要做到与马克思主义理论有机结合,才能更好提升优秀传统文化的品质。改革开放以来,在社会经济文化建设等领域取得显著的成就的同时,应看到文化乱像存在的问题。近年来,西方文化思想对我国优秀传统文化的发展带来了冲击,一些外来文化如"万圣节""狂欢夜""圣诞节"等对我国传统节日造成较大的影响。个别商家为了谋求利益大肆宣扬西方文化,给青少年带来很大的负面效应,一些青年人在过"洋节"时,甚至失去了理性,给社会治安带来很大的安全隐患。基于此,我们必须加强对青少年的意识形态教育,让其充分认识到马克思主义作为中国特色社会主义先进文化建设的理论指南,我们所从事的各项文化传播活动必须以这种理论为指导,在意识形态领域建设中仅仅围绕这个中心来开展。

坚持马克思主义对意识形态领域的指导地位,是党和国家保持社会稳定发展的思想保证,是解决特色社会主义现代化建设过程中传承优秀传统文化,有效抵制各种社会思潮的侵袭,引领人们在新时代传播马克思主义与弘扬优秀传统文化的基础。基于此,在对待中华优秀传统文化发展问题上,要用新时代中国特色社会主义思想指导优秀传统文化转化创新发展,阐释优秀传统文化中的内涵有助于弘扬民族精神和社会主义核心价值观。

马克思主义为中华优秀传统文化"双创"提供科学的指南,是推动社会主义文化建设,实现中华民族复兴而提出的新要求。

2. 实践底气:依托中国特色社会主义现代化建设来践行

任何认识都源自于实践,实践观是马克思主义哲学首要和基本的观点。在中华优秀传统文化"双创"问题上,有不少人主张"返本开新"的文化构建和发展观,那么"返本开新"这个词的核心和关键之处在哪里?如果我们研究文化只停留在"返本"上是没有太多新意和更新的,必须在

第五章 中华优秀传统文化"双创"的原则与内容

"返本"的基础上"开新"才有新突破,才能不断推进人类认识。"开新"的实质也就是不断实践问题,中华优秀传统文化作为一个实体存在者属于"返本"的范畴,在社会主义现代化建设中实现创造性转化是文化创新的必然要求。

从当前中国特色社会主义现代化建设的实践层面来说,中华优秀传统文化创造性转化的成果脱离了实践基础,远离于人们的生活与生产也将丧失其生命力。因此,在现代化建设中将转化成果置于实践中,满足人民所需,为社会发展服务才能赋予新的时代内涵。这种时代内涵丰富了人们的精神生活和社会交往,一旦脱离了实践语境,优秀传统文化的转化成果必将成为一纸空文。基于此,在中华优秀传统文化的"双创"过程中,不要局限于研究传统典籍中的经典词句,或者把传统文化简单抽象为几种名言警句加以背诵,就以为可以实现转化和创新。殊不知,一种理论如果不能转化到具体社会实践中发挥价值,那么这种理论也没有实际存在的意义。在生产实践中既要借助于传统中有价值的元素,又要超越于传统,这样在新时代才能不负中华优秀传统文化"双创"的历史使命。任何一种文化都不能脱离实践的检验,中华优秀传统文化的精髓只有与社会主义现代化建设相结合才能迸发出强劲的活力,在人们的日常生产交往中通过不断的实践转化与扬弃才会有更强劲的动力。因此,"理论对立本身的解决,只有通过实践的方式,这种对立的解决绝对不只是认识的任务,而是现实生活的任务"。① 中华优秀传统文化"双创"成果需要融入人民群众的日常生活和社会实践中并自觉践行,这一转化才有实质意义。

总之,在新时代,对中华优秀传统文化转化创新要与社会实践相结合,坚持以马克思主义理论为指导积极推进先进文化建设,激发优秀文化生命力和活力,使中华优秀传统文化在社会主义现代化建设中发挥应有价值。

(四)人文性与科技性相结合的原则

1. 人文性与科技性的内涵

对于"人文"一词而言,在中国的文字记载中最早出现在《贲卦·象传》中。《贲卦·象传》曰:"贲:亨。小利有所往。象曰:贲,亨;柔来而

---

① 《马克思恩格斯文集》第1卷[M].北京:人民出版社,2009年版,第192页。

文刚,故亨。分刚上而文柔,故小利有攸往。天文也;文明以止,人文也。观乎天文,以察时变;观乎人文,以化成天下。"[1] 这里的"关乎人文,以化成天下"则代表了一种人文化成教化意义。同时,"人文"一词在中国传统文化原是与"天文"一词对举成文的。"天文"指自然界的运行法则,"人文"约指人类社会的运行法则,在当时,其"主要内涵是指一种以礼乐为教化天下之本以及由此建立起来的一个人伦有序的理想文明社会"。[2] 随着对"人文"一词的解读,可以进一步加深我们从哲学意义上对"人文精神""人文关怀"的理解。赵行良在其《中国文化的精神价值》中谈到,所谓"人文精神",就是以人之文化存在为本,着重通过人自身以及人与人、人与自然、人与社会之间关系的恰当把握来化成天下的一种文化精神。贾高建则认为,"所谓'人文关怀'应主要是指对人自身的存在和发展中所遇到的各种问题的关注、探索和解答,它所体现的是一种人文精神"。[3] 笔者认为可将"人文性"理解为:在中华优秀传统文化"双创"中注重人文思想理念、人文情感关怀、人文精神的挖掘利用,使中华优秀传统文化在新时代更多注重人格塑造、人格培养、创新精神,构建和谐社会,最终实现人的价值。

"科技"实际上是"科学"与"技术"的统一称谓,它们既有区别又有联系。科学是人对客观世界的认识,是反映客观事实和规律的知识体系。而技术则是人在实践活动中,依据实践经验或科学原理创造出来的物质手段(如工具、机器设备、仪器仪表等)以及操作的经验、方法、技能、技巧等。技术体现着自然属性和社会属性的有机统一。基于对"科技"与"技术"概念的梳理,在此笔者所理解的"科技性"是指在中华优秀传统文化"双创"过程中,运用现代科学理念和技术来对优秀传统文化加以保护、开发、利用,使优秀传统文化注入更多科学元素,彰显传统韵味和现代元素。

2. 人文性与科技性相结合

中华文化是在长期的历史沉淀中凝聚而成的,具有深厚的人文底蕴,是社会主义现代化建设中培养新时代价值理念的重要源头。中华优秀传统文化提倡"讲仁爱、重民本、守诚信、崇正义、尚和合、求大同"等基本文

---

[1] 袁祖社等:《四书五经全注全译》[M].北京:线装书局,2001年版,第549页。
[2] 赵行良:《中国文化的精神价值》[M].上海:上海古籍出版社,2003年版,第32-33页。
[3] 贾高建:《理论研究马克思主义与人文关怀理论前沿》[J].《理论前沿》2000年第4期,第11-13页。

第五章 中华优秀传统文化"双创"的原则与内容

化元素与当代社会主义先进文化建设相适应，与现代社会发展相协调，为社会主义现代化建设提供文化支撑。进入新时代，中华民族从富起来朝着强起来而不断努力，对于国家民族而言，"富"更多的是强调经济实力的提升，对"强"的考量标准应是多元化的。民族的强大并非只有经济强大，同时也是文化和精神的强大。中华优秀传统文化的典籍数不胜数，先辈们留下有形文化古迹遗产也不胜枚举，我们是文化资源大国，但迈入文化强国还需要更大努力，对于这些宝贵文化资源和遗产如何在新时代发出璀璨光芒，为国家治理提供智慧，为社会发展带来更大经济效益是摆在我们面前的一个重要课题。因此，我们要把传承优秀传统文化作为义不容辞的责任，运用优秀传统文化滋养民族生命力、铸造民族凝聚力、激发人民创造力，共建民族精神家园，不断推进中国特色社会主义现代化建设。随着改革开放的深入，外来文化的渗透对人们产生了极大的影响，如何在多元文化环境中提升我国文化影响力和感召力是中华优秀传统文化"双创"的关键所在。

随着网络科学技术的发展，人们可以足不出户游览大千世界，阅读天下文库，享受科技给人类带来的便利。科学技术是认识世界和改造世界的有效手段，但不是能"直接满足人生存和发展需要的精神产品和物质产品，其价值的实现、作用的发挥必须依赖人的活动，通过人的活动创造出人所需要的现实产品"。[1] 因此，在此境遇下优秀传统文化的创造性转化创新性发展既要体现符合人文性，又要含有科技性，是当代文化发展的必然趋势和选择。把科学技术运用于文化遗产保护、挖掘、研究、修复与创新上，来进一步延长文化遗产的生命力，提高文化遗产科学研究价值，破解文化遗产密码，挖掘文化遗产的人文精神。对于中华优秀传统文化的创造性转化创新性发展，如习近平总书记所指出的"要系统梳理传统文化资源，让收藏在博物馆里的文物、陈列在广阔大地上的遗产、书写在古籍里的文字都活起来"。[2] 近年来，敦煌石窟引5G技术助力文化遗产保护，共同探索5G技术在历史文化保护和传承领域的应用，"促进'5G+文旅'深度融合，助力敦煌石窟文物的保护、利用和传承"。[3] 2019年11月起，延庆首次启动长城数字化保护，"通过三维激光扫描、无人机巡查等方式，为区域内所有179.2公里的长城建立数字档案，使得长城文化得

---

[1] 龚振黔：《当代科技革命与人的活动演变问题研究》[M].贵州大学出版社，2013年版，第5页。
[2] 习近平：《谈治国理政》第一卷[M].北京：外文出版社，2018年版，第161页。
[3] 中国新闻网.敦煌石窟引5G技术助力文化遗产保护[EB/OL].http://www.gs.chinanews.com.2019-09-01.

以信息化传承,2020年,长城数字档案建设就将全部完成"。① 现如今,科学技术在文化遗产、文物保护上的运用极大提高了优秀传统文化的现代价值和经济效益,产生了积极影响,让越来越多的人了解中华优秀传统文化。

科学技术在中华优秀传统文化中的开发与运用必然导致人们对优秀传统文化有更多的需求。前面论述,足不出户可以游览大千世界,饱览天下文化圣地。这就要求优秀传统文化在转化创新中运用科技手段时注重人文精神的阐释,不能扭曲或夸大优秀传统文化的人文内涵和价值取向。随着市场经济逐"利"的诱惑,近年来一些广告媒体、娱乐市场随意盲目篡改文化历史,甚至夸大、戏剧化褒贬历史人物和历史事件,给不明历史真相的人带来较大的负面影响,甚至给青少年价值观的确立带来隐患。社会主义先进文化建设离不开中华优秀传统文化的滋养,汲取优秀传统文化自强不息、刚健有为、厚德载物、天人合一、崇德向善、以和为贵等人文精髓来构建新时代文化价值理念。同时,依托网络媒体、科技动漫穿插图文并茂等科技元素传播中华优秀传统文化,科学技术在中华优秀传统文化转化创新中的运用不仅可以更好保护文化遗产,延长其生命力,而且可以有效发挥优秀文化遗产的经济价值和社会价值,提高中华优秀传统文化美誉,培育人们的文化素质。

总之,中华优秀传统文化"双创"要立足中华文化沃土,既要彰显优秀传统文化的人文性,又要结合现代人的价值取向。运用科技信息网络给人带来的便捷生活方式,把科学技术更好地运用到优秀传统文化转化创新中,在人们的生产生活中充分体现中华优秀传统文化的人文性与科技性。

(五)民族性与世界性相结合的原则

文化是一个国家和民族集体智慧的结晶,具有鲜明独特的民族标识。由于地理环境、自然气候条件的差异,不同民族根据自身的生活环境、历史背景形成了文化的多样性。随着社会历史变迁,人们生活交往方式的变化,人的思维、行为方式和价值观念等也会发生相应的改变。在世界文明体系中,每一种文化都具有鲜明的民族标识。恩格斯说,"每一时代的

---

① 北京晚报:《北京延庆长城首次启动数字化保护》[N/OL].http://www.dzwbjd.com.2019-11-05.

社会经济结构形成了现实基础,归根到底都应由这个基础来说明"。① 也就是说,在文化形成中每个民族的现实基础差异决定了民族、地区思想观念的不同,在此基础上也就形成了不同的思维方式、行为方式和价值观念,这些思维、行为方式和价值观念具有不同的民族风格。由于地域差异,必然形成民族文化的差异性,这种差异性既有共性,也有特殊性,都是世界文明的重要组成部分,包含有人类共同价值取向。

在人类社会发展史上,遵循文化交流与互鉴是促进文化发展必然趋势,反之则不然。早在一百多年前,马克思、恩格斯对世界历史和精神文化生产的全球化的趋势给予了揭示,他指出,"每个文明国家以及这些国家中的每一个人的需要的满足都依赖于整个世界,"②"许多种民族的和地方的文学形成了一种世界的文学"。③当今世界,随着全球化进程加快,人们交往日益密切,各种不同形态文化间冲突和融合已成为一个不争的事实,但文化普遍性和共通性也会随着人们的需求不断增加。现如今世界成为一个普遍交往的集合体,在这种普遍交往的境遇下,"在过去那种地方的和民族的自给自足和闭关自守状态,被各民族的各方面的互相往来和各方面的互相依赖所代替了"④。随着世界经济一体化发展,普遍交往生产生活方式不仅使各民族的文明成果交流互鉴,而且经过交流、传播已成为一种趋势,得到世界各国人民的普遍共鸣,并获得了世界性的意义。如习近平总书记所说的,"中华文化既是历史的、也是当代的,既是民族的、也是世界的"。⑤因此,每一个民族文化都具有双重身份。既具有本民族的特性,又具有世界的特性,这是文化本身所固有的特性。

文化民族性与世界性相结合是文化发展的内在趋势与要求,中华优秀传统文化作为世界文化的重要组成部分,也必然遵循这一趋势和要求。在中华优秀传统文化"双创"过程中,要坚持文化民族性与世界性的结合。"一方面,要积极吸收世界文明的优秀成果,不断充实发展自身文化。历史经验给以启示,一个故步自封地坚守自己民族性不仅不会带来本民族文化的发展,由于长期缺乏与外界交流还会使原来先进文化落后于世界文明发展的潮流"。⑥因此,积极开展同世界各国的文化交流与学习,不断

---

① 《马克思恩格斯文集》第9卷[M].北京:人民出版社,2009年版,第29页。
② 《马克思恩格斯文集》第1卷[M].北京:人民出版社,2009年版,第566页。
③ 《马克思恩格斯文集》第2卷[M].北京:人民出版社,2009年版,第35页。
④ 同上。
⑤ 习近平:《谈治国理政》第二卷[M].北京:外文出版社,2017年版,第352页。
⑥ 参见万光侠《中华传统文化创造性转化创新性发展的哲学审视》[J].《东岳论丛》2017年第38卷第9期,第29-30页。

吸收世界其他民族的文明成果以丰富自身,是实现中华优秀传统文化"双创"的必然前提。正如习近平总书记所指出,"要理性处理本国文明和他国文明的差异,坚持求同存异,取长补短,不攻击、不贬损其他文明"。[①]这告诫我们,每个国家民族文化都有独特性,要从本国实际出发,在尊重别国文明差异性的基础上,本着相互取长补短,相互借鉴学习,使人类创造的一切优秀文明成果都能得到充分发展和传承。在学习借鉴他国优秀文明成果时要做到与本国文化相适应,与现代社会相协调,不断促进丰富本国文化的内涵提升。另一方面,要以民族性融入世界性为契机。在本民族文化融入世界其他国家文化的过程中吸收优秀文化成果,要在坚持本民族文化特性的同时融入世界文化体系之中,使中华优秀传统文化"走出国门",通过吸收、消化、升华来不断提高中华优秀传统文化的传播力和影响力,彰显中华优秀传统文化的世界意义。使民族性更加符合当代中国和当今世界发展要求,越是民族的越是世界的,做到民族性与世界性的有机统一。

二、中华优秀传统文化"双创"的主要内容

中华优秀传统文化内容丰富,包含诸子百家、古典诗词文赋、琴棋书画、传统中医、中华武术、文物古迹等领域,这些博大精深的优秀传统文化哪些是应该继承和弘扬的,以往研究者如张凯之先生在《中华优秀传统文化核心理念读本》列举了十二个方面:天人之学、道法自然、居安思危、自强不息、诚实守信、厚德载物、以民为本、仁者爱人、尊师重道、和而不同、日新月异、天下大同。[②]这种罗列式的阐述,为读者方便了解中华优秀传统文化的内容提供了清晰思路。党的十九大报告在遵循文化发展规律的基础上,结合新时代国家文化发展战略需要对中华优秀传统文化具体内容简明扼要地概括为思想观念、道德规范、人文精神,并结合时代要求进行继承和创新。接着,中共中央办公厅、国务院办公厅2017年1月25日联合发布的《关于实施中华优秀传统文化传承发展工程的意见》(简

---

① 习近平:《在纪念孔子诞辰2565周年国际学术研讨会暨国际儒学联合会第五届会员大会开幕上的讲话》[N].《人民日报》2014-09-25(02)。
② 参见张凯之:《中华优秀传统文化核心理念读本》[M].北京:学习出版社,2014年版。

第五章 中华优秀传统文化"双创"的原则与内容

称《意见》)中概括的也是核心思想理念、中华传统美德、中华人文精神三方面。从党的十九大报告到中央专门出台《意见》都对中华优秀传统文化转化发展给予了明确的要求,本书研究中华优秀传统文化"双创"即以此为指导,在这里所研究中华优秀传统文化的内容主要是从器物文化、制度文化、行为文化和精神文化四个方面来展开论述的。

(一)器物文化的"双创"

器物文化主要指是通过人的感官能具体感知到、触摸到,通过视觉看得见的有形存在的固态文化。器物是凝聚人类思想智慧的物质形态,从某种意义上而言,又是文化的载体和象征。中华民族有着五千多年的灿烂文明,而器物文化则是中华优秀传统文化的重要组成部分,是中华文化的典型代表。器物文化的演变集中反映社会生产力发展的水平,是物质形态的表现形式。作为文化的组成部分,中国先辈们遗留下的器物承载了丰富的文化思想和内涵。

1. 器物文化蕴含着丰富的中华优秀传统文化元素

器物是一定社会生产力的产物,同一定生产方式相适应。器物文化反映了当时生产力和生产关系的水平,体现着人们的思想观念。古代制造的陶瓷、鼎、玉器等,它的价值不仅体现在传统的工艺技术方面,而且也体现在其所蕴含的思想文化价值方面,是不同时代文化的象征。文化价值在于帮助我们研究不同历史时期社会生产力水平的发展状况,反映不同社会阶层文化需求。如《说文解字》:"鼎,三足两耳,和五味之宝器也,昔禹收九牧之金铸鼎荆山之下,人山林川泽,魑魅烟烟莫能逢之,以协承天休,易卦粪木于下者为鼎。"鼎的三足象征着天地人的和谐统一,两耳和三足完美有机结合象征着中国古代的"五行"文化,反映了大自然中相生相克的和谐统一。而玉器本身的自然秉性被赋予精气、纯洁、坚硬和高尚的象征,在《周礼》中有关于玉器作为礼器记载:"以苍璧礼天,以黄琮礼地,以青圭礼东方,以赤璋礼南方,以白琥礼西方,以玄璜礼北方。"这些器物是民族文化礼仪和祭祀的重要象征,也是中华民族价值观的体现,包含着深刻的文化意蕴。

如长城是中国也是世界上修建时间最长、工程量最大的一项古代工程。自西周时期开始,延续不断修筑了两千多年,分布于中国北部和中部的广大土地上。自秦始皇以后,统治着中原地区的朝代,几乎都要修筑长城以抵御外敌入侵。通过长城可以让世界了解中国,为中国走向世界提供器物文化的载体,它是凝结着中华民族几千年的智慧与力量的宏伟建筑,以其雄伟气势和博大精深的文化内涵,展现着历代文化气息。长城对于中华民族来说是意志、勇气和力量的标志,已升华为中华民族勤劳、智慧、百折不挠、众志成城、坚不可摧的民族精神和意志,增强了中华民族的自豪感、自信心和爱国情怀。万里长城在古代更多的是军事价值,在今天,长城一方面向世界展示着中华民族的智慧和创造能力;另一方面展示人类的坚强意志和雄伟气魄。长城是中国古代先辈们集体智慧、技术和毅力的结晶,更是蕴含着中华民族坚决抵御外敌入侵的爱国主义情怀和坚强不屈的民族精神象征。时至今日,人们通过研究长城不仅可以研究古代的建筑文化,而且还可以研究古代军事制度文化,丰富人们对历代建筑文化和军事文化的了解。对这些器物文化的研究与挖掘不仅有利于保护人类留下来的历史遗产,而且还可以让人们更好地学习、了解优秀传统文化知识。

中华优秀传统器物文化不胜枚举,资源丰富。被保留下来的器物文化是不同社会形态历史发展的产物,更是一定社会生产力水平的集中反映,代表着不同的文化内涵,体现着人们的思想观念。因此,实现中华优秀传统文化"双创",应合理对待器物文化,通过现代技术的开发保护让优秀传统文化得以传承。

2. 做到挖掘与保护有机结合,才能更好传承中华优秀传统文化

器物文化作为文化遗产,有很大的研究价值。从中华优秀传统文化"双创"来看,不能随意把先辈们遗留下来的古迹遗产进行现代版的改造,应是在挖掘保护原有古迹遗产的基础上运用现代科技手段加强对器物文化的研究。注重开发器物文化中所蕴含的非物质文化意义,即中华优秀传统文化精神,来进一步将所蕴含的价值、技术精髓和人文精神得以传承,达到对优秀传统文化现代转化创新的目的。

其一,挖掘与保护。在五千多年的中华民族历史进程中,我们的先辈们创造了丰富灿烂的古代文化,为子孙后代留下了丰硕的器物文化遗产。器物文化遗产历史底蕴深厚,包含人文、科技、经济、政治等多种传统文化元素,挖掘传统器物文化,其目的是更好地去保护先辈们遗留下来的器物文化资源,使其得以传承。器物文化遗产创造于古代不同的社会形态中,是对不同时期社会生产力水平的集中反映,由于存在时间较长,加上自然界腐蚀和人为因素的破坏,有些遗产面临着灭绝。因此,利用现代科技手

段去挖掘先辈们遗留下来的宝贵遗产资源,做到科学保护,使这一文化形态得以延续。中国共产党成立以来,肩负着继承和弘扬中华优秀传统文化的使命,特别是新中国成立以来,党和政府更加重视对器物文化遗产的保护,采取一系列主要措施:一是做好器物文化遗产的普查工作,精准把握文化遗产数量。对器物文化遗产实施保护,要有精准的数字统计,详细摸底现有器物文化的数量,做好前期统计普查是保护好器物遗产的前提。二是制定挖掘保护文化遗产的法律法规。挖掘保护文化遗产需要大量的资金支持,确保文化遗产保护落到实处。器物遗产保护需要一定的资金支持,需要一定的人力与物力支撑才能达到预期的目标,这需要政府主管部门出台相应的措施,才能更好地去对文物古迹修缮保护。三是积极申报世界文化遗产,提高中华优秀传统文化的知名度。中国积极申报世界文化遗产。截止至2019年7月,中国已有55项世界文化、景观和自然遗产列入《世界遗产名录》,其中世界文化遗产32项、世界文化景观遗产5项、世界文化与自然双重遗产4项、世界自然遗产14项。在数量上居世界第二位。文化遗产申报对于推动中华优秀传统文化走向世界,提高人们保护文化遗产的自觉性具有十分重要的意义。

其二,研究与开发。由于年代久远和人为破坏等因素影响,对器物文化遗产研究虽取得显著成效,但有些器物文化遗产需进一步研究与开发,才能达到更好保护遗产的目的。随着科技的发展,为进一步研究器物文化遗产提供了新的手段。只有不断加强对器物文化遗产的研究与开发,才能更好地了解掌握器物文化遗产中所蕴含的中华文化精神。器物文化作为中华优秀传统文化内容的组成部分,是中华优秀传统文化独特文化表现形式。实现中华优秀传统文化"双创",结合当前文化建设需要注重研究与开发器物文化遗产的现实意义。基于此,我们要做好以下几点:一是科学合理阐释器物文化遗产所蕴含的优秀传统文化内容。由于现存遗留器物文化遗产所产生的时代背景不同,受到生产力发展水平制约,人们思想观念受到一定的影响,所制造或创造的器物文化遗产也必然带有残余思想观念的印记。因此,不同器物文化遗产所蕴含的人文精神存在差异,体现了不同群体的智慧,带有阶级的烙印。实现中华优秀传统文化"双创",要科学合理阐释器物文化遗产所蕴含的传统文化人文意义,结合现实需要给以转化。二是对蕴含在器物文化遗产中的优秀传统文化内涵要结合现代文化建设需要进行科学阐释。阐释不是原封不动地把那些带有残余思想的文化内容简单地给予展现,而是要将其文化内容精心提炼,与现代社会主义文化建设相适应,做到与时俱进,促进人文素质的提高。三是研究与开发器物文化遗产中包含的传统工艺技术精髓,为现代工艺技术发展提供有益借鉴。由于现代化进程的推进,传统工艺技术跟不上现代化发展的步伐,一些传统工艺技术开始失传,致使人们对器物文化遗产中蕴藏的传统工艺技术、历史文化意蕴等了解甚少。如果再不加以研究开发,不久的将来将可能灭绝,我们要通过对器物文化遗产的研究与开发帮助人们了解其中所包含的传统工艺技术,使其得以传承。同时,我们在了解先辈们创造的物质财富的同时,还要更多理解掌握器物文化遗产所蕴含的人文精神,感受到国家悠久灿烂的历史文化,不断增强民族自豪感,增强文化自信心。

其三,挖掘、保护与研究、开发器物文化遗产,是中华优秀传统文化创造性转化创新性发展内容的重要步骤。二者相互联系,共同构成器物文化遗产"双创"。挖掘、保护与研究、开发器物文化遗产不能只注重经济效益,忽略了对器物文化遗产传承的目的。应该看到器物文化遗产在社会主义文化建设中的潜在价值和意义,为社会主义先进文化建设提供有益补充,更好保护和发挥优秀文化遗产价值才是根本旨归。

(二)制度文化的"双创"

制度文化是人们在从事活动过程中制定的各种行为规范,体现着一定思想观念、阶级意识,在一定程度上反映了人们的价值理念。制度文化是文化的组成部分,有着文化的共性,蕴含着文化的一般特点。制度文化一经形成,对社会发展、人的行为即起着一定的约束作用。

1. 中华传统制度文化在现代化建设中的"双重性"

从现代社会发展角度来说,对中华传统制度文化应该辩证分析,它存在着两种情形:一种是中华传统制度文化的某些内容已不能和现代社会发展相适应,因其带有封建残余思想,缺乏现代性因素,应予以批判和割舍;一种是中华传统制度文化的某些内容与社会主义文化建设相符合,为其提供有价值的元素,对社会主义制度建设仍具有借鉴意义,应给以弘扬。

中华传统制度文化特别是儒家制度文化中"礼不下庶人,刑不上大夫"的特权思想,"别尊卑,明贵贱"的社会礼制,"三纲五常""三从四德"的伦理道德是用来维护封建君主专制制度的文化,与社会主义制度文化建设不相适应,具有愚民性,是和现代社会发展相违背的,这种文化内容是封建统治者的意识形态文化,应给以批判。统治阶级的思想总是代表

第五章 中华优秀传统文化"双创"的原则与内容

一定阶级集团的利益,又是建立在一定的经济基础之上的上层建筑,具有鲜明的政治性和阶级性。如中国封建社会的君主专制制度是与封建地主土地所有制紧密结合在一起的,代表了封建地主阶层利益,其君主是地主阶层的代言人。其建立的封建专制制度与相应制度文化中的成分或意识形态明显包含着对"专制"的统治,对其"阶级"的维护,提出了"家国同构"即"家天下"的思想,通过宗法和血缘关系来维护特权统治;提出"君权神授"的思想;以"三纲五常"来规范约束人们的行为,更好维护君主权威,使得社会稳定。传统制度文化虽在特定的历史时期维护着一定的社会形态发展,起着特有的积极作用,但随着社会形态更替的演变,逐渐失去应有的价值。新时代,我们处在一个百年未有之大变局的历史时期,是中华民族伟大复兴的大好时期,这些传统制度文化已不符合特色社会主义文化强国战略的需要,实践证明,封建残余思想文化已不能让中华民族走向繁荣富强,只会禁锢人们的思想,阻碍社会主义现代化的进程,必须加以批判。

同时,要一分为二去看待封建制度文化存在的合理性。既要看到封建制度文化是在特定社会形态背景下的产物,对于其封建思想的残余,要给予批判;又要看到封建制度文化中存在有价值和值得借鉴的东西,能为现代社会治理提供传统智慧,特别是制度文化中一些具体的政策措施和管理方式、方法以及所反映的优秀文化品质,如果抛除对其封建管理主体、针对政策措施考察,对当前国家治理、政策、措施的制定具有一定的启发性。如丝绸之路为早期中国打开贸易往来、传播中华文化提供了窗口,今天再重走"丝绸之路"之时,不得不感慨古人的伟大智慧和战略眼光。西汉和清朝对边疆政策制定实施方案也不同。西汉对"匈奴先后采取了军事和非军事——和亲、纳降、内徙、分化瓦解等政策。清朝政府在西南推行'改土归流',在西藏地区实行册封制度——册封达赖和班禅、设立驻藏大臣、实行金瓶掣签制度"。[①] 封建社会制度根据当时社会发展需要对边疆民族地区采取不同政策和措施大大改善了民族关系,促进了社会和谐发展。这些传统边疆管理治理政策和方法,对于当代民族政策的制定与边疆治理仍有一定的借鉴意义,并为香港、澳门特别行政区的治理提供借鉴。正确处理传统制度文化在现代化建设中的"双重性",对实现中华优秀传统文化"双创"具有重要意义,因此,我们在"双创"过程中要辩证分析传统文化的内容和特点,并给以正确取舍。

---

① 鞠忠美:《中华传统文化创造性转化创新性发展实现机制研究》[D].山东大学,2018年第166页。

2. 批判、借鉴与扬弃

对于中华传统制度文化在现代化建设的"双重性",在考察中华传统制度文化内容、性质差异时,要在马克思主义唯物主义历史观的基础上进行辩证分析,做到正确取舍以推动实现中华优秀传统文化的"双创"。

其一,以批判态度对待落后的制度文化。中华传统制度文化是建立在一定历史传统和当时社会生产力基础之上的,是特定社会形态下文化的集中概括。随着社会形态发展变迁以及社会性质的改变,中华传统制度文化中落后的思想内容难以适应现代制度体制的发展。因此,对于中华传统制度文化在"双创"过程中,要以批判态度对待落后的制度文化内容。"批判"并不是彻底的否定,而是一种"抛弃",是对那些带有腐朽思想和跟不上时代的陈旧观念,已不适应社会主义先进文化建设的文化予以抛弃。我们要区分哪些内容是不属于创造性转化创新性发展的内容,如一些"礼不下庶人、刑不上大夫"的特权思想,"别尊卑,明贵贱"的社会礼制等阻碍人全面发展的思想要给予批判。基于此,对于制度文化进行创造性转化与创新性发展,为中国特色社会主义制度文化建设提供价值参考,要坚持马克思主义理论为指导辩证分析,取其精华,去其糟粕,对于封建君主专制制度紧密联系的腐朽制度文化应给予坚决批判。

其二,以借鉴的方式对待优秀制度文化。对于传统制度文化,既要在批判中抛弃与现代特色社会主义制度文化建设发展不相适应的内容,又要借鉴其中好的管理措施、方法,为解决现代社会发展中遇到的问题提供智慧支撑。如前面所论述传统制度文化中不同时期对边疆治理的策略和民族政策,为当代边疆治理以及香港、澳门治理提供借鉴方案,这种好的边疆治理政策要给予继承。再如由汉代发展至隋代确立形成,经唐、宋代完善成熟,明清时期达到顶峰科举制度,虽是为强化皇权、选拔人才、治理国家而服务,但在中国封建社会能延续1300多年,直至1905年慈禧颁布诏书宣告结束。这项科举制度文化虽是封建集权专制下选拔用人的制度。但我们可以借鉴其优秀的选人用人体制机制,为选拔优秀人才所用。

虽然传统制度文化是封建社会不同时期的历史产物,但其中优秀的制度文化成分在现代社会治理中仍然可以学习借鉴,以科学理论为指导通过创造性转化创新性发展依然可以发挥很好的作用。

其三,以科学方法扬弃传统制度文化。传统制度文化虽然是维护封建君主专制政权的一种文化,但我们要以科学的方法辩证地对待其内容,正确区分哪些带有封建性质,哪些具有进步性,注重对其"扬弃",即批判地继承。丢掉制度文化中带有封建性质的、为封建君主服务愚民性的内容,注重弘扬制度文化中对现代化建设发展有借鉴意义的内容。如传统制度文化中关于"天人合一、道法自然"的观点、关于构建"大同"理想社会思想内容,都对今天我们构建生态文明、构建和谐社会提供有益的成分,对此应以弘扬。而那些"天不变,道亦不变"的因循守旧观念"父尊子显、夫荣妻贵"的宗法观念等应该给予抛弃。因此,对于传统制度文化中"双重"性质的同一文化内容,应遵循科学的方法给予"扬"与"弃"是实现中华优秀传统文化"双创"问题的两个方面,二者相互依存、相互影响。由于中华优秀传统文化是传统农业社会的产物,有与社会主义现代化建设相适应的优秀内容,也存在腐朽的思想内容。而"扬"与"弃"是对中华传统制度文化中不同性质文化所采取的科学方法。这一方法在实现中华优秀传统文化"双创"工作中同时存在。只有抛弃、割舍掉与当代社会发展不利因素,才能有利于弘扬中华优秀传统文化,才能更好地转化与发展中华优秀传统文化。

总之,批判、借鉴、扬弃是实现中华优秀传统文化"双创"过程中重要的环节。传统制度文化"双创",重在结合社会主义现代化建设不断转化创新,是在传承弘扬的基础上进一步发展弘扬中华优秀传统文化。

(三)道德行为文化的"双创"

道德行为是调整人与人之间的利益关系的行为准则,也是判断、评价人们行为好坏的标准,是在人们社会生活的实践中逐步形成的,是社会发展的客观需要和人们的主观认识相统一的产物。

1.道德行为是文化的一种外在表达方式

道德行为是人的道德认识和道德践行的外在具体表现,是文化内涵的体现。一般来说,道德的行为是有利于他人和社会的行为,反之则为不道德行为。实现中华优秀传统文化"双创",在新时代充分发挥中华优秀传统文化的当代价值,付诸于人们的生活实践中,体现在人们的日常行为上。道德行为习惯一旦养成,就会形成一种惯例,不会轻易改变。随着社会生产和生活方式的改变,人们的思想观念与时代发展相适应,其思维认识也会发生变化,这些思维认识的变化在不同程度上影响人们的行为方式。人们的日常行为方式和生活习俗通常情况下是对现实生活思想认识的反映,"价值体系所涉及的不仅是观念世界,更重要的是日常人生"。[①]随着网络科技的发展,人们的生活方式和思维方式发生了变化,传统道德行为是过去传统农耕文明时期发展的产物,必将随着时代发展发生着一定的变化。有的道德行为习俗跟不上现代社会发展的步伐,随着观念的改变也发生很大转变。如婚丧习俗,传统的媒妁之言、父母之命在现代恋爱婚姻中发生了质的飞跃,恋爱自由、婚姻自由是现代人追求幸福生活的价值理念,已打破传统观念,这种文化已得到普遍提倡和接受。传统的"丧葬"习俗,家中父母老人过世其子守孝三年,以表"孝"道,这种行为习俗在一定程度上阻碍了社会生产力和人的发展,在现代社会中,人们对"孝道"文化的理解也产生新的思考,对父母老人的"孝道"应体现为日常陪伴和照顾,而不是去世后厚葬的礼仪形式。随着社会"孝道"文化宣传的多样化,人们逐渐改变了"丧葬"习俗,以及对何为"孝"道的理解,这一改变已体现在日常生活行为上的变化。人们在社会行为中的言谈举止通常蕴含着个人道德修养,养成良好社会行为,形成良好规范,对于个人成长和培育核心价值观有着十分重要的意义。在生活中,传统美德是影响家庭社会的行为规范,对人们的行为有着制约作用。传统美德是中华优秀传统文化的核心内容,我们在马克思主义道德观、社会主义道德观的引领下,努力实现中华传统美德转化创新,引导人民营造讲道德、守道德的良好社会风气。

综观人们道德行为文化的变迁,其实质是随着社会生产力发展,人们思想观念的改变,社会生活行为也随之时代化。因此,人们社会行为更多的是一种国民素养的外在表现,要根据社会主义先进文化建设的需要,科学引导传统道德行为文化创造性转化创新性发展以促进社会主义先进文化建设。

2."旧瓶新酒"与"新瓶旧酒"[②]

关于在"旧瓶新酒"与"新瓶旧酒"概念界定使用上本书借用鞠忠美学者提出的和表达的方式。本书实现中华优秀传统文化"双创"可以从文化内容与文化形式两个方面来进行,一方面我们采用"旧瓶新酒"的方式,即通过传统文化表现形式来宣传表达新的文化内容;另一方面采用

[①] 余英时:《余英时文集》(第2卷)[M].桂林:广西师范大学出版社,2004年版,第46页。
[②] 鞠忠美:《中华传统文化创造性转化创新性发展实现机制研究》[D].山东大学,2018年第168页。

第五章 中华优秀传统文化"双创"的原则与内容

"新瓶旧酒"的方式,即通过新的手法表达优秀传统的文化内容。① 中华优秀传统文化"双创"可以根据当前社会主义先进文化建设需要采用不同的表现形式。

其一,"旧瓶新酒"道德行为文化的"双创"。中华优秀传统道德行为进行转化创新过程中,中华优秀传统道德行为的表达形式没有太多的变化,但所包含的文化精神内涵发生了质的飞跃,具有现代意义的内涵、符合现代社会道德行为需要。如在新时代我们所倡导的"爱国"与传统社会中"爱国"有着质的不同。构建和谐社会、爱我中华是中华民族伟大复兴和繁荣富强的重要思想基础。在中华民族的历史长河中,国家在不同历史时期都会遭受不同的危难,中华儿女有责任救国于危难之中,关键时刻都会挺身而出,如在2019年底至2020年初暴发的新型冠状病毒袭击中华大地,湖北武汉人民处在危难的漩涡之中,党和国家在最短的时间内组织医疗救援队开赴湖北,全国上下众志成城、齐心协力攻坚克难抗战在一线,救人民于危难之中。但新时代的"爱国主义"与传统文化中的"爱国主义"是有着很大区别。封建社会提倡的爱国主义与封建统治阶级制度相互依存,体现更多的是忠君愚民思想。我们倡导的爱国主义是爱社会主义的新中国,强调爱国主义与坚持构建社会主义和谐社会相统一,蕴含着人民是国家的主人,是以人民为中心的理念。这种新时代爱国主义的行为文化是在传统"爱国"观念基础上的继承与发展,发生了主体实质的变化,体现了人民性。

其二,"新瓶旧酒"道德行为文化的"双创"。在对中华传统道德行为文化进行创造性转化创新性发展过程中,虽然其形式因社会变化发展而不断改变,但在现代生活中道德行为文化与传统道德行为文化具有一定的价值共性,都体现文化精神价值的内涵,发挥着价值导向作用,为共同促进社会和谐发展,规范着人们的行为。随着现代社会发展,中国已从农业大国转变为现代化建设的工业大国,其生产方式也发生了改变。市场经济改变了人们经营方式和生活方式,同时也带动了人口的大流动,每年春节成千上万的人口返乡季,足以证明中华传统美德以"孝道"当先的这一文化观念没变。但人们对"孝道"的理解随着现代生活节奏的加快发生了变化,根据现代社会发展,人们总结出符合现代人生活实际需要的新"二十四孝"②行为标准。其名称也叫新"二十四孝",但新"二十四孝"行

---

① 鞠忠美:《中华传统文化创造性转化创新性发展实现机制研究》[D].山东大学,2018年第169页。
② 注释:《二十四孝》指孝是儒家伦理思想的核心,维系家庭关系的道德准则,是中华民族的传统美德。元代郭居敬辑录古24个孝子的故事,编成《二十四孝》。

为标准与传统的"二十四孝"[①]的内容有着很大的区别,更体现时代性和实际性。改革开放40多年来,社会经济高速发展,人们生活水平极大改善,人们的需求层次也发生了变化,已不是单一的物质满足,而是对精神生活的需求越来越高。近年来,由于社会发展以及诸多因素导致许多留守老人缺乏精神的关怀和慰藉。新"二十四孝"根据现代社会发展需要提出了"孝道"的要求和标准,是对中华优秀传统文化"孝道"的继承,是根据现代生活需要对"孝道"的转化与发展。一个人的行为方式往往体现的是思想价值观念的外在反映。而传统行为文化是传统精神文化的反映和一定的外在表现形式,与封建君主统治思想具有一定的联系性。在实现中华优秀传统文化创造性转化创新性发展的过程中,对于传统道德行为文化,我们要结合社会主义先进文化建设需要,可以从文化内容与表现形式两个方面去提升改造,

而我们所谈的"旧瓶新酒"和"新瓶旧酒"是对中华传统道德行为文化内容转化创新发展的不同方式。这一方式是相互联系的,是内容与形式有机统一。在两者关系中,内容是事物存在的基础,从根本来讲,有什么样的文化内容,就有什么样的表达形式。事物的内容发生了变化,其形式或早或晚也要发生相应的变化,这是符合事物发展变化规律的。

基于此,对于中华传统道德行为文化的"双创",无论是采取"旧瓶新酒"还是"新瓶旧酒",都要正确把握内容与形式的关系,继承弘扬传统道德行为文化的优秀成分,充分做好两者转化与发展的辩证统一。

(四)人文精神文化的"双创"

人文精神,是指人们在从事各种实践活动中所形成的价值观念、思维方式、审美情趣、民族心理等意识形态构成的相对完整的思想体系综合体。它影响着社会群体的三观建立,是文化构成有机组成部分,处于文化的核心地位。

1. 人文精神具有较强的稳固性与持久性

文化具有民族性,一个民族的人文精神处于本民族文化的核心位置,

[①] 新"二十四孝"是指2012年8月13日,由全国妇联老龄工作协调办、全国老龄办、全国心系列活动组委会共同发布新版"24孝"行动标准。新"24孝"简洁易懂,朗朗上口;包括"教父母学会上网"、"为父母购买合适的保险"等与现代生活紧密结合的行动准则。

第五章 中华优秀传统文化"双创"的原则与内容

是文化深层次构成部分,决定着本民族文化的特点。中华优秀传统文化中的人文精神是中华民族的民族核心。人文精神即除了有较强的民族性之外,和社会政治意识、规章制度文化因素相比,还有比较强的稳固性和持久性。人文精神是人们在长期的实践中形成的,同时给予实践活动以理论指导。由于地理自然环境的差异,生产力发展水平以及生活方式的不同,形成人文精神文化也不同。其中,人文精神文化作为文化中最深层次的内容,也是一个民族文化特色的体现。如长期生活在中原地区的农耕民族,过着相对比较稳定的生活方式,而生活在高山深林地域的民族主要以渔猎为主多倾向于探险,生活在广袤大草原上游牧民族更倾向于流动。由于中华大地版图辽阔,东西南北地域差异比较大,即使在西南部的贵州地区都有"十里不同天"的说法,这种地理自然环境的差异,必然形成不同的民族文化,具有较强的稳定性和持久性。随着社会生产力以及科技的快速发展,人们生产生活方式发生了很大变化,但民族精神实质不断得以改变和传承。正是民族精神的传承,中华民族遭受强敌入侵与践踏,每到危难之际中华民族都能众志成城、不怕牺牲、团结一致抵御外敌的侵袭,最终取得了胜利。中华民族的精神不断激励着社会发展,在新的历史时期推动着民族复兴。

中华优秀传统文化的人文精神是社会历史发展的结晶,凝结了不同社会历史时期的民族文化精华。进入新时代,传统的人文精神要与时代发展相结合,科学合理应用到中国特色社会主义现代化建设过程中,并形成新的时代精神。实现中华优秀传统文化"双创",就是要将中华民族的民族精神与时代精神相结合,推动社会主义文化强国建设。

2. 借用与发展:人文精神文化的"双创"

传承发展中华优秀传统文化的目的是推动优秀传统文化的时代发展,实现中华文化的现代化。在实现中华优秀传统文化"双创"过程中,要根据时代发展变化,在原有文化的基础上增添新的文化内涵,赋予时代意义。如"大国工匠精神"。中国高铁领跑世界是国家发展的见证,从弱到强是沧桑巨变的一个缩影。2012年12月3日,中国自主研发的"和谐号"新一代高铁动车组在京沪线段试车,再次以486.1公里惊人时速刷新世界高铁记录。之后中国高铁创造一个个惊人奇迹,成为世界高铁技术领域的领跑者,"大国工匠精神"表现为执着专注、作风严谨、精益求精、敬业守信、推陈出新的无私奉献精神,中国高铁人在实际工作中将中华民族民族精神与时代精神相结合,实现了中华优秀传统文化转化创新发展,形成了新时代的工匠精神。

借用是指以传统文化中在某一方面所阐释的意义结合现代社会发展需要来转化或重新阐释其新的文化寓意,借以发挥中华优秀传统文化作用,以化解当前人类社会发展遇到的问题。比如道家创始人老子说:"人法地、地法天、天法道、道法自然。"[①] 以及儒家在《礼记·中庸》中说:"致中和、天地位焉、万物育焉。"张载在《西铭》中提出的"民吾同胞、物吾与也"的命题等都是建立在自给自足封建自然经济基础之上,反映的是当时生产力水平低下,社会动荡人民对社会稳定和谐的渴望,也是社会建设的一种理念。在中国特色社会主义现代化建设的进程中党提出全面建成小康社会,促进人的全面发展,构建和谐社会等思想理念。这些理念虽是借用传统文化的提法但所表达的意义和价值有着根本区别。我们建成小康社会,是社会主义的小康,是人民生活水平的极大提高,是符合全体人民利益的小康。今天建成的"小康"社会虽是借用与传统社会"小康"的概念,但是与之有着本质的区别。

发展是指在"双创"过程中,在传统词语寓意的基础上赋予新的具有时代特点的新意,通过现代表达手法展现出新的特色。根据中国特色社会主义现代化建设的需要,我们构建社会主义核心价值观理论体系,在国家层面倡导的"民主"一词,中国传统封建社会是一个等级社会,在统治阶级文化意识形态中不可能提倡民主思想。封建社会中虽不提倡民主,但有"民贵君轻"的民本思想,这一思想更多是对劳动人民的管制,而不是以民为本。这与社会主义现代化建设中提倡的民本有着本质的区别,今天倡导的以人民为中心超越了传统文化中民本思想,赋予人民在社会主义建设中更多的民主权利。在社会主义制度中倡导的民主,是人民大众的民主,强调了人民的主体地位。中国共产党自成立以来始终把人民利益放在重要位置,并通过法律保障人民群众在国家治理、管理社会事务中的权利,充分体现了人民当家作主的权利。在社会主义制度中"民本"发生了质的飞跃。

总之,中华优秀传统文化蕴含着丰富的器物文化、制度文化、道德行为文化和人文精神文化的内容,这些文化内容是中华民族的文化瑰宝。通过"双创"不仅可以充分了解到中华优秀传统文化的内容及其精髓,而且还能进一步认识开发、研究与保护、传承优秀文化遗产的重要性,有利于继承弘扬中华优秀传统文化,并发挥中华传统优秀文化的当代价值,对新时代中国特色社会主义文化建设具有重要意义和启发。

---

① 张松辉著:《老子,第二十五章》[M].长沙:岳麓出版社,2008年版,第87页。

第六章 中华优秀传统文化"双创"遵循的规律

中华优秀传统文化"双创"必须遵循一定的规律,其规律必然贯穿着"双创"的全过程。中华优秀传统文化"双创"以尊重我国历史文化传统、民族特性为前提,从历史条件、时代特征以及建设文化强国这一实际出发,研究中华优秀传统文化"双创"遵循的规律,不仅符合文化发展的必然要求,而且是提升中华优秀传统文化内涵本质之所在。因此,遵循文化发展规律的特性,分析中华优秀传统文化"双创"规律的内涵、特征,以此为基础,进一步研究中华优秀传统文化"双创"的需求内驱律、实践推动律、挖掘保护律、融合创新律等规律。通过研究发现,这些规律既独立存在,又相互联系,是一个有机的整体,构成了中华优秀传统文化"双创"规律的重要内容。通过对"双创"规律的研究,有助于深化对中华优秀传统文化"双创"规律本质的认识,也有助于规范中华优秀传统文化的"双创"活动,促进中华文化的发展。

一、中华优秀传统文化"双创"规律的学理分析

从学理上说,对中华优秀传统文化"双创"规律进行界定,是以马克思主义基本立场、观点和方法为指导来阐释中华优秀传统文化"双创"这一文化活动规律的科学内涵,从而深刻揭示中华优秀传统文化"双创"规律的特征。在社会主义先进文化建设中,坚持文化发展的先进性,遵循文化自身发展的规律,使中华优秀传统文化顺应时代发展潮流并不断创造和创新。中华优秀传统文化"双创"过程是人作为实践主体能动地改造

对象客体的物质性或意识性活动,也是人类所特有的文化创造创新性活动。"而规律又是事物内在的本质关系,它规定了事物运动、变化和发展过程的确定秩序和必然趋势",[①]因此,中华优秀传统文化"双创"规律不仅揭示了优秀传统文化现代转化发展与建设社会主义先进文化的内在本质关系,也遵循中华优秀传统文化在传承发展过程中的必然趋势。

(一)中华优秀传统文化"双创"规律的内涵

1. 规律的内涵和特点

规律不同于规则。规则是根据人对社会管理或治理的需要而制定的,而规律是客观的。列宁说,"规律的概念是人对于世界过程的统一和联系、相互依赖和总体性认识的一个阶段",[②]毛泽东同志指出:"客观事物的内部联系,即规律性。"[③]规律是事物的本质联系,而不是现象的联系,我们无法通过感官感知,只能通过抽象思维才能认识和归纳。可见,规律性的认识属于理想思维深层次的认识。规律是事物发展过程本身所固有的,是不以人的意志为转移的,反映了事物发展过程中本质的、必然的、稳定的客观联系,是事物发展的必然趋势。由此可见,我们可以从以下几点掌握规律的客观性、稳定性等特点。

其一,规律具有客观性。所谓客观性是指规律是不以人的意志或愿望为转移或发生作用的,任何规律都是客观的,存在于一切事物发展过程中。在现实生活中,人们在改造自然界过程中只能发挥人的主观能动性去发现规律,认识规律,利用规律,遵循事物发展的必然趋势,但不能人为创造或改变规律的运行。

其二,规律是事物及其发展过程中稳定的联系。在社会生产生活过程中规律所具有的稳定性为人们认识规律、掌握规律、利用规律提供了前提。只要具备了一定的条件,规律就可以在无限事物中发挥作用,重复它的必然性。

其三,根据规律存在的领域不同,又可以把规律划分为自然规律、社会历史规律、人的思维规律。自然规律贯穿在整个自然领域,支配着自然

[①] 龚振黔、孙树文《实践规律研究》[M].贵阳:贵州人民出版社,2012年版,第5页。
[②] 《列宁全集》第55卷[M].人民出版社,1990年版,第126页。
[③] 《毛泽东选集》第3卷[M].北京:人民出版社,1991年版,第801页。

第六章　中华优秀传统文化"双创"遵循的规律

界运动规律,规定了自然的更替变化,是一种自发的自然活动运动;社会历史规律存在于人的社会活动之中,打上了人类的烙印,更多地体现了人的意图和目的;人的思维规律既不同于自然规律,也不同于社会历史规律。思维的主体是不同的个人,由于个体思维差异的不同,自觉意识也不同,但思维规律也是不以人的意志为转移的,同样具有必然性、重复性的特征。在人们的日常交往中,不管人们是否意识到在遵守思维规律的要求从事各种认识活动,但思维规律都在起作用。因此,遵循思维规律进行各种认识活动,是获得正确认识的必要条件,否则违背这一规律必然要遭到惩罚。

总之,在社会发展进程中了解规律的内涵,把握规律的客观性、稳定性、层次性特点,有助于充分发挥人们的主观能动性,更好地解决社会发展中遇到的各种问题。

2. 基本规律的内涵和特点

马克思在《资本论》中指出,"资本主义生产的基本规律——和行会生产相反——在于劳动和资本从一个使用领域到另一个使用领域的自由转移"。[①] 恩格斯在《社会主义从空想到科学的发展》篇中指出,"等量社会劳动的产品可以相互交换,这也就是价值规律,正是商品生产的基本规律,也就是商品生产的最高形式即资本主义生产的基本规律"。[②] 由此可见,基本规律最早应用于经济领域,揭示资本主义经济社会发展所普遍遵循的基本规律,贯穿于资本主义经济发展的全过程,对资本主义经济发展起着重要作用。只要有人类社会存在,社会生产方式的运动规律就会不断发挥着作用,遵循着社会发展这一必然趋势。一般而言,在一定质的系统中,基本规律之所以能对该系统的所有事物及其发展过程起作用,是基本规律发生作用所需要的条件比较普遍、比较少。从基本规律发生作用的条件来看,基于规律的普遍性、共同性程度是同规律发生作用所需要条件的数量成反比的,当规律作用的普遍性程度越高,它发挥作用所需要的条件越少,反之则相反。

基本规律不仅贯穿于资本主义经济社会发展的始终,同样适用于人类社会发展的一切领域,这是由基本规律的特性所决定的。第一,基本规律贯穿于整个事物运动发展过程的始终,具有关联性;第二,基本规律在

---

① 《马克思恩格斯全集》第 48 卷 [M]. 北京:人民出版社,1985 年版,第 549 页。
② 《马克思恩格斯文集》第 9 卷 [M]. 北京:人民出版社,2009 年版,第 329 页。

一定领域内的事物发展过程中都起作用,具有共同性;第三,基本规律在一般事物发展过程中起主导作用,具有主导性。基本规律的关联性、共同性、主导性等特点,普遍存在于人类社会发展的各个领域,正确认识基本规律的内涵和特性对于当前中国特色社会主义先进文化建设,以及推动中华优秀传统文化创造性转化创新性发展具有重要的指导意义。

3. 中华优秀传统文化"双创"规律的内涵

中华优秀传统文化"双创"必须遵循一定的规律,这一规律必然贯穿"双创"的全过程。遵循文化发展规律,研究中华优秀传统文化"双创"的内在本质、存在特性、遵循价值,在此基础上,研究中华优秀传统文化现代转化发展的内在规律。中华优秀传统文化"双创"作为当前文化创新的实践活动,有其文化转化创新所遵循的内在规律。中华优秀传统文化"双创"规律是优秀传统文化创造性转化、创新性发展中,文化诸因素之间内在的、本质的、必然的联系。尽管中华优秀传统文化存在的形态、产生的阶级背景不同,但都遵循文化自身发展的共性,在推动人类社会发展中发挥着作用,不断往复循环,遵循着文化发展的普遍规律。中华优秀传统文化"双创"规律存在于一切文化创造创新活动之中,这是由中华优秀传统文化"双创"规律的共性所决定的。中华优秀传统文化"双创"不仅要遵循文化发展的内在规定性,还要考察社会各个层面因素的关系,既有中华优秀传统文化"双创"主体、客体、介体、环境的关系,又有中华优秀传统文化"双创"与政治、经济、文化、社会发展等诸要素之间的内在联系。因此,研究中华优秀传统文化"双创"规律要始终贯穿文化自身发展这一主线,只有全面认识文化这一发展规律,才能更好地把握中华优秀传统文化"双创"的基本规律,并做到贯穿"双创"的全过程。

中华优秀传统文化"双创"基本规律,是指在中华优秀传统文化"双创"活动中各要素之间基本矛盾运动的必然趋势,是"双创"活动过程中要素之间本质的联系。"双创"的基本规律决定了创造性转化创新性发展的趋势和根本性质,贯穿于中华优秀传统文化"双创"的全过程,并起主导作用。中华优秀传统文化"双创"基本规律不是决定创造性转化、创新性发展的某一个别方面或个别过程,而是决定"双创"的一切主要方面和一切主要过程,决定中华优秀传统文化"双创"的本质。因此,中华优秀传统文化"双创"规律的内涵可以表述为:以中华优秀传统文化为根基,探究中华优秀传统文化产生的不同时代背景,注重诸要素之间的内在联系,把握转化创新发展的本质关系,遵循文化发展的必然趋势,结合时代发展需要不断对其创造性转化创新性发展。对此,可以从以下两个方面来理解这一内涵。

一是从基本矛盾来看,中华优秀传统文化"双创"的基本矛盾是在文化选择上正确处理主体人与客体之间的矛盾。在中华优秀传统文化"双创"过程中有国家层面、社会层面、个人层面等不同层面的文化"双创",其对象有器物、制度、精神等物质和非物质的"双创"。因此,在"双创"中主体人必然与客体发生着不同的矛盾,这些基本矛盾相互影响、相互制约,共同构成中华优秀传统文化"双创"的基本矛盾。正确处理这些基本矛盾对于中华优秀传统文化"双创"具有重要的理论意义和现实意义。

二是从中华优秀传统文化"双创"实践效果来看,回归"双创"的本真,就是要文化创新发展坚持以人民为中心。人既是中华优秀传统文化"双创"的主体,又是"双创"的旨归,在中华优秀传统文化"双创"遵循规律的过程中要把人放在突出位置,关注人的主体性,才能正确把握文化创造转化的意蕴和方向。"双创"的目的是弘扬优秀传统文化,促进社会主义先进文化建设,满足人的需要,这样才能打破中华优秀传统文化"双创"过程中主客体二元对立状态,以实现中华优秀传统文化"双创"实践的创新与超越。坚持以人民为中心的主体地位作为中华优秀传统文化"双创"的必然选择,既是传承弘扬中华优秀传统文化的目的,也是建设文化强国满足人民文化需求的旨归。

(二)中华优秀传统文化"双创"规律的特征

所谓中华优秀传统文化"双创"规律的特征是指中华优秀传统文化创造性转化创新性发展作为一种理论与实践活动的内在本质关系和必然趋势所体现出来的基本属性。从总体上来看,中华优秀传统文化"双创"规律具有客观性、相对稳定性、重复性和普遍性、层次性等基本特征。

1. 中华优秀传统文化"双创"规律的客观性

在哲学发展史上,规律的客观性问题是思想家关注的重要哲学范畴。从康德到黑格尔等古典唯心论者就以"自我意识"为根基阐释了客观性与必然性、规律性的有机统一性。康德和黑格尔分别对客观性给予概括,康德认为,客观性即先验世界的必然的普遍有效性;黑格尔在继承了康德这一思想的同时,又给予了发展,认为"概念通过扬弃它的抽象和中介,把自己规定为直接性"。① 而在马克思主义理论体系中,客观性与主观性是相对应的哲学范畴,其基本内涵在于其物质性,指"事物的运动及其规律不依赖于人的主观意识的独立性和根源性",② 这一对客观性的界定,为研究中华优秀传统文化"双创"规律的客观性提供理论基础。中华优秀传统文化"双创"作为一种理论与实践的创新活动,其自身内在的运动规律是不以人的意志为转移的,因而是客观的。首先,中华优秀传统文化"双创"规律作为优秀传统文化现代转化发展的内在本质关系,是"双创"过程中各内在要素体系相互作用的必然联系。在"双创"过程中各要素体系的客观物质性决定了中华优秀传统文化"双创"规律是遵循文化发展规律的。其次,从中华优秀传统文化"双创"规律的形成过程来看,中华优秀传统文化"双创"规律也是在人的实践活动过程中不断扬弃文化发展的基础上形成的。中华优秀传统文化"双创"作为传承弘扬优秀传统文化的一种方式,在遵循文化发展规律的同时,不断推进优秀传统文化走向现代化的过程,是优秀传统文化的当代价值体现。在社会主义现代化建设实践中,中华优秀传统文化是社会主义先进文化建设的重要资源,为社会主义先进文化建设提供丰富滋养。文化作为一种意识形态是对一定社会政治、经济发展的集中反映。文化的创造与创新在现实生活实践中必然与自然界进行各种各样的交换,因而必须遵循自然界物质运动和人类社会发展变化的规律,这一规律也是文化自身发展的规律。因此,自然界和人类社会发展内在的运动规律,是文化创造活动及其内在规律产生和发展的前提,这也充分说明了中华优秀传统文化"双创"规律形成的基础也是客观的。

在这里需要强调的是,中华优秀传统文化"双创"规律的客观性还指"双创"的主体、客体、载体等因素具有客观性。值得注意的是,人的主体性意识因素和"双创"的客体在这一过程中始终是相互交织的,人主观能动性的发挥必须要以遵循客体文化的存在为前提。中华优秀传统文化"双创"规律作为人的规范行动规律,是在人有意识有目的的自觉活动中形成和发展的,或者说,中华优秀传统文化"双创"规律存在于主体人有意识的社会实践之中。也就是说,中华优秀传统文化"双创"规律既要通过人有意识有目的的"双创"过程所形成,又要通过人有意识有目的的"双创"过程而发挥作用。但是,这并不意味着中华优秀传统文化"双创"规律的形成、存在及其发展,是以人的主观意志为转移的。首先,中华优秀

---

① 黑格尔:《逻辑学》(下卷)[M].商务印书馆,1976年版,第392页。
② 龚振黔、孙树文:《实践规律研究》[M].贵阳:贵州人民出版社,2012年版,第13页。

第六章 中华优秀传统文化"双创"遵循的规律

传统文化"双创"目的的产生都有其一定客观性基础。就中华优秀传统文化"双创"的最终目的来说,它不仅要依赖现实的文化客体存在,而且要以当前先进文化建设为着眼点,做到两者有效结合。中华优秀传统文化的客观存在和现实处境是"双创"的基础,弘扬传承中华优秀传统文化,建设文化强国,实现中华民族伟大复兴是其最终目的。因此,中华优秀传统文化"双创"目的的产生必须建立在不以人的意志和愿望为转移的客观性为基础。其次,中华优秀传统文化"双创"目的的实现也要受到一定客观条件的制约。在现实社会中我们所从事的一切活动都是在特定的历史条件下进行的,总要受到当时社会生产力发展水平、社会政治法律制度、社会意识形态等条件的制约。中华优秀传统文化"双创"是党中央在新时代站在历史维度提出文化强国战略的重要组成部分,对提升我国文化发展和弘扬优秀传统文化具有高度的前瞻性。同样,中华优秀传统文化"双创"也要受到当前各种历史条件和客观因素的制约。中华优秀传统文化"双创"过程,并不是随心所欲地创造,而是要结合当前建设文化强国既定条件下的创造,必须遵循文化发展规律的客观性进行不断的创新。

总之,中华优秀传统文化"双创"规律的客观性贯穿于"双创"这一全过程,对新时代弘扬优秀传统文化,充分发挥优秀传统文化的价值起着重要作用。

2. 中华优秀传统文化"双创"规律的相对稳定性

规律是本质的、必然的联系,体现了事物内在根本性质的关系,这表明事物之间的联系或关系通常是不变的,而是相对稳定的。世界万物瞬息万变,这种瞬息万变并不是无法把握和掌控的,在各种变化事物现象中总会存在着某种相对稳定的东西,所以列宁强调:"规律是现象中巩固的(保存着的)东西。"[①]即规律内在的相对稳定性。中华优秀传统文化"双创"规律作为文化活动的内在本质关系也是如此。现象和本质往往存在于事物的统一体中,现象是事物的外在表现。本质反映的是事物内在联系和根本属性,体现了事物内在的相对稳定性。在马克思主义经典作家看来,规律和本质具有一致性,都是对事物的真实反映,如列宁所强调的:"规律和本质是表示人对现象、对世界等等的认识的同一类的(同一序列的)

---

① 列宁:《哲学笔记》[M].北京:人民出版社,1974年版,第158页。

概念。"①

在现实生活中,由于不同的社会历史条件、不同的社会生产力水平、不同的民族等要素构成整个社会基本结构,为文化的产生提供了多样性元素,不仅形成了文化的多样性,也形成了文化多层次性。这些文化多样化和多层次反映了人类实践活动内在联系的范畴,由于社会分工,人们从事实践活动的形式也是千变万化、丰富多彩的。但在形成多样化文化的过程中,文化的基因或共性总是相对稳定的,是中华文化共同本质关系的规律。例如,在这个幅员辽阔的土地上生活着56个民族,中华民族对外统称龙的传人、炎黄子孙,但由于地理、气候环境等因素的差异,中华民族形成了不同风俗习惯和文化的多样性。这些文化多样性反映了不同民族的差异性,这种文化多样性既是民族差异性的外在体现,也是本民族与其他民族文化区别的基本属性,同时也反映了本民族文化的相对稳定性。不管文化多样性形式如何变化,但中华民族的精神基因始终是贯穿其中的,这是中华文化形成中相对稳定性联系的纽带。因此,在中华优秀传统文化"双创"过程中,优秀传统文化中的人文精神、伦理道德、价值理念等客体元素不仅具有一定的联系,而且具有相对稳定性,是中华民族在长期社会生产、生活中形成的集体智慧结晶,对规范人们的行为和社会风尚具有一定的价值。

中华优秀传统文化"双创"规律的相对稳定性,作为文化理论创新活动的内在规律,存在于一切文化创新发展的过程之中。只要理论创新活动存在,反映理论创新活动的内在本质关系的中华优秀传统文化"双创"活动就必然具有相对稳定性。掌握这一特性,为深入研究中华优秀传统文化"双创"规律的重复性和普遍性提供了理论基础。

3. 中华优秀传统文化"双创"规律的重复性和普遍性

恩格斯在《自然辩证法》中指出:"自然界的普遍性的形式就是规律。"②这一论断告诉我们,规律作为事物本质的、必然的联系,在事物发展过程中规定着事物内在的基本秩序和总的基本趋势。这些事物在相同的条件下,就必然会重复出现和发生作用,并在一定的范围内具有重复性、普遍性的特性。中华优秀传统文化"双创"规律作为文化理论创新和实践创新活动的内在本质关系,也必然具有这一属性。

---

① 列宁:《哲学笔记》[M].北京:人民出版社1974年版,第159页。
② 《马克思恩格斯全集》第22卷[M].北京:人民出版社,1995年版,第577页。

第六章 中华优秀传统文化"双创"遵循的规律

中华优秀传统文化"双创"规律的重复性和普遍性作为文化理论创新和实践活动创新的内在特性,必然要规定"双创"过程的基本秩序和总的发展趋势。在中华优秀传统文化"双创"过程中,由于主体、客体、对象、器物形态等元素不同,而创造性转化创新性发展的具体形式也是千变万化的,这些具体形式又必须植根于优秀传统文化普遍存在的基因,而"基因"是中华优秀传统文化延续发展的普遍性。在新时代,建设文化强国,实现中华民族伟大复兴的中国梦,文化建设是支撑,而优秀传统文化是社会主义先进文化建设的根基,在这一"根基"中其精髓会在文化建设中不断重复出现。因此,在中华优秀传统文化"双创"过程中只要具备相同的社会历史条件,中华优秀传统文化"双创"规律就一定会重复出现并发生作用。例如,中华优秀传统文化形成于不同的历史时期,由于生产力发展水平、地理环境、民族风俗等不同,所形成的文化也各有特色,但生活在960万平方公里土地上的中华民族都有共同的特质就是勤劳勇敢、自强不息、忠贞爱国等民族特性,这些突出的优势是中华儿女所共有的,这种精髓是内化于心的,是中华民族传承延续遵循的普遍规律。以至这种精髓在中华民族延续发展中一直重复出现,是形成中华优秀传统文化的共有基因和优质资源。中华优秀传统文化虽是不同社会形态的产物,但都是对一定社会意识形态的集中反映。文化又是各种矛盾运动的集中体现,反映着不同群体、阶层的社会需求,这种需求是共性的、普遍的,会不断重复性出现。这一精髓在不断推动着中华文明的延续,进一步确证了中华优秀传统文化"双创"规律的重复性和普遍性。

文化是动态的,随着时代的发展而不断自我革新。这种革新既是一种自我批判和扬弃的过程,又是一种循环渐进的过程。这种周而复始的重复性是文化内在本质所决定的,普遍存在于文化自我更新的全过程,彰显了文化的生命力。这里需要强调的是,既然中华优秀传统文化"双创"规律是"双创"过程中的必然趋势,其重复次数的多少对中华优秀传统文化"双创"规律本身无关紧要,无法影响其内在本质。正如恩格斯所言:"然而普遍性的形式是自我完成的形式,因而是无限性的形式。"[①] 总之,中华优秀传统文化"双创"规律所具有的重复性和普遍性是贯穿于优秀传统文化现代转化发展的全过程,是继承弘扬中华优秀传统文化必须要遵循的规律。

---

① 《马克思恩格斯文集》第9卷[M].北京:人民出版社,2009年版,第498-499页。

4. 中华优秀传统文化"双创"规律的层次性

列宁认为,"人的思想由现象到本质,由所谓初级的本质到二级的本质,这样不断地加深下去,以至于无穷"。① 生产力与生产关系、经济基础与上层建筑矛盾运动是人类社会发展的基本规律即第一层次的规律,人们是通过这一基本矛盾运动来揭示人类社会发展基本规律,并进一步认识人类社会是从低级阶段不断向高级阶段发展的过程。中华优秀传统文化"双创"规律的层次性体现在国家层面、社会层面、个人层面对优秀传统文化的现代转化,在中华优秀传统文化现代化转化的过程中根据不同群体对文化的需求,使"双创"呈现出一定的差异性。

规律的层次性决定了中华优秀传统文化"双创"过程中主体人对优秀传统文化现代转化发展的选择性。根据社会发展和人们对文化需求的不同,文化发展或多或少集中反应于某一个领域和层次。例如,在现实生活中接受过高等教育的群体对文化需求层次的选择,和没有接受高等教育的群体对文化的需求是有很大差别的,前者可能会选择一些高雅文化,后者可能会选择低俗文化以满足自身需要。这一文化层次性的选择为中华优秀传统文化"双创"主体提供了不同的思考路径。中华优秀传统文化"双创"规律的层次性,是对优秀传统文化现代转化发展选择的总体性认识,对于研究优秀传统文化现代转化的层次性提供可行性方案,以满足不同群体的文化需求。在新时代,随着人民生活水平的提高,对文化需求也提出了更高的品质要求。因此,结合当前文化建设需要,在优秀传统文化进行转化创新的过程中,要遵循中华优秀传统文化"双创"规律的层次性,才能更好挖掘优秀传统文化的品质内涵,做到文化创新,满足人民群众多层次多样化需求,不断推进社会主义先进文化建设,使优秀传统文化与时代同发展。

总之,中华优秀传统文化"双创"规律的客观性、相对稳定性、重复性和普遍性、层次性作为其内在特性,是相互联系、相互包含、相互依存的关系。这些特性的内在联系共同构成了中华优秀传统文化"双创"规律的基本特征。中华优秀传统文化"双创"规律的形成是不以人的意志为转移的,在中华优秀传统文化"双创"的过程中也不是任其发挥作用的,必须以植根于优秀传统文化的客观存在为前提,遵循文化自身发展规律,符合社会发展趋势,与时代同发展。马克思曾指出,在人类社会运动中,"这

---

① 《列宁全集》第38卷[M].北京:人民出版社,1959年版,第278页。

一运动的各个因素虽然产生于个人的自觉意志和特殊目的,然而过程的总体表现为一种自发的客观联系"。[①] 因此,中华优秀传统文化"双创"规律不仅作为一种本质的、必然的客观联系形成、存在于文化发展的全过程,对建设社会主义先进文化发挥着重要作用,也为进一步研究中华优秀传统文化"双创"规律的内容奠定了基础。

二、中华优秀传统文化"双创"规律的内容分析

坚持辩证唯物主义和历史唯物主义观点,遵循文化自身发展规律来审视中华优秀传统文化生成、发展的脉络。中华优秀传统文化遵循其独特发展规律,在时代变迁中不断自我超越,形成了内涵丰富、体系庞大的文化脉络体系。结合时代发展要求,全面系统地研究、把握和运用需求内驱律、实践推动律、挖掘保护律、融合创新律等中华优秀传统文化"双创"规律的内容,对于传承弘扬中华优秀文化,提升我国在世界上的话语权等方面,具有重大深远的意义。

(一)需求内驱律

从满足人的需求上看,人的需求必然作为一种最终动因对中华优秀传统文化"双创"活动起着内在驱动作用。马克思主义认为,满足人的需要是人最基本的本性,满足人的生存和发展的需要是实践主体所从事一切实践活动的最终目的。这一观点揭示了人类实践活动的内在本质关系和内在必然性,揭示了中华优秀传统文化"双创"过程也必然如此,是一种确定不移的趋势。"需求内驱律"作为中华优秀传统文化"双创"内在客观规律存在于优秀传统文化转化发展的一切过程之中,我们所从事的各种文化创新活动都要受"需求内驱律"的制约。人作为在中华优秀传统文化"双创"活动中的主体不仅要自觉遵循"需求内驱律",而且还要充分发挥人的主观能动性去认识和把握"需求内驱律"的本质。以马克思主义文化观指导研究"需求内驱律"的内涵及本质,探讨"需求内驱律"

---

① 《马克思恩格斯全集》第46卷(上)[M].北京:人民出版社,2008年版,第145页。

形成的基础及其现实表现,不仅有利于深化对马克思主义文化本质的认识,而且有利于增强文化自信,提升国家文化软实力,因而具有重要的理论意义和现实价值。

1. "需求内驱律"的内涵及本质

从发生学的角度来看,无论是自然界,还是人类社会各种事情的发生都有其动因,而所谓"动因就是指导某一系统存在或系统行为发生的内在原因"。[①]我们从唯物辩证法意义上来理解,世界上任何事物的发生都是由内外因共同起作用的结果,但内因是事物变化发展的根据,外因起着推动或延缓作用。中华优秀传统文化"双创"过程中,人作为这一创造性活动的主体,同样有其发生的动因,这一动因是在社会主义现代化建设中,需要高品质的精神文化来作为现代化建设的支撑,人们对优秀传统文化的需求,促使我们不断探索优秀传统文化在时代发展中的变化,提高中华优秀传统文化的时代内涵和当代价值。

在马克思主义看来,实践活动作为一种人类特有的"属人"的活动,是现实生活中人为了满足自身生存和发展需要,去不断改造客观对象的创造性活动。那么,中华优秀传统文化"双创"作为一种文化创新活动也是不断发展的过程。因此,中华优秀传统文化"双创"过程中发生的动因不是别的,正是提升优秀传统文化时代品格,为社会主义文化强国建设注入新元素,满足人们对文化品质的更高需求,推动社会主义现代化建设进程。马克思指出:"消费创造出新的生产的需要,也就是创造出生产的观念上的内在动机,后者是生产的前提。"[②]这一论断阐述了人的需要是一切实践活动发生内在动因的思想,确证了马克思主义关于人类实践活动动因理论的科学性,也为进一步研究中华优秀传统文化"双创"过程中需求内驱力的动因提供理论支撑。

马克思主义关于实践活动动因理论明确指出,人们对优秀文化的需求必然作为一种最终动因,对中华优秀传统文化"双创"过程起着内驱启动作用,这不仅是中华优秀传统文化"双创"过程以"人民为中心"的必然要求,也是中华优秀传统文化"双创"过程内在必然性和确定性的趋势。这种需求内驱律构成了中华优秀传统文化"双创"过程的内在客观规律,

---

① 龚振黔、孙树文:《实践规律研究》[M].贵阳:贵州人民出版社,2012年版,第72页。
② 《马克思恩格斯文集》第8卷[M].北京:人民出版社,2009年版,第15页。

第六章 中华优秀传统文化"双创"遵循的规律

是中华优秀传统文化创造性转化创新性发展"需求内驱律"的基本内涵。

既然"需求内驱律"作为中华优秀传统文化"双创"过程中必然要遵循的规律。那么,它的实质在于揭示中华优秀传统文化创造性转化创新性的内在本质关系,这一内在本质关系在文化发展中如何体现,我们可以从以下三方面来理解。

其一,"需求内驱律"体现了中华优秀传统文化"双创"过程中主体人与客体存在物之间相互作用的本质关系。唯物辩证法指出,规律揭示了事物在发展过程中各要素相互作用的"本质的关系或本质之间的关系"。[①] 在中华优秀传统文化"双创"过程中作为"双创"主体的人运用各种手段作用和改造"双创"客体的现实过程,必然内在包含着"双创"主体、"双创"中介、"双创"客体等内在要素及其相互作用的关系。其中,主体—中介—客体的关联性结构功能,是中华优秀传统文化"双创"得以实现发生的重要前提。

其二,"需求内驱律"体现现实生活中人的需求必然作为推动社会发展动因,并内在驱动着中华优秀传统文化"双创"确定不移的趋势。从"双创"主体的角度来看,满足当前人民对先进文化的需求是中华优秀传统文化"双创"的目的,中华优秀传统文化"双创"是在一定目的指导下进行的精神文化创造性活动。这种创造性活动是以满足人的需求为最终动因和目的,也是遵循先进文化建设的必然趋势。因此,一切脱离了满足人的需求的中华优秀传统文化"双创"是不存在的,如果我们否定人的需求对中华优秀传统文化"双创"的内驱作用也是不可想象的。只要人的需求存在,必然内在驱动着中华优秀传统文化"双创"沿着确定的趋势进行。

其三,"需求内驱律"体现了中华优秀传统文化"双创"是以满足人的需求为必然要求。满足人的需求是中华优秀传统文化"双创"的出发点,人的需求不仅规定着中华优秀传统文化创造性转化创新性发展的方向,而且根据社会主义文化强国战略目标推动着这一过程的纵深发展。人民的需求的满足是中华优秀传统文化"双创"的最终归宿。因此,中华优秀传统文化创造性转化创新性发展始终是围绕着人民的需求而进行的,从而确证了建设社会主义先进文化始终是以满足人民需求为终极目的的。

总之,"需求内驱律"揭示了中华优秀传统文化"双创"内在各要素相互作用的本质关系,阐释中华传统文化创造性转化创新性发展的趋势,表明了中华优秀传统文化"双创"是以满足人的需求为必然要求。在社

---

① 列宁:《哲学笔记》[M].北京:人民出版社,1974年版,第161页。

会主义现代化建设中,"需求内驱律"的内在本质是通过主体—客体—手段等基本要素的形成不断表现出来的。

2."需求内驱律"的现实表现

既然中华优秀传统文化"双创"是主体人运用现代多媒体工具改造客体文化的创造性活动,那么,实现中华优秀传统文化"双创"必须具备三个基本要件:(1)中华优秀传统文化"双创"主体的确立及其本质力量的充分发挥;(2)中华优秀传统文化"双创"对象的确立;(3)中华优秀传统文化"双创"主体能够利用现代科技手段。而实现中华优秀传统文化"双创"的三个基本要素,是人对优秀传统文化需求直接决定的。

其一,人的需求直接决定着中华优秀传统文化"双创"主体的形成及本质力量的充分发挥。在中华优秀传统文化"双创"过程中,主体一定是人,但并不是所有的人都是主体,只有从事传统文化研究、开发、保护和创造性活动的人才是中华优秀传统文化"双创"的现实主体。从根本而言,可能性主体向现实性主体的转变是由人对文化的需求决定的。随着物质生活水平的提高,人们对精神文化需求越来越高,而无形或有形器物文化作为一种客观存在物,不会以现成的状态来满足人的需求,这也就形成了人与传统有形或有形文化之间的矛盾。为了解决这一矛盾,人必须要发挥主观能动性分离出客观有形器物文化,确立自己的主体地位。从人的需求出发来改造有形器物文化确立其客观地位和规定性,并在文化创造活动中基于人和社会需求加以转化创新,使其具有属人性。可以说,也正是基于人的需求直接导致了中华优秀传统文化"双创"主体的形成。

只有现实的人才是中华优秀传统文化"双创"的主体,这实际上已经内在地确立了人作为创造性转化创新性发展的主体必然具备一定的本质力量。缺乏主体力量的人是不可能与客观存在的优秀传统文化建立对象性关系,也就不可能实现对优秀传统文化的创造性转化和发展。因此,人的需求不仅决定着人必然要成为中华优秀传统文化"双创"的主体,而且要在传承中华优秀传统文化中使人的本质力量得以充分发挥,从而使传统文化改变以往的存在形式和性质,成为人们需求的对象。

其二,人的需求直接决定着中华优秀传统文化"双创"客体地位的确立。在传承弘扬中华优秀传统文化时,不是任何传统文化都能作为创造转化的客体,而是要根据人民群众对优秀传统文化的需求,还要结合新时代建设社会主义先进文化的需要,来确定这一文化客体。考虑到传统文化中哪些元素与人们的需求相符合,既能进一步弘扬优秀传统文化,又能

第六章 中华优秀传统文化"双创"遵循的规律

提高人们的文化素养,在社会主义现代化建设中发挥更好的价值。传统文化是时代发展的产物,具有不同社会形态的烙印和形式多样化的存在形态。在现实生活中,存在着无形和有形器物形态的传统文化多种多样,为主体的选择带来一定的难度,客体或对象的选择是由其内在特性决定的,即使是同一社会形态下的文化客体,由于历史文化底蕴不同也必然具有多种属性。

可以说,中华优秀传统文化"双创"客体地位的确立,与人的需求以及当前建设文化强国战略需要是紧密相连的。十九届五中全会,对开启全面建设社会主义现代化国家新征程这一文化强国建设提出了明确要求。随着物质生活的改善,人们对更高品质的文化追求越来越期待。因此,不断满足人民群众日益增长的多层次、多样化的精神文化需求,是确立中华优秀传统文化"双创"客体的重要选择。近年来,文化在国际上的重要性愈加明显,建设文化强国,提升文化品质内涵,积极参与国际竞争是优秀传统文化走向国际化的必然趋势。因此,在中华优秀传统文化"双创"过程中客体的选择,要关注人民群众对文化生活选择的趋向,把人民选择放在重要位置,提升文化内涵和竞争力,文化强国之路才能更好实现。随着经济社会发展的提速,必然伴随着文化消费的比重也会越来越大,人民对精神文化质量的要求越来越高,中华优秀传统文化"双创"客体的选择要与社会主义先进文化建设相一致,优秀传统文化才能发挥更大的价值。现代心理学研究证明,人们对待事物的态度、兴趣等主观认知的形成都是以人的需求为内在依据的。因此,文化发展的动力之源也必然是人民的选择。

其三,人们对文化需求直接促使人去利用现代科技手段充当"双创"中介。在马克思实践唯物主义看来,科技手段是中华优秀传统文化"双创"主体结合多媒体技术对优秀传统文化这一客体现代转化不可缺少的中介。认识到科技手段在优秀传统文化现代转化中的作用,也是当前弘扬中华优秀传统文化的重要条件。在信息技术迅猛发展的时代,中华优秀传统文化"双创"主体要充分运用这一信息技术,为优秀传统文化开发、保护、传播注入科技新元素,让优秀传统文化插上科技翅膀,才能在现代社会发展中传播得更远。因此,人的需求促使人在中华优秀传统文化"双创"过程中,对客体的改造必须运用现代科技手段,做到更好传承弘扬优秀传统文化。

总之,人对优秀文化的需求决定着中华优秀传统文化"双创"主体的形成和本质力量的发挥,决定着"双创"客体地位的确立,利用现代科技手段来实现"双创",这是传承弘扬优秀传统文化重要方式,也是中华优秀传统文化创造性转化创新性发展"需求内驱律"的现实表现。

(二)实践推动律

从根本上说,实践推动律的形成与人类各种活动的发生发展具有内在的一致性。实践推动律作为中华优秀传统文化"双创"内在本质关系和必然性,是存在于文化转化创新中的。立足中华优秀传统文化"双创"这一实践,才能理解实践推动律形成的内涵及其必然性。研究这一规律,有助于深化对中华优秀传统文化"双创"规律内容的认识,也有助于把握优秀传统文化现代转化创新,促进社会主义文化强国建设。

1. 实践推动律的基本内涵

实践是认识的基础,在现实生活中一切认识都来源于实践,优秀传统文化也是人类实践的产物。实践活动是人类特有的客观性物质活动,实践推动律是中华优秀传统文化"双创"过程中各要素相互作用的本质关系,是在中华优秀传统文化创造性转化创新性发展中形成的。实践推动律作为中华优秀传统文化"双创"基本规律范畴,是指人作为中华优秀传统文化"双创"主体以满足人的需要为尺度对优秀传统文化现代转化创新发展的有效践行。实践推动律的基本内涵是转化创新发展过程中通过实践这一环节,推动优秀传统文化转化创新发展所固有的基本属性。因此,研究和分析实践推动律的基本内涵必须明确实践在推动中华优秀传统文化现代转化创新的功能性。

当前,建设社会主义文化强国必须植根于中国特色社会主义伟大实践当中。中华优秀传统文化的继承发展也要统一于社会主义先进文化建设这一根本上来。弘扬中华优秀传统文化是推动国家文化发展,建设文化强国,提升文化软实力,彰显优秀传统文化的当代价值。而文化建设本身是实践推动和创新的过程,同时实践本然地具有"生产性"和推动性。在这里"生产"不能单纯理解为物质性的生产,即"人们创造物质财富的过程"[1]的界定。正如马克思在《德意志意识形态》中所论述:"人们是自己观念、思想等的生产者。"[2]实践本身所具有的生产性和推动性,要求中华优秀传统文化作为一个现实的"客体存在者"在实践中实现创造性转

---

[1] 《简明社会科学词典》[Z].上海:上海辞书出版社,1982年版,第239页。
[2] 《马克思恩格斯文集》第1卷[M].北京:人民出版社,2009年版,第524页。

化。从现实生活实践层面来说,中华优秀传统文化"双创"的成果倘若离开了实践推动这一基础,也就会失去其生机和活力。在此意义上,中华优秀传统文化"双创"成果的生命力只有通过实践推动,才能更好融入人们的日常生活,在世界交往中才有实质性意义。

实践推动律是中华优秀传统文化"双创"的内在必然性要求,中华优秀传统文化"双创"是协调其内在要素体系相互作用的过程。因此,我们只有以马克思主义的文化观为指导,抓住当前建设社会主义先进文化建设这一机遇,立足于优秀传统文化这一现实土壤,才能真正把握实践推动律在"双创"过程中的科学内涵,为进一步研究实践推动律形成的必然性提供了理论支撑。

2. 实践推动律形成的必然性

必然性作为与偶然性相对应的哲学范畴,是指"存在于事物之间或事物内部诸要素之间的因果性联系所具有的不可避免性,即某一事物的存在不可避免地要引起另一事物的产生,事物发展的某一阶段不可避免地要引导事物发展到另一阶段"。[①] 对此,列宁曾指出:"必然性='存在的一般性'。"[②] 由此可知,规律作为事物发展过程中内在的本质关系,通常具有必然性和一般性两种属性。在事物的发展运动中,如果单独具有一种属性关系是不能构成规律的,要同时具备一般性的必然关系和必然性的一般关系,才能构成事物运动的内在规律。

基于实践推动律是中华优秀传统文化"双创"活动内在的本质关系,对中华优秀传统文化"双创"内部诸要素具有相互制约作用,研究这一规律的必然性显得尤为重要。实践推动律形成的必然性,是指中华优秀传统文化创造转化、创新性发展过程中所呈现出来的必然的、确定不移的发展趋势。这一规律形成的必然性是内部诸要素相互作用孕育的结果,并表现为中华优秀传统文化"双创"主体需要的必然性和文化综合创新发展的必然性。

其一,主体需要及发展的内在必然性。随着社会主义现代化建设的不断推进,人们对高品质文化需要是支撑中华优秀传统文化"双创"的动力之源。在马克思主义文化观看来,人在中华优秀传统文化创造性转化中对对象客体的改造,满足社会主义文化强国建设的需要是人作为一种

[①] 龚振黔、孙树文:《实践规律研究》,贵阳,贵州人民出版社,2012年版,第38页。
[②] 列宁:《哲学笔记》[M].北京:人民出版社 1974 年版,第 291 页。

能动性存在物的本性,在对中华优秀传统文化创造性转化过程中,人除了尊重文化的客观性之外,还要结合社会主义现代化建设需要发挥人的主观能动性。因此,实践推动律作为中华优秀传统文化"双创"的内在规律,其形成具有内在的必然性,也是中华优秀传统文化"双创"主体需要及社会主义现代化建设的必然要求。实践推动律作为中华优秀传统文化"双创"主体需要的内在必然性,主要体现在人在改造对象客体过程中本身所具有的能动性。这种能动性既是主体对对象性、创造性活动的内在本质关系,又是人需要的对象性,构成了中华优秀传统文化"双创"内在规律形成的所必须具备的基本关系项,基本关系项的确立是以"双创"主体需要为存在基础的。在中华优秀传统文化"双创"过程中,根据社会主义现代化建设需要来确立主客体之间的关系,从而构成了实践推动律赖以形成的最基本的关系项。

在社会主义现代化建设中,人对高品质文化需要的扩张性,推动了中华优秀传统文化"双创"内在必然性的形成和发展。在马克思看来,人的需要具有扩张性,而且还是一种无止境的过程,即"已经得到满足的第一个需要本身、满足需要的活动和已经获得的为满足需要的工具又引起新的需要"[①]。人的需要的扩张性在当前社会主义文化强国战略中具有重要的意义,形成于最初的需要满足之后在已有的基础上又开始产生新的需要。这种新的需要必然会引发人们对优秀传统文化创造性活动,而新的创造性活动拓展了人对文化客体的改造,不断促进文化的创新,促进了人类对文化客体的内在必然性的扬弃,从而推动着中华优秀传统文化"双创"主体内在必然性的形成和发展。

总之,中华优秀传统文化"双创"的内在必然性日益显现,实践推动律所包含的必然性源自社会主义现代化建设需要的必然性,是推动优秀传统文化创新发展的内在必然性,因此,社会主义现代化建设需要的必然性构成了实践推动律形成的基础。

其二,综合创新发展的必然性。在马克思主义认识论看来,任何事物的发展都是一个不断综合创新发展的过程,是事物发展的必然性环节。综合性创新是中华优秀传统文化创造性转化面对世界文化大发展大竞争的应对举措。近代以来,西方多元文化和社会思潮开始不断涌入国内,对优秀传统文化的传播和发展产生了一定影响。面对这一外来文化,国内许多专家学者围绕文化建设展开了大胆尝试和探索,"但都体现了二元对立思维下的'两极性',表征为排斥外来文化的传统保守主义和完全摒

---

① 《马克思恩格斯文集》(第1卷)[M].北京:人民出版社,2009年版,第531页。

第六章 中华优秀传统文化"双创"遵循的规律

弃传统的全盘西化模式"。①张岱年先生摆脱二元对立的思维模式提出了"文化综合创新"范式。中华优秀传统文化"双创"无疑是对民族文化主体性的坚守,是中华优秀传统文化生命精神延续的必然性选择。但中华优秀传统文化"双创"并不意味着排斥外来文化,要对外来文化进行有选择的吸收并综合,这种综合不是简单拼凑在一起,而是把两者之间的内在有机联系进行综合分析,取其精髓之处,运用到中华优秀传统文化现代转化和创新上来,使其产生新意,发挥优秀传统文化的更大影响力。

在中华优秀传统文化"双创"过程中,综合创新应体现为全面地、具体地、理性地汲取一切外来文化的有益成分,给社会主义先进文化建设提供有益补充,在原有的基础上进行创新,形成一种全新的文化表达形式。中华优秀传统文化"双创"要站在历史发展的高度,要有海纳百川的胸襟,积极汲取一切外来有益文化成分,在吸收和融合中不断增强文化竞争力、创新力,在综合创新中重新构建起中华民族伟大复兴的文化新体系。因此,综合创新不是将中华优秀传统文化融入其它外来文化,或者机械照搬他国文化以拼凑,更不是以消解民族性文化这一主体,而是"建立相互吸收和相互发展的关系,共同形成世界的新文化"②。

总之,在社会主义现代化建设中,不断挖掘优秀传统文化内涵和价值,认真理解把握实践推动律这一"双创"规律的内容。不仅有助于推动优秀传统文化发展,提升优秀传统传统文化的生命力,而且还有助于社会主义先进文化的建设。实践推动律是中华优秀传统文化"双创"过程中改造客体文化发展的必要选择,可以为我们进一步研究挖掘保护律提供理论借鉴。

(三)挖掘保护律

从传承和发展中华优秀传统文化的过程上来看,现实的创造性转化既是实践主体根据优秀传统文化的形态创造性改造挖掘有形文化的活动,又是实践主体有意识地保护传统遗产文化的活动。在这一过程中挖掘保护遗产文化做到有机结合,是当前创造性转化、创新性发展优秀传统文化的必然趋势。从这一意义说,作为创造性转化、创新性发展主体的人在挖掘保护中华优秀传统文化对象客体的实践活动都必然要受到"挖掘

---

① 宴振宇、孙熙国:《传统文化创造性转化路径的思考》[J].《中国特色社会主义研究》2015年第6期,第58—61页。
② 《毛泽东选集》(第2卷)[M].北京:人民出版社,1991年版,第706页。

保护律"的制约。对中华优秀传统文化的挖掘保护始终是学术界关注的重点,也是有效开发研究古人遗留下物质和精神财富的重要举措。挖掘保护传统物质文化遗产也是正确处理人与自然关系的焦点。在实现中华优秀传统文化"双创"过程中,人作为实践主体在改造优秀传统文化这一对象客体的创造性实践活动中,挖掘有形优秀传统文化遗产和保护优秀传统文化遗产二者是一脉相承的,充分做到两者有机结合是实现中华优秀传统文化现代性转化发展的必然要求。当前,这一主题的研究较少,还没有形成"挖掘保护律"系统性研究成果。因此,进一步研究中华优秀传统文化"双创"挖掘保护律的内涵显得尤为必要,而深刻把握"挖掘保护律"的内涵是研究内在本质的逻辑基础。

1. "挖掘保护律"的基本内涵

所谓"挖掘保护律"是指在现实的文化实践活动中既是主体人创造性地挖掘改造传统文化的活动,又是有意识地保护传统文化的活动,实现创造性挖掘中华优秀传统文化与有意识地保护优秀传统文化的有机统一,是在中华优秀传统文化"双创"活动中,正确处理人与中华优秀传统文化之间关系的必然要求。"挖掘保护律"揭示了人作为"双创"主体,在挖掘中华优秀传统文化过程中存在矛盾的本质关系和内在必然性。这一本质和必然性是人在处理与传统文化关系过程中形成的,制约中华优秀传统文化现代转化的全过程。因此,只有现实地分析人在处理与优秀传统文化之间的关系,解决人与传统文化之间的矛盾的实践过程,才能深化对"挖掘保护律"基本内涵的认识。

其一,中华优秀传统文化"双创"主体在挖掘优秀传统文化的过程中,要处理好主体人与优秀传统文化之间的关系。在弘扬中华优秀传统文化的过程中,人挖掘优秀传统文化资源的对象性活动是有效改造文化客体的活动。中华优秀传统文化作为一种固然形态,由于自然侵蚀或历史原因等因素使其遭到损坏,如不科学挖掘保护,在不久的将来很可能会消失,意味着人类智慧的象征和财富的消失。人是具有主观能动性和创造性的存在物,可以根据社会发展需要不断地"占领住、修改它、改变它,改变它的形状,用自己学习来的技能排除一切障碍,因此,把外在事物变成他的手段,来实现他的目的"。[①] 从这一意义说,人与中华优秀传统文化之间的关系,人与中华优秀传统文化之间的矛盾,是现实社会发展的客观存

---

① 黑格尔:《美学》(第1卷)[M]. 北京:商务印书馆,1982年版,第229页。

第六章 中华优秀传统文化"双创"遵循的规律

在方式。人们在处理与中华优秀传统文化之间的关系,解决这一矛盾的过程,其出发点和落脚点是一致的。

其二,中华优秀传统文化的潜在价值与主体人的需要是有机统一的。一方面,人类挖掘优秀传统文化的目的在于传承保护优秀传统文化,使其发挥更大的时代价值,赋予其更强的生命力。人对中华优秀文化的需要不仅是挖掘中华优秀传统文化的动因,也是进一步弘扬中华优秀传统文化,提升我国文化软实力的动力。在处理人与中华优秀传统文化之间的关系上,解决人与中华优秀传统文化矛盾的实践活动中,人作为能动的存在物必然要基于自身文化需要,把自身的主观能动性和力量作用于改造对象的客体。创造性改造中华优秀传统文化,使优秀传统文化在性质上、形态上通过现代转化符合现代人的价值要求,从而提高人们的文化素养。因此,中华优秀传统文化的潜在价值既是人类挖掘改造传统文化的出发点,又是通过现代科技手段保护中华优秀传统文化的目的和归宿。另一方面,人作为一种有意识能动的存在物,也必然会认识到中华优秀传统文化的不可复制和替代性,是社会主义先进文化建设的重要资源。中华优秀传统文化是先辈们集体智慧的结晶,是社会生产力发展的集中体现,蕴含着古人改天换地的智慧,也为新时代治国理政提供重要借鉴。人们在处理与中华优秀传统文化关系的过程中,既是与古人对话、信息交流的过程,又是满足人的需要的过程。在解决人与优秀传统文化矛盾的实践活动中,人作为一种有意识、具有主观能动性的存在物,会基于人的需要利用现代科技手段更好地保护中华优秀传统文化遗产。

总之,挖掘和保护是解决人与中华优秀传统文化遗产之间矛盾的实践活动。只有结合当前社会主义现代化建设需要分析人与传统文化之间的关系,才能科学挖掘保护优秀传统文化,做到两者有机统一。进而准确把握"挖掘保护律"的内涵和实质。

2. "挖掘保护律"的实质

"挖掘保护律"作为中华优秀传统文化"双创"规律的内容,揭示了人与优秀传统文化改造的内在矛盾关系。在社会主义现代化建设中,挖掘保护中华优秀传统文化都是从当前先进文化建设需要为着眼点。从这一意义上说,"挖掘保护律"的实质在于揭示人与中华优秀传统文化现代转化之间的价值关系。

在实现中华优秀传统文化"双创"过程中,主体人对传统文化客体的改造是以满足人的需要为价值尺度的。而价值关系作为价值的表现形式,

"体现了人的活动中主观因素与客观因素的复杂交织,是主观因素与客观因素相统一的产物"。[1] 优秀传统文化作为主体改造的对象必须对社会发展有一定的价值,能促进先进文化建设,推动社会进步,满足社会群体的需要。人类社会文化的发展是人作为实践主体不断对以往文化改造发展的过程,也是人类挖掘保护中华优秀传统文化活动的有机统一。"挖掘保护律"揭示了人类文化发展的趋势,是实现中华优秀传统文化现代转化必须遵循的客观规律。社会主义现代化建设是"挖掘保护律"形成的客观基础,对中华优秀传统文化现代转化有一定的制约作用。因此,研究"挖掘保护律"的客观性不仅有助于把握其实质,也为进一步研究"挖掘保护"律形成的必然性提供理论基础。

其一,"挖掘保护律"揭示了人在改造中华优秀传统文化过程中处理好与优秀传统文化客体之间的关系,解决人在改造中华优秀传统文化中的内在矛盾。人与中华优秀传统文化之间关系的存在,是"挖掘保护律"形成的客观基础。社会主义现代化建设是促进挖掘改造中华优秀传统文化,保护中华优秀传统文化的现实根据。从这一意义而言,"挖掘保护律"作为中华优秀传统文化创造性转化内在的客观规律不仅是满足人的需要,而且也是不断促进社会主义先进文化建设这一客观性所决定的。

其二,"挖掘保护律"作为挖掘改造中华优秀传统文化与有意识地保护优秀传统文化两者有机结合的内在必然性,具有一般规律的客观性。在实现中华优秀传统文化现代转化的过程中,渗透着人们的主观因素,这意味着"挖掘保护律"的形成、存在及发挥作用是以人的主观意志为转移的。"挖掘保护律"总是作为一种本质的、必然的客观联系,存在于改造中华优秀传统文化的活动中,并发挥着积极作用。

其三,"挖掘保护律"的客观性,在中华优秀传统文化现代转化中同样表现它的不可违背性。"挖掘保护律"的存在及作用是客观的,是人们在实现中华优秀传统文化"双创"中必须要遵循的规律。那么,人们不可任意违背、更改,这是由"挖掘保护律"的特性所决定的。也就是说,在处理人与中华优秀传统文化关系时不能违抗"挖掘保护律"的客观性,不能摆脱"挖掘保护律"的制约。

总之,"挖掘保护律"作为处理人与中华优秀传统文化客体之间的关系。在中华优秀传统文化现代转化发展的过程中,人作为处理人与中华优秀传统文化关系活动的主体,只有认识和把握"挖掘保护律"本质的基础上,严格遵循这一规律,才能更好地、科学地保护中华优秀传统文化,使

---

[1] 赵家祥:《历史唯物主义教程》[M].北京:北京大学出版社,1999年版,第59页。

中华优秀传统文化在新时代焕发更大生机。

3."挖掘保护律"形成的必然性

"挖掘保护律"作为处理人与中华优秀传统文化之间矛盾关系的内在必然性,是在实现中华优秀传统文化现代转化中形成的。人与中华优秀传统文化之间"主体—客体"的对象性关系是"挖掘保护律"形成的实践基础。通过分析人与中华优秀传统文化之间的对象性关系能够理解和把握"挖掘保护律"形成的必然性。

其一,人与中华优秀传统文化的"主体—客体"对象性的关系是"挖掘保护律"形成的实践基础。中华优秀传统文化经历了数千年的发展与演变,在对其他民族与国家文化的吸纳与采撷过程中,构成了比较复杂的系统。随着人们物质生活水平的提高,人们对文化的需求日益凸显。中华优秀传统文化作为社会主义先进文化建设的重要资源,存在的载体既有"有形"的存在,又有"无形"的存在。"有形"的存在是指中华优秀传统文化的固态遗存,如固定在原建筑故址上的都城、陵墓等建筑物。"无形"的存在指中华优秀传统文化精神遗产,是中华民族集体智慧的结晶,其价值至今对人们的价值理念、思维方式、审美情趣等产生了重要影响。如何致力于新时代中华优秀传统文化的现代转换,首先对传统文化这一"有形""无形"的"客体"进行全面的普查、挖掘与保护,充分发挥"主体"人的主观能动性对优秀传统文化进行现代转换,充分发挥其当代价值。挖掘中华优秀传统文化,做到科学施测,才能从源头上获得广泛丰富的文化资源,采取科学有效的方法,更好地保护优秀传统文化。

建设社会主义文化强国,提升我国文化软实力,满足人们对文化的更高需求,就要挖掘优秀传统文化资源,并加以改造和现代转换,使其发挥当代价值。从这一意义上说,人们挖掘改造优秀传统文化资源和保护优秀传统文化遗产的实践活动,是人与优秀传统文化"主体—客体"对象性关系的现实表现。

其二,中华优秀传统文化作为现代转换的对象,既是人挖掘的目标,也是其保护对象,两者具有统一性。从文化发展的历程看,在不同的历史时期人与文化的关系有着不同的表现形式。这种人与文化的关系在不同历史的重构、演变体现了人类社会与人类文明的演进历程。随着生产力和科学技术的不断发展,形成于不同社会历史时期的中华优秀传统文化,在推动社会发展和文明进步中发挥重要作用。文化是民族的积淀,是历史的产物,有其阶级性。进入新时代,建设社会主义先进文化,更要体现以"人民为中心"的文化发展理念和价值观。运用现代科技理性认知挖掘中华优秀传统文化资源进行现代转换,助推文化强国战略建设,提升社会主义文化的影响力和凝聚力,使中华优秀传统文化发挥更大的时代价值,显得更为重要。近年来,随着城镇化进程的推进,一些地方政府和部门为了追求经济效益,忽略了对传统文物、建筑的保护,造成了大量传统街道、村落、胡同的破坏,导致了大量优秀传统文化遗产的遗失。因此,中华优秀传统文化作为中华民族独特的印记,人们在挖掘改造的过程中体现着二者的统一性和对立面。中华优秀传统文化由于种种原因遭到了破坏和遗失已给人类敲响了警钟。人毕竟是一种能动性的存在物,为了更好地满足自身文化发展的需要,要重新审视人与中华优秀传统文化之间的关系。

运用现代科技手段更好地保护中华优秀传统文化,让中华优秀传统延续长存。充分认识到优秀传统文化在国家文化建设的重要性,正确认识人与中华优秀传统文化这一改造和被改造的对立关系形成原因的理性反思,从而促进人们更加科学地挖掘保护优秀传统文化。基于此,我们要客观认识"挖掘保护律"形成的必然性,才能更好地保护优秀传统文化。

总之,研究中华优秀传统文化"双创"的"挖掘保护律"的基本内涵、本质和形成的必然性,为践行社会主义核心价值观和社会主义文化强国建设提供了规律遵循,在当前社会主义现代化建设中具有重要意义。

(四)价值尺度律

人们认识世界的目的在于改造世界,在改造世界的过程中提出了价值问题,价值是人们应当把握的主体与客体之间的一种特定关系。同时,价值又是引导人们从事中华传统文化"双创"过程中的动力因素和内在尺度。从尺度上看,当前中华传统文化创造性转化必然是作为实践主体的人遵循价值尺度去改造对象文化客体满足人的需要的过程。"价值尺度律"作为中华传统文化"双创"活动内在的客观规律不仅规范着传统文化现代转化的尺度,而且还制约着传统文化现代转化的内容。因此,以马克思主义为指导,结合当前社会主义先进文化建设需要,系统研究"价值尺度律"的本质及其客观性,不仅有利于丰富和发展马克思主义理论,而且对于建设社会主义文化强国具有重要现实意义。

第六章　中华优秀传统文化"双创"遵循的规律

1. "价值尺度律"的内涵及本质

马克思说:"'价值',这个普遍的概念是从人们对待满足他们需要的外界物的关系中产生的。"① 价值是一个关系范畴,在人的实践活动中,主体总是根据自身需要自觉地占有或改造客体,以满足自己的需要。主体的需要构成了价值的尺度,基于人的本性需要,正是主体人的内在价值尺度。人们在过去、现在以至将来所要奋斗的一切,均需以这一价值尺度作为最终衡量标准。所谓尺度,即是一种衡量标准,按照主体人的内在需要,衡量客体属性的价值并进行正确把握和判断。通过对价值和尺度的分析,使我们对价值尺度律有了更清晰的认识。在中华传统文化创造性转化过程中,价值尺度作为主体人来正确判断中华传统文化"双创"效果是否满足人的需要和促进社会主义文化发展,既是一种价值判断,又是对传统文化现代转化的正确评价。在中华传统文化"双创"中要挖掘优秀传统文化的精髓,发挥其当代价值,不仅要充分发挥自己的主观能动性去正确认识对象客体的属性和运动规律,而且要自觉遵循自身发展规律,最大限度地挖掘其价值。同时,在传统文化创造转化中,正确把握文化客体固有属性及规律,按照社会主义先进文化建设的要求,把握尺度原则和标准进行创造性活动才能更好地实现价值与尺度的统一。因此,中华传统文化"双创"活动中所必须遵循的价值与尺度的统一性是"价值尺度律"完整的科学内涵。作为中华传统文化"双创"内在客观规律的"价值尺度律"就是指在实现传统文化现代转化的过程中,作为实践主体的人在改造对象文化客体的过程中最大限度地考虑其属性、本质、功能以满足人的需要,充分发挥主体能动性,遵循客观规律创造价值和把握尺度,从而最终实现价值与尺度的统一,实现合目的性与合规律性的统一。

"价值尺度律"作为中华传统文化"双创"活动客观规律的内容,在于揭示"双创"过程中主体与客体之间相互作用的本质关系和内在必然性。在中华传统文化现代转化中主要体现在:(1)"价值尺度律"揭示了现实主体人的需要与对象客体属性统一的本质关系。在中华传统文化"双创"过程中创造转化的成果主要以满足人的需要为目的,也是在转化改造对象客体时使其朝着符合主体需要的对象性活动。人作为创造转化的主体在遵循"价值尺度律"不断改造客体的过程中,不仅要满足主体发展的需要,同时,也要符合客体本身属性和运动规律,从而达到中华传统文化

---

① 《马克思恩格斯全集》(第19卷)[M].北京:人民出版社,1963版,第406页。

"双创"主体需要与对象客体属性的统一。(2)"价值尺度律"揭示了传统文化现代转化与社会主义先进文化建设的本质关系。传统文化的价值判断标准往往带有一定的时限性,与当前社会主义文化建设既有共性又有差异性。在传统文化现代转化过程中主体人要根据社会主义先进文化建设的需要,有选择地对其客体进行创新性发展,使其符合当前文化建设的需要。充分发挥传统文化的现代价值,并符合当前人们的价值取向,在创造转化创新发展中做到传统价值与当前人们价值选择的有效统一。可见,人作为中华传统文化"双创"的主体在对传统文化进行现代转化过程中,不仅要遵循和符合个体主体需要尺度,而且还必须要遵循社会整体需要的尺度;不仅要强调充分发挥主体人的主观能动性,而且必须承认社会发展规律和遵循文化客体属性对主体活动的制约性。只有这样,中华传统文化现代转化才能落到实处,力显其时代价值。

2. "价值尺度律"的客观性

辩证唯物主义认为,事物的运动规律是客观的。"价值尺度律"是在人们改造文化实践活动中形成的,人类实践活动的现实性决定着"价值尺度律"的客观性。中华传统文化"双创"作为人类文化实践活动的一种方式,在中华传统文化创造性转化过程中必然受"价值尺度律"的制约,这也是客观的、不可逾越的。从马克思主义文化观层面研究和探讨"价值尺度律"的客观性不仅有利于揭示"价值尺度律"的本质,也为进一步研究其他规律提供理论基础。

首先,"价值尺度律"作为中华传统文化"双创"的本质关系和内在必然性,是在人的有意识有目的的创造性转化、创新性发展中形成的,也必然通过人的目的性活动发生作用。在中华传统文化创造性转化中,虽然主体人具有主观能动性,但"价值尺度律"作为其内在必然性绝不是以个人意志而形成、存在和发挥作用的。而是作为一种本质的、必然的客观联系存在,存在于中华传统文化"双创"之中,并且也是作为一种本质的、必然的客观力量在发挥作用。因此,"价值尺度律"的形成、存在和作用都是客观的、必然的,是不以人的主观意志为转移的。

其次,"价值尺度律"作为中华传统文化"双创"的客观规律是在现实的实践活动中形成、存在和发挥作用的,而这一现实性决定了"价值尺度律"的客观性。在中华传统文化现代转化的过程中,"双创"的主体,"双创"的客体和"双创"的手段等内在要素是一种相互作用的关系,"价值尺度律"作为其内在规律必然要揭示和"双创"过程中各要素相互作用的客观内在矛盾关系。同时,我们要充分认识到"价值尺度律"的客观性也是由其内在各要素的客观性决定的。在中华传统文化"双创"中不管是主体人、客体和手段都是客观存在的,并在各自位置发挥着重要作用。我们在研究中发现,实现中华传统文化"双创"离不开一定的社会环境和社会联系,社会环境和社会联系的客观性也决定了"价值尺度律"的客观性。在新的历史时期,人对高品质文化需要的产生不是由人的主观意志所决定的,而是取决于作为"双创"主体的人所处的历史时代、社会环境、社会地位和文化素养等客观因素所决定的。

最后,"价值尺度律"的客观性还表现在不可抗拒性。既然"价值尺度律"的存在及其作用是客观的,是中华传统文化"双创"活动中发展必须遵循的趋势,那么,它就具有不可抗拒性。因为在优秀传统文化现代转化中既要考虑转化的对象,又要考虑转化之后的社会正能量,产生的社会效应。在中华传统文化"双创"过程中"价值尺度律"发挥着重要作用。因此,中华传统文化"双创"成果的运用也无法摆脱"价值尺度律"的制约。

总之,"价值尺度律"作为中华传统文化"双创"规律的内容,不仅制约着优秀传统文化转化发展主体的选择性,也对文化客体的定位给予了价值标准。人作为实践主体在遵循"价值尺度律"进行"双创"活动中只有做到合目的性、合规律性、合规范性的要求,才能实现中华传统文化创造性转化、创新性发展,让转化成果在新的时代发挥更大价值。

(五)融合创新律

历史和实践证明,一个国家在政治、经济、文化上善于融合创新,就能不断增强国力,反之,会就落后衰败。融合创新是民族文化永葆生机的灵魂和不竭动力,对民族文化发展起到巨大的推动作用。在现代化建设中,如何在保存中华优秀传统文化内核的同时,结合时代发展需要进行融合创新以实现中华优秀传统文化的现代化,这是横亘在我们面前必须要解决的问题。"融合创新律"作为中华优秀传统文化现代转化发展的规律,在坚守中华优秀传统文化本根的同时,以唯物辩证法为理论基础进一步研究"融合创新律"的基本内涵、本质以及形成的必然性。不仅有利于中华优秀传统文化的融合创新发展,而且有利于文化的交流互鉴,提升中华文化的国际影响力。

1. 融合创新律的内涵及本质

文化的本质在于创新。提高中国特色社会主义文化的竞争力和创新力，实现社会主义文化的大繁荣大发展，必须坚持马克思主义文化观为指导，吸收借鉴一切外来优秀文明成果，继承古今一切优秀文化成果，实现中华优秀传统文化的融合创新。当前，结合社会主义现代化建设需要创新出适应新时代人们精神文化需求的中国特色社会主义文化成果，既是对中华优秀传统文化的继承发展，也是建设文化强国的必然要求。融合创新律作为中华优秀传统文化"双创"的基本规律，是在遵循事物发展客观规律的基础上，对古今中外优秀文明、文化成果比较地、理性地汲取，有效结合社会主义文化建设需要进行现代转化创新。所谓"融合创新律"是指吸取中华优秀文化的基本元素结合当前先进文化建设需要，通过创造性的融合，在转化创新中使各元素之间相得益彰，从而使创新系统的整体功能在文化建设中发挥更好作用，形成独特的创新能力和核心竞争力，是实现中华优秀传统文化现代转化过程内在必然性和发展的必然趋势，是中华优秀传统文化"双创"过程的内在客观规律。

中华优秀传统文化的融合创新只有建立在中国特色社会主义伟大实践的基础上，才会焕发出生机。在新的时代背景下，新问题、新情况不断出现，融合创新必须从当前中国社会发展的实际出发致力于解决新问题、新情况，才能推动优秀传统文化的现代转化，助力于中国特色社会主义文化的发展。在现代化语境中，文化的现代化也是人的现代化。随着人们对生活方式、精神风貌、人文气质的不断追求，传统社会中的简朴生活方式、修身养性的理念越来越受到现代都市人们追求的生活目标。中华优秀传统文化转化现代文化需要融合创新，融合创新的本质是不断提升优秀文化的内涵，促进中华优秀传统文化的发展，提升中华文化的竞争力。融合创新是事物发展必然环节，也是马克思主义汲取中华优秀传统文化实现马克思主义中国化的重要衔接点。融合创新律是一种开放创新思维规律，既能够坚守中华文化立场，又能够兼容并包不断结出"文化创新之果"。[①]也就是说，融合创新律作为中华优秀传统文化"双创"的内在规律，是中华优秀传统文化创造性转化内在本质必然的发展趋势。在遵循文化发展规律的基础上，融合社会主义先进文化建设需要，在继承优秀文化要

---

① 李江涛：《当代文化发展新趋势研究》[M].北京：中央编译出版社，2009年版，第255页。

第六章 中华优秀传统文化"双创"遵循的规律

素基础上,又充分汲取异质文化的有益成分。通过融合创新使中华优秀传统文化能够不断地实现现代转化,并以现代文化的新形态来弘扬中华优秀传统文化,使优秀传统文化展现出时代气息和现实内涵。

"融合创新律"是促进中华优秀传统文化"双创"遵循的基本规律,在一定的程度上规范保护着民族文化的延续发展,引导中华优秀传统文化未来发展的路径。因此,立足中国特色社会主义伟大实践这一现实基础,准确把握中华优秀传统文化创造性转化、创新性发展"融合创新律"的内涵及本质,从而为进一步研究融合创新律的形成提供理论支撑。

2.融合创新律形成的实践基础

既然"融合创新律"是中华优秀传统文化"双创"规律的重要内容,它必然是在人类文化实践活动中形成的。中国特色社会主义现代化建设的伟大实践是系统把握和研究"融合创新律"形成的实践基础。

其一,以"人民为中心"是融合创新律形成的现实基础。为人民服务、为社会主义现代化建设服务不仅是中华优秀传统文化"双创"的旨归,也是融合创新律形成的实践基础。融合创新是增强中华文化竞争力和生命力的不竭之源,中华优秀传统文化的转化要坚持以"人民为中心"的服务理念,在融合其他外来文化的基础上按照对人民、对社会发展有益的要求来创新。中华优秀传统文化转化发展离不开广大人民群众,马克思唯物主义历史观鲜明指出人民群众是历史的创造者。人民群众在社会历史实践中创造了光辉灿烂的优秀传统文化,凝聚了中华民族的智慧结晶,对集体智慧结晶的阐发同样需要人民群众这一主要的创造者。融合创新律是在坚守优秀传统文化价值内涵的同时,汲取不同文化特点,按照时代发展要求,赋予其新的时代内涵,以符合现代文化发展的形式得以呈现的。中华优秀传统文化现代转化要按照人的发展要求来融合创新。中华优秀传统文化转化的时代任务是"以文化人",充分发挥中华优秀传统文化的价值以提高人的综合素质,推进美好生活的建设和实现人的全面发展。中华优秀传统文化的现代转化也必须按照人民现实需要这一趋势来推进,以符合现代人的诉求,才能更有生命力。

其二,建设社会主义文化强国是融合创新律形成的实践基础。中华优秀传统文化"双创"要紧紧围绕社会主义文化强国建设来展开,而社会主义文化强国建设即是理论与实践的有机统一。马克思主义历史观不仅鲜明指出了人民群众是历史的创造者,也验证了人民群众集体智慧的结晶更是源于实践。社会主义文化强国建设是遵循"融合创新律"这一客观规律来践行的,中华优秀传统文化的融合创新为社会主义先进文化建设注入活力和生机,这一融合创新不仅是理论的创新,同时也是实践的验证。文化理论的先进性只有通过实践的检验,如在日常生活中人们的认识活动必须要与实践紧密结合,才能透过事物的现象,把握事物的本质和规律,证明文化的先进性。而"融合创新律"不仅揭示了各种文化要素、特质的本质关系,也进一步指明了在中华优秀传统文化"双创"过程中,做到不同文化要素之间的融合才能构建一个符合时代发展需要的文化创新体系。因此,"融合创新律"是中华优秀传统文化"双创"为社会主义文化强国建设服务必须遵循的客观规律。优秀传统文化的转化要为社会主义现代化建设服务,才有利于社会主义核心价值观的建设,中华优秀传统文化的现代转化才会有更大意义。

  总之,中华优秀传统文化"双创"规律的内容作为中华优秀传统文化现代转化的内在客观规律,揭示了中华优秀传统文化"双创"过程中各要素之间的本质关系。通过对中华优秀传统文化"双创"需求内驱律、实践推动律、挖掘保护律、融合创新律的系统研究,有助于深化对马克思主义唯物辩证法规律的认识,丰富和发展马克思主义文化观的研究,有助于社会主义文化强国建设,对推动社会主义现代化建设具有极为重要的意义。

第七章 中华优秀传统文化"双创"的机制与途径

中华优秀传统文化"双创"是推进社会主义文化强国建设、凸显中华优秀传统文化的当代价值、坚定文化自信的一项重大工程,也是一项必须通过一定机制和途径而完成的重大战略任务。具体而言,在中华优秀传统文化"双创"的过程中,必须发挥马克思主义的指导机制、依靠人民的主体机制、齐心戮力的协调机制和实践创新的动力机制,通过做好国家顶层设计、融入日常社会生活、贯穿国民教育始终、运用现代科技手段、推动中外文化交流互鉴等,实现"双创"途径的多样化,切实增强其实效性。

一、中华优秀传统文化"双创"的机制

在马克思主义哲学体系中,"'机制'作为'原则'的体现总是相对于事物运动过程中特殊矛盾而言的,是一种比'方法'更高层次的方法论范畴"。[1] 实现中华优秀传统文化"双创"需要科学的机制作为保障。中华优秀传统文化"双创"的机制是由指导、主体、协调、动力等内在要素体系相互作用而构成的。这些要素相互联系,形成了中华优秀传统文化"双创"的马克思主义的指导机制、依靠人民的主体机制、齐心协力的协调机制和实践创新的动力机制等作用机理。中华优秀传统文化"双创"过程中形成的"双创"机制在"双创"的动态过程,为进一步研究中华优秀传统文化"双创"提供了科学保障。

---

[1] 龚振黔、孙树文:《实践规律研究》[M].贵阳:贵州人民出版社,2012年版,第33页。

（一）马克思主义的指导机制

实践再一次证明,马克思主义是科学的世界观和方法论,是指导中国革命、建设和改革发展取得巨大成就的法宝,社会主义先进文化建设离不开马克思主义的科学指导。而优秀传统文化为社会主义先进文化建设提供丰厚资源。因此,在新时代,运用马克思主义立场、观点和方法指导中华优秀传统文化"双创"是符合文化发展规律和趋势的。

1. 坚持马克思主义的指导机制,是弘扬中华优秀传统文化的理论基础

坚持马克思主义理论指导,是实现中华优秀传统文化"双创"的理论前提,是不断提升中华优秀传统文化转化、创新发展的科学指南。从提高国家文化软实力、社会主义先进文化建设来看,马克思主义和中华优秀传统文化都属于先进文化的范畴,是社会主义现代化建设的科学指南和文化建设的重要资源,二者在中国特色社会主义现代化建设中都发挥着重要作用,但其地位有所不同。马克思主义是科学的世界观和方法论,是指导中国革命、建设和改革的实践理论基础,是指导我们实现富民强国的行动指南。中华优秀传统文化处于基础地位,为先进文化建设提供重要元素。优秀传统文化的基础地位是本民族长期生产实践的结晶,体现着民族的内在特质和精神品格,在国家文化建设中发挥着应有的价值。当前,优秀传统文化的传承发展需要与时俱进的理论品格,才能增强其生命力。

当代中国,只有马克思主义能引领社会主义先进文化建设的方向。回顾改革发展的历程,在社会主义现代化建设中虽经历波折,但依然取得了辉煌成就,展望未来社会主义现代化建设充满着无限生机。实践证明,"中国特色社会主义的指导思想和理论基础是马克思主义"[①]。在中华优秀传统文化"双创"中要坚持马克思主义理论的指导。

文化具有传承性,带有民族的印记,体现了文化的民族性。任何一种文化的产生都与社会发展紧密相连,是对社会历史发展的反映,蕴含着民族优秀传统的基因。中华优秀传统文化历史悠久,有独特的文化心理和思维方式,为社会主义先进文化建设提供重要价值资源。中华优秀传统文化"双创"必须遵循文化发展规律和正确的价值导向,以马克思主义科

---

① 林毓生:《中国传统的创造性转化》[M].北京:三联书店出版社,2011年版,第364页。

第七章 中华优秀传统文化"双创"的机制与途径

学的世界观和方法论为指导,在当前先进文化建设中不断提升中华优秀传统文化的内涵。

2. 坚持马克思主义的指导机制,加强文化转化发展的环境机构建设

文化的传承和发展需要良好的文化底蕴和社会环境,坚持马克思主义的指导机制,不断加强文化发展的环境机构建设,是实现中华优秀传统文化"双创"的现实基础。根据社会主义文化强国战略需要,设立优秀传统文化相关研究机构,如科研院所、文化书院、研究协会等一批具有科研创新实力的单位来弘扬优秀传统文化并提供科研平台。

根据人民对不同层次文化需求,不断加强文化公共基础设施建设,如博物馆、纪念馆等来开展各种文化宣传,以更好满足广大人民群众的文化需要,这些研究机构和展览机构为中华优秀传统文化的"双创"营造和谐的环境氛围。结合高校课程设置,按照国民教育要求实施让中华优秀传统文化"三进"即进教材、进课堂、进头脑。通过系列讲座、研读传统经典等形式使优秀传统文化精华与现实生活相适应。在塑造师生品德养成方面,注重加强中华优秀传统文化的道德认知和情感熏陶,强化对中华优秀传统文化的认同感,不断促进广大青年师生对中华优秀传统文化的理解。使中华优秀传统文化"双创"贴近群众生活,反映群众所需,形成一种双向动力,促进中华优秀传统文化的"双创"。

通过塑造良好的环境氛围,使中华优秀传统文化"双创"能够落到实处,真正形成弘扬优秀传统文化精髓的氛围。

3. 坚持马克思主义的指导机制,加强中华优秀传统文化转化发展的制度建设

中华优秀传统文化的转化创新需要强有力的制度支撑才能更好运行,在社会发展中产生实际效果或作用。综合国力的竞争需要提升文化的竞争力,中华优秀传统文化为中国特色社会主义文化强国建设提供优质资源。在中华优秀传统文化"双创"过程中,要不断完善符合现代文化发展的制度保障和体制机制体系,为中华优秀传统文化转化发展提供完善的制度保障和创新驱动发展渠道,在新时代树立新的文化传统,对于促进中华优秀传统文化的"双创"是一个重大时代课题。"实现传统道德伦理的创造性转化,一个重要的环节和条件是要确立起一定的制度设

置。"① 坚持马克思主义的科学指导机制,实现中华优秀传统文化的现代性转换,要有健全开放的制度体系和科学的文化体制规范。在制度体系建设上坚持马克思主义意识形态的指导,深化文化体制机制改革,建立健全中华优秀统文化研究传播机制和科学有效的管理机制,提升中华优秀传统文化服务于现代化建设的能力,形成中华优秀传统文化"双创"的制度创新体系,使优秀传统文化的转化发展更加科学和规范。

站在新的历史起点上,坚持马克思主义的指导机制,大力弘扬中华优秀传统文化,不断丰富和发展马克思主义文化观的时代内涵,更好推进中华优秀传统文化"双创"实效性,提高文化的竞争力。

(二)依靠人民的主体机制

中华优秀传统文化现代化转化必须发挥人民在文化建设中的重要主体作用,坚持文化发展依靠人民、文化成果由人民群众共享的文化发展理念。习近平总书记强调:"坚持以人民为中心,人民是历史的创造者,是决定党和国家前途命运的根本力量。"② 中华优秀传统文化创造性转化、创新性发展的主体是人民。中华优秀传统文化的现代化转换必须充分发挥人民主体作用,以及中华优秀传统文化现代转化需要人民等机制来推进中华文化繁荣发展,共建社会主义文化强国。

1. 中华优秀传统文化转化创新要充分发挥人民群众主体作用的积极性

在中华优秀传统文化转化创新中,人民群众处于最关键、最核心的地位,人既是文化创造的主体,又是文化创新的主体,这一双重主体决定了人在"双创"中的主导性。坚持人民主体地位,发挥人民主体作用是符合唯物史观这一基本原理的,也是观察分析问题的方法论。确立人民历史主体地位,强调人民群众作用,正如恩格斯所言,人民群众"正是在这个喧嚣的舞台背后悄悄地进行的,并且起着真正的推动作用",③ 人民群众是历史的创造者,是推动社会发展的根本力量。习近平总书记指出"人民

---

① 魏志奇:《让道德软实力激发正能量—专家学者谈"实现中华传统美德的创造性转化"》[N].《北京日报》2014-03-10(18)。
② 《中国共产党第十九次全国代表大会文件汇编》[G].人民出版社,2017年版,第17页。
③ 《马克思恩格斯文集》第9卷[M].北京:人民出版社,2009版,第166页。

既是历史的创造者,也是历史的见证者;既是历史的'剧中人',也是历史的'剧作者'"。[①]在社会主义文化建设中,人民群众是主体,要充分发挥人民群众的创造、创新作用。在社会主义文化强国建设中,尊重人民群众在优秀传统文化转化创新中的首创精神,发挥其主动性,创造更多符合人民群众需要的高品质文化。

在这"双创"过程中,充分发挥人民群众的主观能动性,遵循文化多样化的发展趋势,契合群众生活需要赋予优秀传统文化新面貌、新内涵、新形式。在中华优秀传统文化现代化转化中应积极发掘人民群众首创精神,培养传播社会主义先进文化建设需要的人才,为社会主义先进文化建设注入新鲜血液,为弘扬中华优秀传统文化发挥重要作用。

2. 中华优秀传统文化转化创新发展要依托人民

人民是文化创作的活水源头,一旦脱离这一主体,文化就会变成无根的浮萍,会失去生命力。列宁说:"艺术是属于人民的,它必须在广大劳动群众的底层有其最深厚的根基……并使他们得到发展。"[②]在人民日常生活中存在着文化创造创新的大量素材,文化创造要扎根这一现实基础,才能创造出更多喜闻乐见的作品,真正让文化贴近群众现实生活。

中华优秀传统文化的创造转化必须依托人民。随着人们生活水平不断提高,人民对文化产品需求不单是数量和形式的多样化,越来越对文化的质量、品味、风格提出了更高要求。人民对文化价值的判断与选择给优秀传统文化转化发展提出了新的挑战,优秀传统文化现代转化创新要给人们一个独特的视域,通过书法、国画等传统文化瑰宝去吸引人、感染人,在作品中阐发中国精神、展现中国风貌,加深人们对中华文化的认识和理解,并体现时代精神。因此,文化只有植根于现实生活、紧跟时代潮流,才能满足人民需要,才能更好传承。

中华优秀传统文化要坚持以人民为中心来实现创新发展,必须坚持文化创新以满足人民需要为着眼点,依靠人民来推动创新。中华优秀传统文化的现代转化创新,要符合人民需要的价值趋向才能有广阔的发展空间。因此,考察不同民族、群体对文化的需求是必不可少的环节,这一环节的考察,决定了优秀传统文化转化创新的层次和对象。掌握人民群

---

① 习近平:《谈治国理政》第二卷[M].北京:外文出版社,2017年版,第314页。
② 蔡特金:《回忆列宁》(《列宁论文学与艺术》)[M].北京:人民文学出版社,1960年版,第912页。

众对文化层次的需求,这样创新的文化才具有生命力。中华优秀传统文化历经岁月的洗涤传承至今,是由广大人民群众不断传播与发展的结果,在滚滚历史潮流中人民群众运用集体智慧和力量来创新文化,并赋予其新的时代内涵。

3. 中华优秀传统文化转化创新发展要服务于社会主义现代化建设

中华优秀传统文化的转化创新发展要服务于当前中国特色社会主义现代化建设的全局,必须要从这一全局出发,做到因时因地制宜,是中华优秀传统文化转化创新发展的内在要求和发展趋势。

当前建设文化强国需要是对中华优秀传统文化转化发展精准定位目标的要求。毛泽东同志指出:"真正的理论在世界上只有一种,就是从客观实际抽象出来又在客观实际中得到了证明的理论,没有任何别的东西可以称得起我们所讲的理论。"[①] 理论的创新离开客观实际谈理论创新都是空洞不可想象的。在建设文化强国中的中华优秀传统文化资源是中华优秀传统文化转化发展的客观依据,如果脱离这一客观依据,中华优秀传统文化的转化发展将失去意义。

理论创新的目的和检验理论科学的依据主要依托社会实践。中华优秀传统文化转化创新发展的价值,在于能够为社会主义现代化建设提供人文精神支持,提供科学有效解决问题的方案。服务社会发展是中华优秀传统文化转化发展的价值所在,实现中华优秀传统文化现代转型是文化强国战略的必然要求。实现转化的有效性要看在社会主义现代化建设中是否有利于解决现实中遇到的问题,在全面建成小康社会的决胜阶段和"两个一百年"奋斗目标中能否给人们提供精神鼓舞和智力支持。因此,中华优秀传统文化转化发展是新时代发展的真切呼唤,是实现中华民族伟大复兴的迫切需要,也是检验中华优秀传统文化在新时代的价值判断标准。

总之,依靠人民主体机制推动中华优秀传统文化转化创新发展是符合社会主义现代化建设这一客观现实需要的。新时代建设社会主义文化强国,要坚持文化发展为了人民,文化创新依靠人民。中华优秀传统文化现代转化发展必须依托人民群众这一主体。文化创新要立足现实,又要超越现实,明确文化发展的方向。因此,依靠人民主体指导机制,坚持以人民为中心的文化发展方向,鲜明地体现出党的文化政策和文化创新的

[①] 《毛泽东选集》第 2 卷[M].北京:人民出版社,1991 年版,第 181 页。

第七章　中华优秀传统文化"双创"的机制与途径

发展理念。

(三)齐心勠力的协调机制

在实现中华优秀传统文化"双创"过程中,需要"双创"主体共同参与和配合,"双创"主体在社会中所处地位不同,给优秀传统文化"双创"带来一定的难度。协调不同主体在中华优秀传统文化"双创"中的关系,是实现中华优秀传统文化"双创"的重要因素。本书在研究齐心勠力的协调机制过程中参考了鞠忠美学者的党和国家、传统文化工作者、人民群众在传统文化转化创新中所发挥的作用不同,这些相关研究机制成果对本书研究协调机制问题给予了很大启发。在中华优秀传统文化"双创"过程中"国家、优秀传统文化工作者、人民群众分别以其各自的方式推动着优秀传统文化的繁荣发展,三者之间相辅相成,处于社会统一体中"。[①] 由于其所处的地位和作用不同必须要加以科学协调,使其发挥更好的作用,以推动中华优秀传统文化"双创"工作。

1. 树立国家在中华优秀传统文化"双创"中的主导地位

其一,在实现中华优秀传统文化"双创"中,国家能提供法律制度保障。中华优秀传统文化"双创"是在批判继承的基础上,结合现代化建设需要进行创造与创新,实现优秀传统文化成果转化,满足人民需求,推动社会主义文化繁荣发展。中华优秀传统文化转化发展必须要有相应的法律制度给以规定和保障,才能实现各项工作的顺利开展。相对于其他组织机构,国家具有较强的政治优势。中华优秀传统文化研究与开发涉及面较广,牵涉到不同群体的利益,需要社会各部门协调配合,需要政府主管部门的支持。基于此,党和国家可以通过政策法规的制定等形式发挥其在中华优秀传统文化"双创"中的主导作用。有了国家各主管部门法律制度的保障,中华优秀传统文化转化创新才能落到实处。因此,只有坚持国家的主导地位,中华优秀传统文化"双创"工作才能顺利开展,中华优秀传统文化"双创"成果才能更好转化。

其二,在实现中华优秀传统文化"双创"中,国家具有经济优势和文化资源。实现中华优秀传统文化"双创"不仅要有法律制度提供政策保障,

---

[①] 鞠忠美:《中华传统文化创造性转化创新性发展实现机制研究》[D].山东大学,2018年,第95-100页。

而且要有大量的财政支持和提供丰厚的文化资源。这些财政和文化资源不是一般社会团体能够提供的。从实现中华优秀传统文化"双创"来看,需要投入大量的人力、物力和财力,国家政府根据"双创"所需经费情况,提供经济支撑,确保其有序进行。由于我国文化资源分布比较广,在优秀传统文化挖掘与研究过程中难度大,需要当地各部门的大力支持和配合,这些都需要政府有力协调。政府不仅掌握着丰富的文化资源,而且牢牢掌握文化话语权,能够通过舆论媒体平台宣传中华优秀传统文化"双创"的成果,更好地得到社会各界的广泛认同和参与。

其三,在中华优秀传统文化"双创"过程中,国家居于主导地位,是这一特殊主体所决定的。"文化在国家和社会发展中的重要地位与作用,要求党和国家加强文化建设"。[①] 文化属于意识形态的范畴,在社会主义现代化建设中居于重要地位。"推动中华优秀传统文化创造性转化、创新性发展……更好构筑中国精神、中国价值、中国力量,为人民提供精神指引。"[②] 文化本身具有的重要性决定了在中华优秀传统文化转化发展中要以马克思主义为指导。文化在社会发展中发挥怎样的作用不仅取决于文化的性质,也取决于文化掌握在哪个阶级手中。中国共产党是工人阶级的先锋队,代表着广大人民的根本利益,带领中国人民从站起来到富起来再到强起来的伟大转折,实践证明只有社会主义制度才能让中国走向富强,只有中国共产党才能带领中华民族实现伟大复兴。建设文化强国需要优秀传统文化丰厚的文化资源,在坚持马克思主义文化观引领的同时,树立国家主导地位是实现中华优秀传统文化"双创"的重要保障,也是建设社会主义文化强国的必然要求。

2. 确立优秀传统文化工作者在中华优秀传统文化"双创"中的特殊地位

在实现中华优秀传统文化"双创"过程中,传统文化工作者处于中坚力量。这一中间力量包含对优秀文化知识的掌握、在社会发展中所肩负的文化传承责任、文化创新精神等这一特殊地位所决定的。

其一,优秀传统文化工作者是实现中华优秀传统文化"双创"的中坚力量。实现中华优秀传统文化"双创"以马克思主义为指导,在批判继承

---

① 鞠忠美:《中华传统文化创造性转化创新性发展实现机制研究》[D].山东大学,2018年,第96页。
② 《中国共产党第十九次全国代表大会文件汇编》[G].人民出版社,2017年版,第19页。

第七章 中华优秀传统文化"双创"的机制与途径

传统优秀文化的基础上,通过创造与创新将其转化的成果服务于当前社会发展,运用于人们的生产生活实践中,促进现代化建设的进程,充分发挥文化的教化与育人功能。中华优秀传统文化"双创"是一项系统而复杂的工程,需要工作者具有专业化的知识和深厚的文化功底,而优秀传统文化工作者具备了这一工作性质的要求,为实现中华优秀传统文化"双创"提供基础条件。优秀传统文化工作者已有的研究成果可以为"双创"提供理论借鉴,可以在实践中提供理论指引。优秀传统文化工作者是推动社会主义先进文化建设的生力军,是当前建设社会主义文化强国的中坚力量。

其二,传统文化工作者对文化知识的掌握程度与肩负文化传承的责任使其在实现中华优秀传统文化的"双创"过程中能够发挥中坚力量的作用。一方面,在知识储备和文化素养上,优秀传统文化工作者具备较强的理论知识功底,并能很好地指导中华优秀传统文化的创造与创新实践活动。同时,优秀传统文化工作者对国家文化发展政策方针把握得比较准,能更好地将中华优秀传统文化与当代社会发展相结合,为中华优秀传统文化"双创"提供条件。另一方面,从历史责任担当来说,优秀传统文化工作者往往具有浓厚的家国情怀,对文化发展具有不可推卸的责任感和担当意识,更有传承中华文化的历史使命感。古代先辈们各家学派思想的创立者,近代为中国救亡图存的请命者,为现代化建设的开拓者,都以其历史责任感通过不同的方式推动中华文化的发展。可以说,正是知识分子所具有的文化素养和历史担当不断推动中华文化走向辉煌。因此,优秀传统文化工作者的文化知识功底和文化传承责任也必然在中华优秀传统文化"双创"中发挥着中坚力量。

其三,优秀传统文化工作者的创新精神在实现中华优秀传统文化"双创"过程中能够担当中坚力量。在中国特色社会主义现代化建设中,对中华优秀传统文化既不能全部拿来,又不能弃而远之,要在批判继承的基础上辩证取舍。新时代,建设文化强国,提升我国文化在国际上的竞争力和影响力对当前文化建设提出了更高要求。优秀传统文化工作者作为文化的研究者和传播者具有创新精神。习近平同志在2016年的知识分子、劳模、青年代表座谈会上提到,"勇立潮头、引领创新,是广大知识分子应有的品格"。[1] 作为新时代的知识分子更应该增强创新精神,这是文化工作者必须具备的素养。中华优秀传统文化"双创"离不开优秀传统文化

---

[1] 习近平:《习近平在知识分子、劳动模范、青年代表座谈会上的讲话》[N].《人民日报》2016-04-30(02).

工作者的创新精神,这一创新精神是建设文化强国的重要力量。

因此,"对担负文化传承使命的知识人士来说,唯有站在民族的和文化的立场,才能焕发自己的人格精神,才有可能获得与世界文化对话的平等资格"。①

3.人民群众是中华优秀传统文化"双创"的根基

人民群众是实现中华优秀传统文化"双创"的根基,是任何社会力量都无法替代的,这由人民群众这一特殊性质所决定的,主要表现在以下几个方面。

其一,人民群众的物质生产实践活动为实现中华优秀传统文化的"双创"提供物质保障。人民群众所创造的物质财富为人类社会的存在与发展提供了基础保障,通过物质生产实践活动为文化创造者提供物质保障,通过实践活动为文化创造者提供价值判断标准。实现中华优秀传统文化"双创",是一个系统工程,"需要社会各群体、各部门等多个环节相互配合、通力合作",②才能实现中华优秀传统文化"双创"工作。人民群众所生产的一切物质资料为"双创"提供了有力保障。

其二,人民群众在社会实践中践行着中华优秀传统文化的"双创"发挥着根基作用。人民群众既是文化的创造者,又是文化的践行者。中华优秀传统文化"双创"的出发点和落脚点是推动社会主义文化强国建设为目标。文化创新动力源于人民群众的现实需要,也必须符合人民立场、为社会主义服务这个根本方向。中华优秀传统文化"双创"过程离不开人民群众的广泛参与,在这一过程中人民群众起着双重效用:一方面,自觉地置身于"双创"过程中,并提供基本物质保障;另一方面,在社会实践活动中自觉践行着"双创"成果并为其价值作出判断,充当着价值的尺度,助推着中华优秀传统文化传承发展。人民群众这一双重效应为中华优秀传统文化"双创"提供了有利条件。

总之,在中国特色社会主义现代化建设道路上,建设文化强国,必须遵循人民群众是历史的创造者这一唯物史观原理。中华优秀传统文化"双创"是一项系统工程,需要坚持国家的主导地位,坚持让优秀传统文化工作者发挥中坚力量作用,坚持人民群众根基和核心地位等三位一体的齐

---

① 刘梦溪:《大师与传统》[M].桂林:广西师范大学出版社,2013年版,第38-39页。
② 鞠忠美:《中华传统文化创造性转化创新性发展实现机制研究》[D].山东大学,2018年,第103页。

第七章 中华优秀传统文化"双创"的机制与途径

心勠力协调机制为保障,才能更好完成这一工程。

(四)实践创新的动力机制

所谓实践创新是遵循真理与价值的标准,在实践活动中创造出新的工艺产品、产生新事物以满足人民的需要,是一种践行理论创新实践活动的过程。改革开放的伟大实践既是践行理论的过程,又是理论创新的过程。"实践的创新必然导致理论的创新,这是理论发展的规律。"[①] 因此,理论创新必须以实践创新为前提。动力一般是指使机械做功的各种作用力,也泛指事物运动和发展的推动力量。实践创新的动力机制是以理论创新为指导通过实践创新活动推动各元素之间相互作用、相互联系的有机统一。当前我们正处在建设文化强国的重要时期,实现中华优秀传统文化"双创"是建设先进文化的必然要求,也是实践创新的理论保证。因此,我们要正确认识中华优秀传统文化"双创"过程中的实践创新的动力机制,更好推进文化强国建设。

1.人民群众精神文化需求是实现中华优秀传统文化"双创"的直接动力

其一,人民群众生活需求呈现多样化。进入新时代,人民生活质量逐步提高,对高品质的文化需求也日益多样化。文化作品来源于生活,是对人民现实生活的真实反映。邓小平同志说:"我们的文艺属于人民,人民是文艺工作者的母亲。"[②] 这说明了文化创造的力量之源,源自于人民。中华优秀传统文化"双创"的成果只有在满足人民群众精神文化需求的前提下才会有更大的价值,才能产生更大的动力。实现中华优秀传统文化"双创",其成果与人民共享,满足人民群众的文化需求,是优秀传统文化在新时代发展的力量之源,是贯穿党的文化教育方针的基本要求。

随着社会运转模式加快,高效率、高品质生活方式更加符合现代人的价值趋向。一方面,科学技术的发展,网络科技给人民带来便捷的生活方式,足不出户可以游览世界,人们可以购买到各种各样的商品,享受到现代科技给人们带来的便利;另一方面,生活质量提高了,越来越多的人更

---

① 郝立新:《改革开放的实践创新与理论创新》[N].《中国日报网》2018年12月24日.
② 《邓小平文选》(第2卷)[M].北京:人民出版社1994年版,第209—211页.

加关注社会民主与法治、公平与正义、安全与环境等政治生态文化建设问题。如何把优秀传统文化的资源转化创新运用到现代国家治理中,提高人民需求,也是当前"双创"要考虑的重要因素。

其二,人民群众对精神文化需求日益增强。新时代,人民群众对美好生活的需求日益增强。中华优秀传统文化"双创"服务人民,以满足人民群众的精神文化需求为宗旨。优秀传统文化的传承创新要和现实社会发展接轨,为社会主义现代化建设服务才能有更强大的生命力。

中华优秀传统文化作为中华民族宝贵的精神财富与价值遵循,与当前文化强国建设高度契合,符合人民群众的精神需要。一方面,人民对高品质文化需求的多样化,人们有能力去了解、学习中华优秀传统文化。越来越多的人有了富余的时间去追求更高层次文化艺术品味,熟知掌握优秀传统文化精髓,感悟生活文化艺术的雅俗;另一方面,随着现代化生活方式的国际化、时尚化和快节奏化,更多的人走出国门之后逐渐意识到优秀传统文化的宝贵性和归属感。特别是穿梭于大都市的人们,越来越体会到中华优秀传统文化魅力和品味,使之有条件、有兴趣去感知和接受优秀传统文化,并在中华优秀传统文化的熏陶中追求简约极致的智慧生活,体会本土文化亲和力和归属感。

2. 立足于中国特色社会主义现代化建设实践是实现中华优秀传统文化"双创"的根本动力

其一,中国特色社会主义现代化建设为其提供实践经验总结。文化强国是中华优秀传统文化"双创"实践创新的根本动力,这一具体实践,为中华优秀传统文化实践创新提供科学性检验。任何认识都来源于实践,优秀传统文化究其本源也是人民群众实践的产物。新时代,中华优秀传统文化"双创"离开社会主义现代化建设这一实践,不仅难以考证"双创"的实际效果,也缺乏理论创新的土壤。因此,中华优秀传统文化"双创"要紧密结合文化强国建设的具体实践,才能创造出更高品质的文化,优秀传统文化魅力才得以显现。

其二,中国特色社会主义现代化建设为其提供自身发展的根本动力。文化的生命力在于与时代同发展、与社会同进步,并结合时代的发展不断推动着理论创新与实践创新。如毛泽东所说:"马克思主义一定要向前发展,要随着实践的发展而发展,不能停滞不前。停止了,老是那么一套,它就没生命力了。"[①] 同样,中华优秀传统文化的生命力在于结合社会实践的需要不断推进理论创新和实践创新,并在中国特色社会主义现代化建设中提供治理方案。中国特色社会主义现代化建设的实践创新是理论创新的基础,为中华优秀传统文化"双创"提供动力。新时代催生新思想。中国特色社会主义现代化建设进入了最好发展机遇期,也为中华优秀传统文化传承发展提供了平台。创新的实践激发了创新的思维,中国特色社会主义现代化建设的实践催生了优秀传统文化思想内涵的转化发展,为中华优秀传统文化转化发展提供了实践基础。并在实践中提出了许多重大的现实课题,创造了许多富有探索性的经验,从而成为实现中华优秀传统文化"双创"的根本动力。

总之,中华优秀传统文化传承发展要紧跟时代的步伐,服务人民群众的现实需要。文化的理论创新与实践创新来源于实践,当前中国特色社会主义现代化建设为中华优秀传统文化"双创"提供实践创新和理论创新的土壤。因此,推动实现中华优秀传统文化"双创"这一系统工程,必须坚持马克思主义的指导机制、依靠人民的主体机制、齐心勠力的协调机制和实践创新的动力机制,才能更好实现这一"双创"。

二、中华优秀传统文化"双创"的实践途径

中华优秀传统文化"双创"是一项系统工程。要实现这一"双创",要做到理论创新和实践创新的统一,根据建设社会主义文化强国的需要落实到具体的实践中,通过做好国家顶层设计、融入日常社会生活、贯穿国民教育、运用现代科技手段、推动中外文化交流互鉴等实践途径来完成这一工程。

(一)做好国家顶层设计

做好国家顶层设计,建设社会主义文化强国,实现中华优秀传统文化"双创",是国家在文化建设层面进行治理的重要途径。从文化建设层面

[①] 参见《建国以来毛泽东文稿》(第6册)[M].北京:人民出版社,1992版,第87页。

看,国家治理"是从民族精神、时代精神、文化价值体系的构建和发展切入的根本性治理。"[①] 从国家顶层设计来看,把弘扬优秀传统文化和建设先进文化做到有机结合,在继承中发展,在发展中继承。建设中华民族共有精神家园,对于增强文化认同和价值整合,具有十分重要的作用,能够在社会层面上促进国家治理目标的实现。国家治理可以理解为是文化层面的顶层设计,是通过健全文化体制,提高文化创新力、创新话语体系、增强文化凝聚力等多元并举、协同共治的实践途径,以实现中华优秀传统文化的"双创"。

1. 完善文化管理体制,提高国家文化创新力

创新是文化发展的动力之源,也是文化的本质所在。江泽民同志指出:"创新是一个民族进步的灵魂,也是一个政党永葆生机的源泉。"[②] 当今世界,许多国家都把创新作为文化发展的制胜之道。我们知道文化的创新受到诸多因素的制约,其中国家文化管理体制直接制约着文化创新发展。要实现文化的创造性发展,提高我国文化创新力,就必须"加快完善文化管理体制和文化生产经营机制,建立现代化文化市场体系,形成有利于创新创造的文化发展环境"。[③] 文化管理部门要从当前建设文化强国的全局出发,从整体上把握文化发展的趋势和方向,从宏观上完善文化体制改革,形成有利于文化发展的体制机制,为文化创新提供制度支撑。

2. 阐释优秀传统文化精髓,创新中华文化话语体系

新时代,为弘扬中华优秀传统文化提供了难得机遇,我们要在服务现代化强国建设中深入阐释中华优秀传统文化精髓,加强创新中华文化话语体系研究,提升我国在世界文化竞争的话语权。中华文化的话语诠释应以优秀传统文化为基本内涵,阐释中华文化发展的基本脉络和历史,在阐释优秀传统文化的本真价值的基础上,赋予时代新意和当代价值。当然,中华传统文化由于受到时代的局限性,原有的话语表达难以与当代社会发展相符合,必须加以转化创新,才能有新突破。实现中华优秀传统文

---

① 李宗桂:《文化的顶层设计对国家治理至关重要》[J].《国家治理》2014 年第 9 期,第 28 页。
② 《江泽民文选》第 3 卷 [M].北京:人民出版社,2006 年版,第 64 页。
③ 胡锦涛:《坚定不移沿着中国特色社会主义道路前进为全面建成小康社会而奋斗》[R].北京:人民出版社,2012 年版,第 19 页。

化"双创"不仅是内容、形式的创造转化,而且也包含着中华文化话语体系的创新。

中华文化话语体系要符合当代中国化马克思主义文化语境的表达方式。实现中华优秀传统文化创造性转化、创新性发展,使之与当代中国特色社会主义制度建设相适应,实现优秀传统文化在内容和形式上的创新,赋予其新的时代内涵和表达方式。阐释优秀传统文化精髓,实现优秀传统文化文本内容的时代转化,"在文化传习过程中,阐释不是停留在古代文本的表面意义上,扩大原句的意义及适用范围,以适应当代的需要"。① 阐释优秀传统文化精髓,研究中华优秀传统文化话语体系转化创新,要结合时代话语语境将中华优秀传统文化的话语表达方式赋予时代内涵、赋予新的表达形式,形成独特一体的话语体系。中华文化话语体系的创新不仅需要政府机构的宣传,而且要充分利用新型互联网平台完善文化话语体系。

3. 改造和利用优秀传统文化,增强国家文化凝聚力

中华优秀传统文化的改造和利用要立足于新时代中国特色社会主义现代化建设的实践,对优秀传统文化的内容和形式赋予新的寓意。找准与社会主义文化建设高度契合的衔接点,使其融合发展,激活优秀传统文化的生命力,使传统智慧与现代文化建设相接轨。

党和国家关于对优秀传统文化的改造和利用出台了系列相关政策,并提高到国家战略发展的高度。如社会主义核心价值观是对优秀传统文化中仁爱、民本、诚信、正义、和谐等精髓价值的创造性转化、创新性发展,这一转化创新使优秀传统文化更具凝聚力和感染力。党和国家立足于我国革命、建设、改革的实际,注重从优秀传统文化中汲取文化资源,以建设文化强国为支撑点不断增强文化竞争力,助推建设文化强国的步伐。

总之,传承弘扬中华优秀传统文化是中国共产党人的历史使命,党和国家出台了系列传承发展中华优秀传统文化的政策,并做好顶层设计确保了中华优秀传统文化转化创新落到实处。

(二)融入日常社会生活

传承弘扬中华优秀传统文化,要贴近百姓,融入百姓的日常生活中。

---

① 陈来:《中华优秀文化的传承和发展》[N].《光明日报》2017-03-20(15)。

中华优秀传统文化既有社会精英知识分子创造的高雅部分,也有社会底层普通百姓创造的通俗部分,体现为雅俗共享,内容丰富多彩。中华优秀传统文化"双创"工作要赢得广大人民群众的支持,焕发其生命力,必须要搭建平台发挥其以文化人、以文育人功能;树立榜样力量,营造良好社会风气;发挥社会教育作用,规范乡规民约并融入日常社会生活的实践中才能达到预期效果。

1. 搭建平台发挥其以文化人、以文育人的功能

将中华优秀传统文化融入日常社会生活,注重优秀传统文化对百姓家庭教育的熏陶渗透,充分发挥以文化人、以文育人的功能。在社会日常生活中要加强文化基础设施的建设,创新优秀传统文化传播的平台,运用文化场馆、宣传栏等载体传承弘扬中华优秀传统文化。如近年来,贵阳市充分利用孔学堂这一平台优势每月定期举办优秀传统文化讲座、举行成人礼、各种书法、绘画展等活动,市民可以通过网络报名免费参加,发挥优秀传统文化的当代价值,做到以文化人、以文育人,不断提高公民文化素养。依照"图书馆+书院"等模式,充分利用贵州省阳明书院、孔学堂等传统文化教育平台,以人们喜闻乐见、具有广泛参与性的方式推广国学普及、礼乐教化、道德实践等文化活动使其融入社会日常生活,在全社会营造形成了传承中华优秀传统文化的氛围和风气。

2. 树立榜样力量,助力实现中国梦

中华优秀传统文化是在社会生活中形成和积淀的,并以中华优秀传统核心价值观的理念感染和塑造着人们的生活。在新时代,要实现中华优秀传统文化"双创",必须结合社会主义现代化建设中有突出贡献的先进事迹,发挥社会育人功能,树立榜样力量,营造良好社会风气。在社会发展中人们向来追求"见贤思齐"的道德教化方式。每当中华民族面临危难时刻,都会涌现一批为民请命的人,如2020年初,武汉暴发新型冠状病毒疫情,面对突入其来的疫情,广大医务工作者冲在最前线,成为最美"逆行者"。这种大医精诚、仁者仁心的道德情怀为新时代塑造了榜样形象,为社会主义道德文化建设营造良好社会风气。在实现中华优秀传统文化"双创"过程中,在全社会树立"榜样是一种价值的凝结,是一种做人

做事的标杆,是一面镜子、一面旗帜。"[①] 在日常生活中榜样要不断地传承下去,如杂交水稻之父袁隆平先生,也有可能是生活当中的普通个人。通过学习榜样者的优良品格,引领社会风尚,营造良好社会风气。传承弘扬中华优秀传统文化不仅要融入日常社会生活百姓家,而且更需要树立榜样力量,营造和谐健康、关爱他人、心系祖国的良好社会风气。

3. 发挥社会教育作用,规范乡规民约

在中国特色社会主义制度中,新农村建设作为一项重要的惠民工程已在全国初见成效,建设美丽乡村,提高乡村居民的生活水平和生活环境是全面建成小康社会重要质量体系指标。中国乡村人口大多以宗法血缘关系为纽带的集合体,在乡镇管理的基础上实行的是村民自治,更多依靠乡规民约来管理、约束人们。传统乡规民约主要以优秀传统文化中伦理道德礼仪为典范,以施善惩恶、推广教化、尊重风俗为主,已达到稳定乡村社会秩序、维护社会生产生活为目的。

乡规民约作为一种不成文的规定,除了社会法律法规对人们的约束和教育之外,在一定的程度上制约着人们的社会行为,引导人们积极向善,起着维护乡村和谐稳定的作用。在新时代,建设美丽乡村,充分发挥乡规民约在美丽乡村建设的作用,并结合美丽乡村建设的实际情况来丰富和发展乡规民约的内涵,在传承优秀传统文化基础上赋予乡规民约新的时代元素,力显新气象、新思想、新风貌。通过美丽乡村建设,来提升乡规民约的文化内涵,使中华优秀传统文化创造性转化创新性发展的成果融入社会日常生活,与普通百姓共享。

总之,中华优秀传统文化的"双创"通过以上三种方式融入日常社会生活实践中才能更好达到预期目的,才能实现优秀传统文化的现代转化,才能在社会主义现代化建设中发挥其当代价值和重要意义。

(三)贯穿国民教育始终

中华优秀传统文化所蕴含的核心思想理念、传统美德、人文精神对于国人的人格塑造、人生境界的提升等方面都有很大的价值。2017 年 12 月中共中央办公厅和国务院办公厅印发了《关于实施中华优秀传统文化

[①] 万光侠:《中华传统文化创造性转化创新性发展的哲学审视》》[J].《东岳论丛》2019 年 9 月第 38 卷第 9 期,第 27—34 页。

传承发展工程的意见》(以下简称《意见》)。《意见》要求到2025年基本形成中华优秀传统文化传承发展体系,并把优秀传统文化贯穿国民教育始终作为一项重要任务。

1. 中华优秀传统文化负有贯穿国民教育立德树人的任务

国民教育作为价值观教育的主要渠道,在传承优秀传统文化方面,发挥着重要作用,也是其他社会组织所无法替代的。《意见》指出:中华文化贯穿国民教育要"围绕立德树人根本任务"而展开,造就人逐渐形成"中华人格"。中华人格要具备智、仁、勇三种德行。而要达到这一教育效果和目标,要充分发挥中华优秀传统文化贯穿国民教育始终的作用。围绕立德树人根本目标,遵循教育教学规律,以及国民教育各学龄年级阶段,把中华优秀传统文化精髓全方位融入到社会实践教育各环节中。通过学校教育实现中华优秀传统文化"双创",本质上是发挥中华优秀传统文化的立德树人功能。在新时代,实现中华优秀传统文化"双创"就要大力弘扬优秀传统文化的核心思想理念、传统美德、人文精神,培育人们促进社会和谐、积极向上向善的思想文化内容。显然,这种思想文化内容对于塑造中华人格、营造社会和谐氛围、推动社会主义文化强国建设具有不可替代的作用。

2. 开展中华优秀传统文化贯穿国民教育的有效方式

经过多年教育教学实践探索,我国已经建立了比较完备的国民教育体制,形成了比较完整的学科门类和课程体系。目前,中华优秀传统文化在内容上主要体现在人文社科教材上,其他学科和课程很难穿插其中。新时代,传承弘扬中华优秀传统文化作为一项重要历史任务,习近平同志指出,"中华民族几千年来形成了博大精深的优秀传统文化,为思政课建设提供了深厚力量"。[1] 这为中华优秀传统文化走进教材、走进教学、走进课堂提供了理论指导和实践保证。《意见》对于中华优秀传统文化贯穿国民教育也给出了以编写教材为重点,构建中华文化课程和教材体系为导向的要求。为此,我们在加强国民教育中要着手做好两方面的工作:

---

[1] 《习近平主持召开学校思想政治理论课教师座谈会强调 用新时代中国特色社会主义思想铸魂育人 贯彻党的教育方针落实立德树人根本任务》,《央视网》,2019年3月18日 http://politics.gmw.cn/2019-03/18/content_32653484.htm。

第七章 中华优秀传统文化"双创"的机制与途径

一方面,根据当前应试教育模式设置合理考核评价机制,规范其导向。把提高全民基本文化素养作为基础教育的根本任务,在始终贯穿中华文化立德树人通识性教育的基础上,将中华文化内容精髓融入相应的教材和教学过程之中。在编写课外辅助教材时,注重对优秀传统文化资源的筛选,应精选中华文化典故、案例等作为主要内容,与主干教材形成对应,进一步开阔学生视野、开拓学生思维、引导学生树立正确的价值观。另一方面,将优秀传统文化贯穿于国民教育的不同学龄阶段,以确保文化传承的连贯性。中华优秀传统文化"双创"的成果必须围绕立德树人的根本任务,遵循学生认知规律和教育教学规律,将优秀传统文化的普及教育进行系统化施教,根据学段特点有针对性开设不同的实践课,以确保中华优秀传统文化普及教育的实效性,提高学生外化于行的目的。

3. 将中华优秀传统文化贯穿国民教育的社会氛围之中

把中华优秀传统文化贯穿国民教育的全过程,用中华文化精神重塑新时代的国民教育。通过国民教育来不断提高国民的整体文化素养和文化认同,文化素养和文化认同培养既需要学校的教育,又需要社会文化氛围的熏陶。当前,中华优秀传统文化的学习主要通过学校课程设置和社会上各种培训来实现,学校及其培训机构在传承弘扬中华优秀传统文化上发挥着重要作用。中华优秀传统文化贯穿国民教育始终需要良好的社会文化氛围,良好的社会文化氛围为中华优秀传统文化"双创"提供了空间。国民教育的理念要培养德智体全面发展的社会主义现代化建设的合格者,还要培养更高层次中华文化创造者、引领者,需要强有力的社会政治和文化氛围的支持。为此,需要社会各界对《意见》的内容产生共鸣、达成共识,特别是教育主管部门通过政策性法规,要求大中小学主要领导负责人接受培训,提高各级学校领导层面的高度认同。并逐步对各类大中小学教师实施系统的中华优秀传统文化教育培训,使之增强认知中华优秀传统文化的重要性,能够自觉地汲取中华文化的精神养分,提高自身文化修养、提升精神境界。在这一"双创"过程中,需要我们积极推动和引导中华优秀传统文化进乡村、进社区、进家庭活动,结合社会主义现代化建设需要开展中华优秀传统文化普及教育,在全社会唤醒人们对中华优秀传统文化的记忆。

总之,中华优秀传统文化传承发展要通过国民教育这一教化作用,来引导人们对中华优秀传统文化的认知和认同,并引起社会的共鸣,自觉学习、践行中华文化,为中华优秀传统文化传承发展营造良好社会氛围,并贯穿国民教育始终。

(四)运用现代科技手段

中华优秀传统文化体现了一个国家、民族的灵魂,是文明传承发展的核心元素。科技是推动文化发展的重要因素和条件,是推动文明发展的重要技术手段,也是文化的组成部分。运用现代科技推动中华优秀传统文化与科技融合创新,使原本固定模式下的传统文化不仅能体现科技化、动态化,而且可以展现时代特色,拥有创新生机与活力。

1. 运用现代科技手段抢救与保护中华优秀传统文化遗产

科技的创新也为中华优秀传统文化传承与发展创造了前所未有的机遇。运用现代科技抢救与保护中华优秀传统文化遗产已成为重要技术手段。中华优秀传统文化有着五千多年历史,蕴含着浓厚的人文精神,其价值无法估量,是人类文明重要的组成部分。由于年数已久,长期受到自然界的侵蚀和历史人为因素的迫害,有些文化遗产已到濒危的境地。近年来,国家为了拯救这些宝贵文化遗产资源投入了大量人力财力,并运用现代科技手段使已破损的文物遗产得以修复和重现。

如"敦煌石窟引 5G 技术助力文化遗产保护、北京延庆长城首次启动数字化保护,使得延庆、怀柔交界之地局部塌陷残损的九眼楼,通过数字化 360 度虚拟复原,墙体、砖石、雕饰,都以'毫米级'的惊人精度呈现"。[①]这些宝贵的文化遗产通过现代技术得以修复,不仅能给我们带来很好的经济效益,而且可以让人们重新认知中华优秀传统文化,增强对历史文化的记忆。随着数字技术、网络技术的广泛应用,为中华优秀传统文化"双创"开拓了平台和空间,提高了人们对优秀文化遗产的保护意识,激发了中华优秀传统文化的创新力和传播力。运用现代信息技术传承弘扬中华优秀传统文化可以使更多人领略中华文化的魅力。这对于中华优秀传统文化的弘扬有着推波助澜的作用。

---

① 马德:《敦煌文化遗产数字化保护之浅见》[J].《敦煌学辑刊》2013 年第 2 期,第 158-161 页。

第七章 中华优秀传统文化"双创"的机制与途径

2.科技与中华优秀传统文化深度融合使其焕发新生机

可以说,数字化在当今时代已经引起一场人类巨大的文化变革。十八大以来,习近平总书记指出,要"把创新、科技、文化放在国家、民族发展全局的重要战略位置"。[①] 科技与文化融合创新是文化发展的必然趋势,也是推动中华优秀传统文化焕发新生机的一大法宝。在社会主义文化强国建设中,中华优秀传统文化迎来了历史上最好的发展机遇,抓住这一机遇,推进现代科技与优秀传统文化的有机融合,激发中华优秀传统文化的创新力。随着"文化+科技"跨越式发展演变,给优秀传统文化带来新的发展模式。中华优秀传统文化与现代科技融合才能走得更远,并转化其自身的竞争力。中华优秀传统文化是农业文明的产物,与当时的科技发展水平相适应,具有朴素、直观和简单的特征。随着科技的飞速发展,优秀传统文化要吸收当代先进科技成果,跟上时代的步伐,把握时代的发展机遇,不断创造性转化、创新性发展才能在新的历史条件下焕发出新的生机,更好地为现代建设服务。科技与中华优秀传统文化融合创新才能创造更大价值,优秀传统文化资源才能有更好发展空间。比如被列为中国民间剪纸三大流派之一的山西广灵剪纸,以其独特的艺术风格被誉为"中华民间艺术一绝",堪称剪纸艺苑一奇葩,列入《人类非物质文化遗产代表名录》。"山西广灵剪纸利用现代IT技术,采用先进的数字媒体设计软件,提升传统设计水平,不断转变和创新发展理念。"[②] 做到科技与传统深度融合,以改传统生产模式,实现产品开发上的突破,进一步提升优化产业结构,使传统广灵剪纸实现质的飞跃。一个国家文化产业的科技含量有多高,在一定程度上直接决定了国家在国际文化的竞争力和实力。如何充分运用现代科技手段创造性转化创新性发展中华文化,不断提升我国文化竞争力、软实力,建设文化强国是当前和今后一段时期内急需解决的问题。在网络信息化时代,中华优秀传统文化如果仍以传统表达形式出现,不能与科技信息做到深度融合,其发展的前景会越来越窄,其吸引力和影响力会日趋下降。

总之,中华优秀传统文化要想在现代社会中传承发展,应充分运用现代科技手段,让科技点亮文化之光,发挥"1+1＞2"的叠加效应,让二者

[①] 习近平论文化[EB/OL].(2019-09-11). https://www.xuexi.cn/xxqg.html？id=1mlit667mn 51mlit667mn 51mlit667mn.

[②] 董娅娜:《广灵剪纸的艺术特点和文化传承》[J].《山西高等学校社会科学学报》2011年,第5期,第111-113页。

的融合创新发展产生更大效能。"文化+科技"将逐渐成为优秀传统文化创造性转化创造性发展的两翼,不断向世人展示和传播中华优秀传统文化魅力。在新时代,给文化插上科技的翅膀,通过创造性转化、创新性发展使中华优秀传统文化焕发新生机,让中华文化再创新辉煌!

3.运用现代科技改变传统文化业态,使中华优秀传统文化融入当代生活

中华优秀传统文化的内容要与时俱进,与时代同发展才能产生强大的生命力。任何国家的传统文化都是对以往社会历史发展真实存在的反映,是一定时期精神的凝结和升华,与社会生产力和物质生活水平相适应,并服务于社会发展。当代科技已进入数字化时代,随着科技生产力的发展,人们的生活水平已发生了质的变化,人们对文化生活也有了新的需求。中华优秀传统文化的内容和表达形式也应该注入新的科技元素,要以全新的现代表达形式登场,才能更具吸引力和活力。在新时代,弘扬中华优秀传统文化既要保留精髓,又要利用现代科技手段不断创新其内涵,更好地服务社会主义现代化建设,融入当代社会生活。

我们进入一个全新的数字网络化时代,中华优秀传统文化"双创"需要与之高度融合,借助数字网络这个平台和力量来传承弘扬中华传统文化精髓。在中华优秀传统文化浩如烟海的典籍中,有数不胜数的名言警句、人文精神、价值理念等需要传承弘扬,而借助网络平台这一信息技术不仅能够让中华优秀传统文化进入数字化时代,而且能够广泛传播,更容易让人接受和学习。比如中华传统典籍中《论语》《孟子》作为传统文化的精髓,不仅是古人修身养性的经典,更是现代人学习优秀传统文化精髓的必备选择。过去,人们只能按照传统方式选择其纸质版本学习,对于《论语》《孟子》的解读局限于传统媒介的方式,在现代新媒体数字技术下,开拓了人们的学习方便之门,不仅可以通过手机、网络、多媒体学习,还可以通过影视作品、动漫等生动的画面去传播,比如美国人制作的动画《花木兰》《功夫熊猫》等多种形式展现在人们面前,针对不同年龄阶段的群体,为优秀传统文化的传承发展提供了方便,既带来经济效益,又带来了社会效益,实现了双赢,达到了预期效果。

由此可见,借助现代科技力量,让中华优秀传统文化的发展有着更广阔的空间。如利用大数据平台的"殷契文渊"甲骨文研究在河南省安阳市发布,标志着甲骨学研究进入智能化时代,以及"5G+文旅"深度融合,

第七章　中华优秀传统文化"双创"的机制与途径

助力敦煌石窟文物的研究和传承。充分运用现代科技手段助力中华优秀传统文化创造性转化、创新性发展，让更多的优秀传统文化蕴涵现代科技元素展现在世人面前，既提高了对优秀传统文化的保护，又带来了很好的经济效益，达到了双重效应。鉴于此，笔者以为，运用现代科技手段改变传统文化业态，使中华优秀传统文化融入人们的日常生活，发挥中华优秀传统文化的当代价值。

总之，中华优秀传统文化内涵厚重且丰富多彩，因此为世界所瞩目。文化变迁势不可挡，中华优秀传统文化"双创"是大势所趋。美学家克罗齐说，"一切历史都是当代史，当生活的发展逐渐需要时，死的历史就会复活，过去史就变成现在的"。[①]因此，运用现代科技手段助力中华优秀传统文化现代化转型，增添科技新元素，使之在新时代焕发新生机。

（五）推动中外文化交流互鉴

文明因交流而多彩，文化因互鉴而丰富。中华优秀传统文化"双创"也必然在与世界各国文化交流互鉴中才能超越。在经济全球化、文化多样化、社会信息化深入发展的背景下，任何国家如果自我封闭或盲目排外都是倒行逆施，违背文化自身发展规律，必将落后于人类文明发展的进程。早在一个多世纪前，马克思便预示了世界历史和精神文化生产全球化的趋势，指出，"每个文明国家以及这些国家中的每一个人的需要的满足都依赖于整个世界"[②]"许多种民族的和地方的文学形成了一种世界的文学"。[③]当今世界，随着全球化进程的不断加快，各种不同形态的文化交流互鉴已成为各国文化借鉴发展的基础。新时代推进文化创新，习近平总书记指出："要推动中华文明创造性转化、创新性发展，让中华文明同各国人民创造的多彩文明一道，为人类提供正确精神指引。"[④]基于此，我们要加强同世界不同国家、不同民族、不同文化的交流互鉴，以积极学习的态度，吸收世界优秀文化成果的有益成分来提升我国文化的实力。坚持"引进来"和"走出去"的战略，提升中华文化的国际影响力。

---

① 意大利.贝内德托·克罗齐：《历史学的理论和历史》[M].田时纲译，北京：中国社会科学出版社，2018年10月出版，第282页。
② 《马克思恩格斯文集》第1卷[M].人民出版社，2009年版，第566页。
③ 《马克思恩格斯文集》第2卷[M].人民出版社，2009年版，第35页。
④ 习近平：《谈治国理政》第二卷[M].北京：外文出版社，2017年版，第340页。

1. 坚持"引进来",吸收借鉴人类优秀文明成果

不断推动中外文化交流互鉴,坚持"引进来"战略,以开放、包容姿态吸收一切外来优秀文化文明成果。文化因互鉴而发展,文明因交流而多彩。中华民族自古就是一个海纳百川的民族,尊重世界文化的多样性和差异性更是对自身文化自信的重要体现。习近平指出:"要理性处理本国文明和他国文明的差异性,坚持求同存异,取长补短,不攻击、不贬损其他文明。"① 对于外来文化,我们在尊重各国文化差异的同时,既要反对不加辨别的全盘吸收,又要反对因循守旧盲目排外的做法。我们应该结合社会主义先进文化建设的实际情况采取兼收并蓄的方式,努力挖掘国内外优秀文化精华,大胆吸收世界优秀文化成果做到为己所用,不断提升中华文化的内涵。

坚持"引进来"的同时,需甄别国外文化的适用性。世界民族文化存在着差异性,每一种文化都是本民族文化的特性表现,并打上民族烙印,我们在选择优秀文明成果时要结合本国具体情况把握其适用性。"引进来"就是为了提升本民族文化的创新力,又要避免水土不服,不能采用削足适履的方式去选择吸收其他国家的文明成果。

坚持"引进来"更要坚持有创新的吸收,在汲取人类一切优秀文化成果时要做到内化于心和外化于形。习近平总书记指出:"我们要以宽阔的国际视野把握事物发展的本质和内在联系,紧密跟踪亿万人民的创造性实践,借鉴吸收人类一切优秀文明成果。"② 在"引进来"的过程中,我们要借鉴和吸收其他民族的优秀文明成果,将有益文化成分融入社会主义先进文化建设之中,提升社会主义先进文化的竞争力,将有益的文化元素或内涵融入中华优秀传统文化之中,使中华优秀传统文化更具有活力。

2. 坚持"走出去",增强中华文化的世界影响力

中华优秀传统文化是世界文化的一部分。优秀传统文化要大胆地走出去,向世界传递中华优秀传统文化以和为贵、守诚信、求大同的价值理念,通过文化交流互鉴增进了解,不断促进国家、民族间的和谐相处。英

---

① 习近平:《在纪念孔子诞辰2565周年国际学术研讨会暨国际儒学联合会第五届会员大会开幕会上的讲话》[N].《人民日报》2014-09-25(02)。
② 习近平:《在庆祝改革开放40周年大会上的讲话》[N].《人民日报》2018-12-19(02)。

第七章 中华优秀传统文化"双创"的机制与途径

国哲学家罗素对中国文化比较推崇,他曾说:"中国传统文化中的伦理品质若能够被世界采纳,世界将充满欢乐祥和。"① 因此,中华优秀传统文化要善于结合世界潮流与民族特色,将优秀传统文化推广传播出去,讲好中国故事、传播好中国声音,让国外人民通过了解中华文化从而能更好地认知中国。坚持"走出去"战略,把具有当代价值的文化精髓在世界上传播和弘扬起来,使中华优秀传统文化精神价值被世界所接受。

中华文化有着五千多年的历史积淀,是中华民族集体智慧的结晶,要把继承优秀传统文化及弘扬时代精神传播出去,让更多的人学习中华文化,了解中国。近年来,我国倡导的"一带一路"让越来越多的人认识了中华优秀传统文化的魅力。"一带一路"战略为中华优秀传统文化交流互鉴提供了广阔的平台,提升了中华优秀传统文化的国际知名度,使沿线国家的人民更多学习中华文化,了解中华文化。"一带一路"战略使优秀传统文化"不仅以'内求'的方式,丰富时代意蕴,更以'外求'的方式,使优秀传统文化以国际化的话语体系、文化形象展现给世界。"② 不仅增强了我国文化的国际影响力,而且进一步提升了国际间交流合作,取得了良好的经济效益和社会效益。

毋庸置疑,中华优秀传统文化是一个民族的瑰宝,而中华优秀传统文化"双创"是一项系统工程,要建立科学的指导机制,有效结合社会主义现代化建设的需要,通过有效实践途径来实现中华优秀传统文化"双创"。社会存在决定社会意识。新时代,我们应以创新的理念对待优秀传统文化与时代的结合问题,在遵循文化自身发展规律的同时,将中华优秀传统文化底蕴在新时代焕发出创新生机,使其展现特有的文化魅力,服务于中国特色社会主义现代化建设。

---

① [英国]伯特兰·罗素:《中国问题》[M].田瑞雪译,北京:中国画报出版社,2019年09出版,第282页。
② 万光侠、夏锋:《新时代弘扬中华优秀传统文化服务现代化强国建设的系统思考》,《东岳论丛》[J].2019年5月第40卷第5期,第67-76页。

第八章 中华优秀传统文化"双创"的价值及新时代发展趋势

党的十八大以来,中华优秀传统文化"双创"工作取得了一系列的成绩,在社会主义文化强国建设过程中,优秀传统文化越来越凸显更大的价值,不断提升了社会主义文化的精神力量,坚定了人们的文化自信,凝聚了向心力。中华优秀传统文化的"双创"具有重要的理论价值和实践价值,对中国特色社会主义的伟大事业和中华民族的伟大复兴具有重大而深远的意义。随着"双创"的深入推进,中华优秀传统文化必将在社会主义文化强国建设中日益凸显历史底蕴和悠久传统,必将在中华民族伟大复兴中日益彰显文化根基和精神标识,必将在世界文化之林中日益展现永久魅力和时代风采。

一、中华优秀传统文化"双创"的价值

中华优秀传统文化"双创"既是新时代传承发展优秀传统文化提出的重大理论课题,又是新常态下提升中华优秀传统文化自身内涵的需要。通过中华优秀传统文化"双创"后,可以进一步赋予优秀传统文化更多"新内涵",展现"新形势",使其在社会主义现代化建设中焕发新活力,对进一步提升国家文化软实力,解决社会主义现代化建设中遇到的问题提供理论参考价值,为推进国家治理体系现代化,建设社会主义现代化强国具有较大的理论意义。

第八章 中华优秀传统文化"双创"的价值及新时代发展趋势

（一）中华优秀传统文化"双创"的理论价值

新时代背景下,中华优秀传统文化既要彰显出新的价值和功用,又要不断提升优秀传统文化"刚健有为、自强不息"的民族品格,成为时代的精髓。提升文化自信要积极推动中华优秀传统文化"双创",发挥优秀传统文化的新价值,构建中华优秀传统文化新的理论内涵,在文化竞争领域更具活力。因此,中华优秀传统文化"双创"理论价值在社会主义现代化建设中诠释优秀传统文化的内涵,为构建中国特色哲学社会科学理论体系提供价值元素。

1. 在社会主义现代化建设中诠释中华优秀传统文化的内涵

对中华优秀传统文化"双创"理论价值的考察,首先就要厘清中华优秀传统文化的内涵。在社会主义现代化建设中,我们面对先辈们遗留下的文物古迹、文化典籍、仪式行为等这些经典文化,经过现代化的转化,使其在社会主义现代化建设中发挥更大的价值。这些文物典籍是先辈们在社会生产中经过反复认识与思考所得出的集体智慧的结晶。其中所蕴含的思想是民族核心的精髓,是一定时期人们认识事物、改造社会、思考问题的思想精髓。随着社会不断发展,人们对这些文物典籍所包含的思想内涵的理解必然也会有所不同。经典古籍与文物古迹作为传统文化的重要载体,形成于过去,历时久远,其中语言文字言简意赅,意义颇深。随着科学技术的快速发展,一些中华传统文化难以适应现代化发展的进程,人们在理解和运用时难以把握其真实的内涵。因此,对其创造性转化、创新性发展既要站在历史的节点上,从当时的社会历史条件阐释传统文化的内涵,激活经典中的精神;同时,又要结合现代化建设的实际,运用现代多媒体、科技手段进行现代转换使其贴近人们的实际生活,通过创新形式,表达出新的含义,更好地传承发展。

在社会主义现代化建设中,我们要充分认识到中华优秀传统文化是社会主义文化强国的沃土。随着我国全面深化改革步伐推进,一些外来文化必然会对社会主义文化产生重大冲击。因此,中华优秀传统文化"双创"的理论价值就是要在中国特色社会主义现代化实践中运用,按照时代要求,大胆吸收一切优秀思想文化成果,推动中华优秀传统文化转化创新,结合时代发展需不断展现新的形式,与现代生活元素相融合,实现以文化人的时代任务。当然科学阐释其内涵,还要以中国特色社会主义现代化建设的实践标准为准绳,以能不能解决当今中国社会经济文化发展的现实问题为依据。这种实践标准和解决现实问题既是对中华优秀传统文化"双创"理论价值的检验,也是对中华优秀传统文化"双创"提出更高的要求,要做到与时俱进,才能增强我国文化的竞争力。

基于此,我们要站在新的历史起点上,立足社会主义现代建设这个根本,以满足人民精神文化需要为着眼点,加强对中华优秀传统文化的挖掘和阐释;同时,还需要回顾历史,从传统文化产生的不同历史时期来考察其价值,科学辨析哪一种文化对社会发展起着推动作用,并对人们的价值观念引领起到积极作用。通过科学辨析其内涵,充分挖掘中华优秀传统文化的基因与当前文化建设相适应,把具有当代价值的文化精神弘扬起来,推动加快社会主义现代化建设速度。

2. 中华优秀传统文化为构建中国特色哲学社会科学理论体系提供价值元素

当代中国社会的伟大变革,促使我们必须顺应时代发展潮流。不仅需要强大的现代化经济体系,而且也需要构建传统学科、新兴学科、前沿学科、交叉学科、冷门学科等诸多学科,构建具有创新能力的中国特色哲学社会科学体系、学术体系、话语体系。这是在新的历史时期,积极参与世界文化竞争的必然要求。"一个没有发达的自然科学的国家不可能走在世界前列,一个没有繁荣的哲学社会科学的国家也不可能走在世界前列""坚持和发展中国特色社会主义必须高度重视哲学社会科学"[1]。习近平总书记在讲话中精准概括了在社会主义现代化建设中积极构建哲学社会科学建设的迫切性,也是中华文化走向世界的有力支撑的重要环节。构建哲学社会科学要有中国特色、体现文化的先进性、彰显民族风格,更要有中国气派、中国特色、中国风格,是实力与自信的集中体现。

理论的生命力在于不断的创新。中华优秀传统文化为哲学社会科学建设提供重要宝贵资源,是实力与自信的重要来源。创新是哲学社会科学发展的永恒主题,中华优秀传统文化转化创新是对哲学社会科学促进发展的有益补充。因此,哲学社会科学的构建不仅要立足社会主义现代化建设的实际,更要结合优秀传统文化精髓,在现实生活中搜集好的素

---

[1] 习近平:《在哲学社会科学座谈会上的讲话》[N].《人民日报》2016-05-19(02)。

第八章 中华优秀传统文化"双创"的价值及新时代发展趋势

材,才能创作出好的作品。基于此,要充分认识到在未来国家文化竞争中民族文化的重要性,优秀传统文化是彰显国家社会科学的独特名片,体现了民族特性。同时,我们要深刻认识到中华优秀传统文化"双创"在哲学社会科学构建中的双重作用:一方面,中华优秀传统文化"双创"为哲学社会科学的构建提供了优秀传统文化的思维方式、文化智慧,为哲学社会科学知识体系建设和方法提供借鉴;另一方面,新时代,哲学社会科学的构建和发展为中华优秀传统文化"双创"成果提供有效的实践检验。在中华优秀传统文化现代转化中,不是所有的转化成果都能成为哲学社会科学体系的组成部分,必须是先进的文化成果,能引领文化发展方向,具有一定向心力的文化,对社会发展有促进的作用,对人们的价值理念有导向作用的优秀成果才能是哲学社会科学的有机组成部分。

中华优秀传统文化的转化创新是构建中国特色哲学社会科学体系的重要组成部分,要结合现代学科体系建设需要最大程度上挖掘中华优秀传统文化资源,不断为哲学社会科学体系注入新元素。使中华优秀传统文化现代转化成果为哲学社会科学体系注入新的时代精神,为中国特色社会主义文化建设提供更具活力的思想理念;使中国特色哲学社会科学体系构建和创作更具中国智慧、中国气派,这是中华优秀传统文化"双创"后的价值效用的体现。

总之,中华优秀传统文化具有深厚的文化底蕴和智慧,是社会主义先进文化建设的有益补充。建设文化强国,让中华文化走向世界要从中华优秀传统文化中汲取智慧和精华,不断提升文化软实力,积极参与国际文化交流,在世界文化舞台上彰显中国价值、中国智慧,充分发挥中华优秀传统文化的时代价值。基于此,中华优秀传统文化"双创"将在社会主义强国之路上越来越发挥更大的理论价值和现实意义。

(二)中华优秀传统文化"双创"的实践价值

中华优秀传统文化"双创"成果不仅为中国特色社会主义理论体系建设提供丰富的文化养分,也是推动社会主义现代化建设的动力之源。因此,如何让"双创"的成果更好惠及百姓,不断提高国民文化素养,塑造人格魅力,在新时代提升我国综合竞争力,是决定优秀传统文化未来发展的重要决定力量。因此,中华优秀传统文化"双创"的实践价值为社会主义现代化建设提供价值导向,为新时代构建哲学社会科学发展提供理论支撑的需要。

1. 中华优秀传统文化为社会主义现代化建设提供价值导向

中华优秀传统文化现代转化要与社会主义现代化建设相适应。把优秀传统文化中的思想理念转化运用到"经济建设、政治建设、社会建设和生态文明建设"①层面上来,推动社会经济更好地发展。

其一,在经济建设层面。我们要充分学习运用中华优秀传统文化中蕴含的"易穷则变,变则通,通则久"的改革与革新思想。在市场经济中,从维护市场秩序来看,建立诚信制度是确保市场有效运转的重要手段,将诚实守信融进社会主义法制经济中,充分发挥政府在市场经济中的辅助功能,诚实守信有助于加强市场主体的道德修养,保证市场竞争的公平性。中华优秀传统文化蕴含的义利观有助于遏制市场经济条件下的拜金主义,规范人们追求物质利益的态度,在一定程度上消解盲目追求私利的倾向。中华优秀传统文化蕴涵的诚实守信、义利观为促进社会经济发展提供了重要理论渊源。

其二,在政治建设层面。党的十九大以来,全面推进依法治国与以德治国,提出了以"人民为中心"的治国理念是新时代中国特色社会主义政治建设的实践推进与具体运用;是对中华优秀传统文化中的"仁政""法治""民本"等思想的创新运用,这些优秀传统文化思想为社会主义现代化治理提供了思想支撑。

其三,在社会建设层面。中华优秀传统文化中关于"和实生物""和而不同""以和为贵""厚德载物"等思想,为我国进一步完善社会治理体制,推进社会治理能力和治理体系的现代化提供了智力支撑;为构建和谐社会、建设美丽乡村,全面建成小康社会提供思想保障。

其四,在生态文明建设层面。中国特色社会主义进入新时代,生态文明建设关系中华民族永续发展的千年大计,党和国家把生态文明建设列入社会主义现代化建设的总体布局。在社会经济的整体发展规划中,全面落实可持续发展理念,留住青山绿水,加强环境保护,建设美丽中国。这一实践过程是对中华优秀传统文化中"天人合一""道法自然"等思想的创新,也是丰富和发展了马克思主义关于人与自然关系的思想。这些保护生态环境的思想在中国特色社会主义生态文明建设实践中得到具体应用。

---

① 参见刘峰:《改革开放40年来中国传统文化传承发展与党的理论创新互动探讨》[J].《学术探索》2018年第9期,第130-131页。

第八章　中华优秀传统文化"双创"的价值及新时代发展趋势

2. 辨别与区分不同时期的中华优秀传统文化，进一步提升中华优秀传统文化内涵

在新的历史时期，快节奏的工作和生活方式给人们带来不少压力，越来越多的人开始追求简朴、休闲的文化生活。由于受到各种因素的干扰和制约，人们对传统文化的了解还缺乏系统性和科学性，必然导致对传统社会生活、文化的盲目追随，甚至陷入误区。"传统文化不可避免会受到当时人们的认识水平、时代条件、社会制度的局限性的制约和影响，因而也不可避免会存在陈旧过时东西。"① 因此，我们在对中华传统文化广泛收集与系统整理，获得丰富的文化资料之后，应结合当前中国特色社会主义先进文化建设的需要进行"鉴别筛选和研究，判断其价值，通过创造性转化、创新性发展保留其优秀成分"。②

在建设社会主义先进文化过程中我们要对中华传统文化进行正确的价值判断，区分不同时期优秀传统文化的历史地位、社会功能，才能为社会主义先进文化建设提供更有价值的内涵。中华优秀传统文化为中国特色社会现代化建设提供丰厚养料，进一步丰富了中国特色社会主义文化建设的内涵，在价值判断选择上符合时代发展的要求。对中华传统文化做出正确的辨别和区分要以科学的态度及分析方法，有针对性区分哪些是优秀传统文化，可以继承弘扬，哪些是糟粕的传统文化，必须加以抛弃。在这一辨别和区分的过程中，不能主观臆断，只有做到科学分析与认真研究才能得出正确结论，才能在转化创新中符合时代要求，为社会主义先进文化建设打好基础。

中华优秀传统文化"双创"的实践价值，还在于其转化创新的成果能否得到社会实践的检验。中华优秀传统文化承载了深邃的社会思想、包含着丰富的人文内涵以及渊博的知识素养。其中包含的自强不息、厚德载物、以民为本、以德树人、勤勉奉公等思想精髓和价值理念，通过"双创"使其思想、人文内涵、知识素养融入社会主义现代化建设的全过程。不断提升人们的价值信仰和精神面貌，激发人们在社会主义现代化建设中的活力。中华优秀传统文化"双创"最大的理论价值不是熟读强记这些论断，而是将这些论断所包含的开放性、系统性、辩证性精神的内涵转化到

---

① 习近平：《谈治国理政》第二卷[M].北京：外文出版社，2017年版，第313页。
② 贾雨楠：《新时代优秀传统文化转化发展的原则和路径》[J].《山东干部函授大学学报》2018年第10期，第41页。

我们的日常生活中,使得人们的思维范式不断开放调整,激发我们的创新思维。让优秀的传统文化精髓在社会主义现代化建设中发挥更大的价值,让更优秀的传统文化精髓得以传承。

总之,中华优秀传统文化"双创"的理论价值与实践价值在社会主义现代化建设中的运用,是对中华优秀传统文化"双创"价值的肯定。中华优秀传统文化"双创"为马克思主义中国化提供丰富的文化土壤,为构建社会主义核心价值观提供思想精髓,为构建中国特色哲学社会科学理论体系提供价值元素,为社会主义现代化建设提供价值导向,为解决人类社会发展问题贡献中国智慧。辨别与区分不同时期的中华优秀传统文化,进一步提升优秀传统文化内涵,为治国理政提供借鉴和启示,为我们认识世界与改造世界提供价值的参考。因此,中华优秀传统文化"双创"必须要紧扣时代发展的主题,体现时代内涵,与社会发展相协调,才能更好激发中华优秀传统文化的活力。

(三)新时代弘扬中华优秀传统文化的价值意蕴

正如习近平总书记所强调:"文化是一个国家、一个民族的灵魂。文化兴国运兴,文化强民族强。要坚持中国特色社会主义文化发展道路,激发全民族文化创新创造活力,建设社会主义文化强国。"[1]因此,在新时代大力弘扬中华优秀传统文化,具有理论意义和现实意义。

1. 弘扬中华优秀传统文化是新时代坚定文化自信的精神根基

党的十八大以来,习近平总书记高度重视中华优秀传统文化的传承发展,提出了创造性转化、创新性发展的方针,为中华传统文化发展指明了方向。为我们在新的历史条件下如何"不忘本来"、坚定文化自信指明了方向。实践证明,通过大力弘扬中华优秀传统文化,对坚定我国人民的文化自信确实具有重大而深远的意义,其意义主要表现如下。

其一,中华优秀传统文化的民族认同感会越来越强。

一个国家、一个民族的文化认同感不是突然出现的,也不是一时一刻形成的,它是一个历史的积淀过程。中华优秀传统文化的民族认同感表

---

[1] 习近平.决胜全面建成小康社会夺取新时代中国特色社会主义伟大胜利——在中国共产党第十九次全国代表大会上的报告[M].北京:人民出版社,2017年版,第33页。

第八章 中华优秀传统文化"双创"的价值及新时代发展趋势

现在中华民族已往全部历史过程中。中华民族同属于一个大家庭,具有同源性,由于长期的生产、生活交往中形成了大杂居、小聚居特点,形成了今天中华56个民族的大家庭。如果说一个民族传统文化是这个民族品格养成的根脉,那么作为其文化最高境界和精髓的价值观就是这个民族品格的灵魂。中华民族品格生成之根就是中华文化,而中华文化是在长期的历史反思中沉淀下来的稳定的精神追求,它是中华民族的精神基因。众所周知,一个民族品格的塑造,离不开这个民族历史上创造的丰富的文化。民族品格养成之"魂",核心价值观的培育要立足中华优秀传统文化,这些优秀传统文化在精神层面上是对传统文化进行去粗取精、去伪存真所获得的精华,是中华民族文化认同的基础和价值追求。社会主义核心价值观之所以是中华民族的共同价值信仰,是民族品格养成之"魂",正在于它可以在实践中为中华民族文化认同注入时代精神的精华,不断引领中华优秀传统文化的民族认同感和自豪感。

其二,中华优秀传统文化的社会弘扬面会越来越大。

随着中国在世界影响力的增强,中华优秀传统文化越来越受到人们的关注。尽管中国传统文化在历史的不同时期经历了磨难,但它仍具有极强的生命力和价值。近年来,随着我国经济发展,中华传统文化又一次受到极大的关注。这些说明"中国传统文化不仅有深厚的文化积淀,而且有丰富而生动的哲学语言,充满着富有智慧的表达方式"。[①] 随着人们物质生活水平的提高,人们开始对精神生活有了更高的需求,对此就需要优秀传统文化思想来简析当代社会的价值。特别是传统文化中以儒家文化为主体的文化在新时代越来越受人们关注和弘扬,儒者孟子说:"无恻隐之心,非人也;无羞恶之心,非人也;无辞让之心,非人也;无是非之心,非人也。"儒家思想给予人以精神追求,让人获得一种至高无上的价值感。现如今,我们倡导社会主义核心价值观,建立和谐的社会关系,建设美丽中国,最终倡导的是人与社会和谐相处。中华优秀传统文化博大精深,其精髓对人们的影响越来越大,在新时代,中华优秀传统文化的社会弘扬面会越来越大,得到广泛的关注。

其三,中华优秀传统文化的全球影响度会越来越高。

在世界多极化发展的趋势下,怎样坚持中国道路、构建和谐社会,在世界舞台上体现中华民族文化的软实力,增强中华优秀传统文化在全球的影响力,是党必须考虑的长远战略。随着我国经济社会发展对人类贡

[①] 陈先达:《马克思主义和中国传统文化》北京:[M],人民出版社,2015年版,第35页。

献的增多,世界各国也把更多目光和需求投向中国,越来越多的人开始学习汉语,学习中国技术,中国制造成为世界日益关注的焦点。中国经济的快速发展以及对世界的贡献让更多的外国人愿意学习了解中国文化,由此带来,中华优秀传统文化在国际上的影响力、竞争力日益明显,影响度也会越来越高。

2. 弘扬中华优秀传统文化是铸就中华文化新辉煌的思想源泉

在新的历史时期我们要坚定文化自信,建设繁荣昌盛的中国特色社会主义文化,是新时代对我们提出的要求和目标。弘扬优秀传统文化,铸就中华文化新辉煌必须要以新时代中国特色社会主义思想为指导,坚守中华文化立场,立足中国特色社会主义伟大实践,不断推进中华文化前行。

(1) 铸就中华文化新辉煌需要自觉传承中华优秀传统文化

在人类文化发展史上,虽然我国文化在不同时期屡遭破坏,但中国传统文化没有断裂过,仍然砥砺前行。中国不仅有大量的出土经典文物,而且还有各类古典文献书籍和资料,为人类留下了可供研究和探索的有形或无形的资料财富。这些经典的传承、文献的研究对人类文化的源远流长以及铸就中华文化新辉煌都有着非凡的价值。

其一,传承文化经典是铸就中华文化新辉煌的有效途径。

作为拥有悠久历史的的中华民族,我们的先祖们留下的文化一直延续传承几千年。这些祖辈们遗留下来的文化遗产,其中有许多是世界上少有的文化瑰宝。毛泽东同志指出:"在中华民族的开化史上有素称发达的农业和手工业,有许多伟大的思想家、科学家、发明家、政治家、军事家、文学家和艺术家,有丰富的文化典籍。"[1]从经典文献上可以看出中华民族历代都不断研究传承文化经典的精神,传承文化经典与中华民族的生存和发展的实践是融为一体的。一个民族的文化结构是一个整体,但各个民族又有不同的特点。中华文化遗产的经典中有各种不同的观点,例如在中国早期的思想家中有老子、庄子、孔子、孟子等思想,观点各有其说。其中儒家思想在文化经典中发挥了重要作用,滋养着中华文化的发展和中华文明的创造。培育了一代又一代的仁人志士,激发了后贤,留下了"为天地立心,为生民立命,为往圣继绝学,为万世开太平"等名言佳句。在不同的时期,中华优秀传统文化激励着中华儿女不断奋发图强,无论是

---

[1] 毛泽东:《毛泽东选集》第二卷,[M],人民出版社1991年版,第622页。

第八章 中华优秀传统文化"双创"的价值及新时代发展趋势

在封建时代为寻求救国图存的仁人志士,还是在中国遭受外敌入侵的民国时期,中华儿女都能以"天行健,君子以自强不息"的奋斗精神,和而不同的包容精神,与时俱进的求实和变革精神为国为民而奉献。这种对文化经典的传承和践行是不断铸就中华文化的力量源泉,是对经典文化的最好诠释。在新时代,党领导人民建设美丽中国,建成小康社会,构建和谐社会,倡导社会主义核心价值观。那么,社会主义核心价值观根植于中华优秀传统文化,是对中华优秀传统文化的继承和发展。中华文化的繁荣和发展要随着人类社会文明的发展不断注入新的元素和活力,需要汲取世界各民族一切优秀的文化养分来不断铸就中华文化新辉煌。

其二,传承中华优秀传统文化需要新时代新思想的指导。

在新时代,我们党提出了对中华优秀传统文化发展的总体目标,要弘扬中华优秀传统文化必须要立足本国现实、立足民族优秀的文化,同时要汲取一切外来优秀的文化,把中华优秀传统文化的精髓弘扬发展好,走向世界,让人类共享。随着世界经济一体化、文化多元化的发展,外来腐朽文化在不断侵蚀着一些青少年思想,给一些正在成长的青少年带来一些负面影响,比如近年来盲目崇拜洋文化,如狂欢夜、万圣节、情人节等西方节日。而我们传统的节日如春节、中秋节、端午节等逐渐在一些青年人思想中淡化。为此,党高度重视人们思想意识形态领域建设,人民有信仰,国家有力量,民族有希望,提高人们对中华优秀传统文化的认识和把握,深入挖掘中华优秀传统文化蕴含的思想观念、人文精神、道德规范,结合时代要求继承创新,用新时代中国特色社会主义思想指导中华优秀传统文化的发展。

(2) 铸就中华文化新辉煌需要努力创新中华优秀传统文化

延绵不绝的中华传统文化是在数千年传承积淀中形成的,在中国社会历史发展中发挥着独特价值和人文精神。近代以降,中华传统文化进入了一段坎坷艰难的境地,其发展和影响力在西方工业文明的冲击下面临着危机,自改革开放以来,随着中国社会经济的发展,中国在世界的影响力越来越大,中华文化的智慧和价值也越来越受到更多国家的关注,因此,在新的历史时期,我们要延续中华文化血脉并从中汲取精神养料不断铸就中华文化新辉煌需要努力创新中华优秀传统文化。

其一,铸就中华文化新辉煌必须要坚守中华文化立场和现实。

中华传统文化是中华民族集体智慧的结晶和财富,是中华民族特性的体现。马克思主义认为"人们自己创造自己的历史。但是他们并不是随心所欲地创造,并不是在他们自己选定的条件下创造,而是直接碰到的、既定的、从过去继承下来的条件下创造"。① 可知,世界上没有无本之木、无源之水,任何一种文化的形成确立,都不能脱离自己民族的历史脉络和精神传统,中华传统文化的形成与发展是中华民族在这片广袤无垠的土地上长期生活和实践中积淀起来的,具有无比深厚的根基和凝聚力。中华文化无论在两汉,还是在隋唐、两宋时期都是世界文化强国,明清以降,中华文化面临近代危机,其影响力日益衰微。在新时代,我们铸就中华文化新辉煌不能盲目拿来一切外来文化,在这里可以汲取其他国家的优秀文化,但主要的是要立足中华立场和立足中华民族现实,在新时代,弘扬长征精神、改革精神、航天精神,而时代不断变化,铸就中华文化新辉煌,必须结合现实需要,要坚守中华立场不断从中华传统优秀文化中汲取价值理念和养分。

其二,创新中华优秀传统文化以铸就中华文化新辉煌为目的。

我们知道文化是一个国家和民族立身、立命之本,也是一个民族区别于其他民族的独特精神标识。中华优秀传统文化的价值与担当在不同历史时期彰显着不同价值,为国家社会治理发挥着重要作用。在新时代,中华传统文化当中的古老价值必须要结合时代需要不断创新,如"民惟邦本、本固邦宁"的富强思想,"出入相友、守望相助"的睦邻友好思想,"苟日新、日日新"创新思想,这些中华传统文化精华,是中华民族宝贵的遗传基因,在不同历史时期是维护中华民族精神纽带,在今天依然发挥着重要作用。中华传统文化有精华,也有糟粕,如何结合时代发展需要让其发挥更大的价值,是一个重要时代课题。这也就给我们广大的文化工作者在新的历史时期提出了新的和更高的要求,在理论创新和社会践行中不断创新中华优秀传统文化以铸就中华文化新辉煌为最终目的,从而不断提升文化软实力和国际文化竞争力。

3. 弘扬中华优秀传统文化是我们党在新时代担负的文化使命

不忘初心,牢记使命。回顾自党成立以来中华文化发展的历程,在东西方文化交流互鉴中,我们党在坚持以马克思主义理论为指导的同时,不断推动中华优秀传统文化创造性转化、创新性发展,以弘扬中华优秀传统文化为己任,不忘本来、吸收外来、面向未来,开启了中华文化发展的新篇章。我们站在新的历史起点上,面对社会大发展大变革大调整的历史时期,弘扬中华优秀传统文化是我们党在新时代担负的文化使命。这就要

---

① 《马克思恩格斯选集》第 1 卷,[M],北京:人民出版社,1995 年版,585 页。

第八章 中华优秀传统文化"双创"的价值及新时代发展趋势

求我们在研究、学习时结合时代发展的需要有继承性和批判性的取舍,不能全部照抄照搬,努力实现中华传统文化创造性转化、创新性发展,使之与现代社会相适应,共同服务于以文化人的任务。

在人类社会漫长的历史长河中,接续奋斗的中华民族,用自己的勤劳和智慧创造了辉煌厚重的中华文化。当代的中国共产党人也不会只做优秀历史文化的享用者,而是应当在继承历史光环的基础上,自觉地担当起弘扬中华优秀传统文化的使命,结合时代发展的需要繁荣发展中国特色社会主义文化,谱写中华文化新篇章,为建设社会主义文化强国提供有力支撑。

我们知道,任何一种文化都是在本民族文化的基础上成长起来的。只有不断汲取优秀的传统文化精髓,才能创新出优秀的民族文化。在人类社会漫长的历史过程中,中华民族能够形成独特的文化标识,源自于中华儿女对本民族文化的高度自信与自觉认同。对本民族优秀传统文化的自豪感,一要避免盲目自大的民粹主义;二要避免崇洋媚外的民族虚无主义。我们要以马克思主义为指导,科学对待民族的传统文化,深刻认识和把握民族优秀传统文化未来发展的前景,坚定走中国特色社会主义文化发展道路。在当下,本民族优秀传统文化是建设社会主义文化强国的基础,为中国特色社会主义文化强国建设提供丰厚的滋养,为铸就中华文化新辉煌提供了动力源泉。因此,不断增强民族文化自信心和自豪感就要立足现实,顺应时代发展要求。中华优秀传统文化博大精深,内涵丰富,结合时代特征,坚持弘扬中华优秀传统文化是当代提升文化软实力,提高国际文化竞争力,建设文化强国的必然要求。

总之,中国特色社会主义进入了新时代,站在新的历史方位和起点上弘扬中华优秀传统文化是新时代坚定文化自信的精神根基,建设文化强国,提升文化软实力,不断铸就中华文化新辉煌,是我们党在新时代担负的文化使命,这些都为实现中华民族伟大复兴提供文化支撑和精神动力。

二、中华优秀传统文化新时代发展趋势

党的十八大以来,党和国家将传承弘扬中华优秀传统文化、提高文化软实力、建设文化强国摆在社会主义现代化建设的重要位置,彰显了党和国家继承弘扬中华优秀传统文化的鲜明立场和坚定态度。在新时代,中

华优秀传统文化传承发展迎来新的发展机遇,在遵循文化自身发展规律的基础上,研究中华优秀传统文化的新时代发展趋势,有助于彰显新的价值和意义。因此,我们必须站在历史的高度来审视这一"双创",在实现"两个一百年奋斗"目标的过程中日益凸显了优秀传统文化在社会主义文化强国建设中的历史底蕴和悠久传统;在中华民族伟大复兴中彰显文化根基和精神标识;在世界文化之林中日益展现永久魅力和时代风采,让中华优秀传统文化精髓在未来发展中更加出彩。

(一)将在社会主义文化强国建设中日益凸显历史底蕴和悠久传统

在建设中国特色社会主义文化强国的伟大实践中,习近平总书记强调"努力用中华民族创造的一切精神财富来以文化人,以文育人"。[①] 在当代社会经济发展中,文化的重要性越来越凸显。在社会主义文化强国建设中,优秀传统文化是构建社会主义核心价值观的宝贵资源,是文化自信的历史根基。因此,我们要在建设文化强国中不断增强民族文化的创新力,以此来进一步建设文化强国。

1. 在社会主义文化强国建设中日益凸显优秀传统文化的历史底蕴

文化强大体现了一个国家的综合实力。我国作为世界上最大的发展中国家,随着近年来经济的快速发展,国际地位日益提高,在国际事务中越来越发挥着重要作用。在实现文化强国之梦的征途中,立足本国民族文化,不断加强民族文化与世界先进文化的交流互鉴,提升民族文化竞争力和创造力,凸显中华优秀传统文化向心力。社会主义核心价值观体系的构建集中反映了优秀传统文化深厚的历史底蕴,而坚定文化自信凸显了中华民族的精神品格。中国作为世界上发展中的大国,在激烈的国际竞争中要牢牢把握自身发展的命运,要有引领世界发展的责任与担当。中华文化矗立在世界文化交流的潮头,不仅体现优秀传统文化的包容与智慧,而且更多体现了引领世界文化发展的风向标。

在社会主义文化强国建设中,要深刻认识中华优秀传统文化在未来国家文化建设的重要性,不断从中汲取养分,才能更好推进文化强国之梦。如习近平总书记指出"吸吮中华民族漫长奋斗积累的文化养分,我

---

① 习近平:《共同的根共同的魂共同的梦共同书写中华民族发展新篇章》[N].《人民日报》2014-06-07(01)。

第八章 中华优秀传统文化"双创"的价值及新时代发展趋势

们走自己的路,具有无比广阔的舞台,具有无比厚重的历史底蕴,具有无比强大的前进定力"。[①]建设文化强国既要立足国情,又要考虑文化底蕴,才能充分调动一切积极因素投入社会主义现代化建设上来。我们要深刻认识到文化强国目标的实现,源于中华民族辉煌的历史成就,要深入推进改革开放这一伟大创举。在这一改革开放过程中,中华优秀传统文化在中国特色社会主义现代化建设中越来越凸显历史底蕴,为社会主义现代化建设提供了精神指引。

总之,中华优秀传统文化传承贯穿于社会现代化建设的全过程,展现了优秀传统文化发展的强劲势头,助推着文化强国梦的实现。同时,要深刻认识到中华优秀传统文化只有贯穿到中国特色社会主义现代化建设的实践中才能更好地传承创新。

2.在社会主义文化强国建设中日益凸显优秀传统文化的悠久传统

文化是维系国家稳定和民族繁衍生息的精神命脉。在当代中国,建设社会主义文化强国必须坚持弘扬中华优秀传统文化,不断铸就中华文化新辉煌。党的十九大报告指出:"中国特色社会主义文化,熔铸于党领导人民在革命、建设、改革中创造的革命文化和社会主义先进文化,根植于中国特色社会主义伟大实践。"[②]这一重要论断深刻揭示了建设社会主义文化强国的根本要求。建设社会主义文化强国,需要从多维度来传承弘扬中华优秀传统文化。

其一,传承中华优秀传统文化必须以新思想为指导。中华优秀传统文化是中华民族集体智慧的结晶。习近平指出:"中华文明源远流长,孕育了中华民族的宝贵精神品格,培育了中国人民的崇高价值追求。"[③]无论是在革命战争年代,还是在中国特色社会主义现代化建设时期,我们党始终都是中华优秀传统文化的传承者。在新时代,我们党提出中华优秀传统文化发展的总体目标,弘扬中华优秀传统文化必须要立足本国国情、立足民族优秀的文化为根基。

中华优秀传统文化在未来的发展需要新时代新思想的指引,与社会发展同步才能焕发出新气息。中华优秀传统文化的发展不能关起门来自

[①] 《中国共产党第十九次全国代表大会文件汇编》[G].北京:人民出版社,2017年版,第56页。
[②] 《中国共产党第十九次全国代表大会文件汇编》[G].北京,人民出版社,2017版,第33页。
[③] 习近平:《谈治国理政》第一卷[M].北京:人民出版社,2018年版,第158页。

娱自乐,要走出国门与世界先进文化进行交流,才能创造出新的文化外延和内涵,展现中华优秀传统文化的智慧与魅力。为其他国家或地区社会经济发展提供中国方案,不断展现中华文化的世界治理能力和智慧。中华优秀传统文化要走出国门才能得到世界人民的认知,中华优秀传统文化才会有更加旺盛的生命力和感召力。

其二,不断增强人民对民族文化的自豪感。在人类社会历史文化发展的长河中,中华民族久经磨难形成独特的文化标识,这一标识是中华儿女对文化自信与自觉认同的基础。一般而言,文化自豪感是建立在民族文化自身发展壮大的文化基础之上,是文化实力的体现。随着文化的交流碰撞,只有坚定文化自信,自觉认同本民族优秀传统文化,不断增强民族文化自豪感,才能在世界文化激荡中站稳脚跟,让民族优秀文化焕发出新的活力,推动中华文化走向世界。文化自豪感是建设社会主义文化强国的力量之源,也是不断推动中华优秀传统文化创新发展的不竭动力。

培育文化自豪感,要认识到中华优秀传统文化是建设社会主义文化强国的母体,在社会主义文化强国建设中越来越凸显传统性,为铸就中华文化新辉煌提供了动力源泉。不断增强民族文化自信心和自豪感就要立足优秀传统文化,顺应时代发展要求,不断推动中华优秀传统文化走向世界,大胆汲取世界优秀民族文化精华进行融合创新,创造出更加具有吸引力的璀璨文化以推动人类社会发展。

其三,在世界舞台上日益凸显中华优秀传统文化的魅力。在面临世界文化激烈交锋的过程中,如何在新的历史时期传承弘扬"双创"的成果,使其在世界文化舞台上绽放出奇光异彩呢?习近平总书记指出:"中华文明有着五千多年悠久历史,我们的同胞无论在哪里,身上都会有鲜明的中华文化烙印,中华文化是中华儿女共有的精神基因。"[1]中华儿女无论走到哪里都自身蕴含着民族文化的基因和自信,这是中华优秀传统文化最亮丽的名片,也是中华民族最耀眼的光环。弘扬中华优秀传统文化不只是享受着民族的光环,更重要的是如何把优秀的传统文化发扬光大,使中华优秀传统文化基因得以传承。中华民族自古就有坚韧不拔的品格,在历史上任何时期都能战胜一切困难,取得辉煌的成就。

中国特色社会主义走进新时代,中华民族要屹立于世界民族之林,首先要中华文化以崭新的姿态屹立于世界文化舞台之巅。文化具有了先进性和感召力才能引领世界文化发展的风向标,赢得其他国家民族的认同。中华优秀传统文化具有独特的理念与神韵,其中的"讲仁爱、重民本、守

---

[1] 习近平:《谈治国理政》第一卷[M].北京:人民出版社,2018年版,第63页。

第八章　中华优秀传统文化"双创"的价值及新时代发展趋势

诚信、尚和合、求大同"等核心理念,以及"自强不息、见义勇为、尊老爱幼"等传统美德在构建人类命运共同体中都充分展现在世界人民面前。这些精髓也向世人展示了中华文化的博爱与宽容,蕴含着人类的共同价值诉求。结合时代特征,坚持走出去和引进来的文化交流模式,不断提升我国文化软实力,提高国际文化竞争力,使中华文化走向世界。

总之,站在新的历史方位和起点上弘扬中华优秀传统文化是新时代坚定文化自信的根基,也是建设文化强国,不断铸就中华文化新辉煌走向世界文化舞台必然的趋势。

(二)将在中华民族伟大复兴中日益彰显文化根基和精神标识

实现中华民族伟大复兴是中华民族奋斗的目标,也是每个人的使命和职责。实现强国梦要有强大的经济科技作后盾,还要有文化软实力作支撑。中华优秀传统文化是中华民族独特的标识,是实现"两个一百年"奋斗目标的精神支柱,为中华民族伟大复兴提供力量之源,具有独特的精神标识。

1.在中华民族伟大复兴中日益彰显优秀传统文化根基

中华民族有着五千多年的文化积淀,蕴含着独特的思想理念、人文精神、道德规范。蕴含着重民本、尚仁爱、讲诚信、尚和合、求大同等思想。崇尚克己奉公、自强不息、厚德载物、勤俭廉政、精忠爱国等传统价值,有着永不褪色的人文价值。深刻影响着子孙后代,筑牢了我们文化自信的根基,增强了中华民族的自豪感和自信心。

中华优秀传统文化不是因循守旧固定的模式,而是与时代同发展,与社会相呼应,具有自我超越的力量。传承与创新是优秀传统文化的生命力,中华文化血脉的延续要紧跟时代发展的潮流,在实现中华民族伟大复兴中日益发挥优秀传统文化的价值。创新发展是不断增强"四个自信",提升文化软实力,建设文化强国,实现中华民族伟大复兴的内在要求。在新时代,为中华优秀传统文化提供了广阔发展的空间,为弘扬优秀传统文化提供了实践的土壤。中国特色社会主义现代化建设需要优秀传统文化提供精神支撑、构建和谐的社会氛围,二者是相辅相成、相互推进的过程。中华优秀传统文化的独特价值在于,它为中华民族的每一个成员提供了基于文化认同之上的身份认同,从民族复兴中形成强大凝聚力。中华优秀传统文化在人类历史的舞台上能走多远可以说关乎着中华民族的未来,也决定着中华民族的强盛。文化是社会生产力的集中体现,反映着一个国家和民族的综合国力,综合国力的较量其实质也是科技文化的较量。因此,文化的兴衰更替是民族兴旺发达的具体体现。

总之,坚定文化自信,建设文化强国,推动社会主义文化繁荣兴盛需要有创造力的优秀传统文化,更需要充满活力引领时代风范的先进文化。实现中华民族伟大复兴,优秀传统文化是根基。

2. 在中华民族伟大复兴中日益彰显优秀传统文化精神标识

新中国成立的70多年来,中华儿女为实现民族复兴不断砥砺前行,书写了人类历史的新篇章,实现了中国经济的腾飞,创造了一个又一个人间奇迹,形成了新时代的爱国主义精神和时代精神。中华优秀传统文化所蕴含的思想观念、人文精神、道德规范、意志品质是滋养国人的精神世界、鼓舞人们实干兴邦精神的活水源头。基于此,可以从以下几个方面来理解中华优秀传统文化是实现中华民族伟大复兴的精神标识。

其一,它是中华民族延续发展的精神财富。文化自古以来就是国家和民族精神的体现,是推动人类社会发展的动力之源。文化是民族特征的外在体现,是延续民族发展的价值符号。中华优秀传统文化是中华儿女勤劳奋斗与实践探索的智慧结晶,是人类文明史上的璀璨明珠,它源远流长、博大精深,具有极强凝聚力和持久的生命力。

其二,它是中华民族独特的精神标识。为社会主义现代化建设提供精神食粮,是社会主义现代化建设的宝贵精神财富,蕴含着丰富文化底蕴,是中国人修身、齐家、治国、平天下的独特标识。习近平在讲话中指出的修齐治平、尊时守位、知常达变、开物成务正是对中华传统文化精髓的概括和总结。在革命和社会主义现代化建设中形成的"红船精神、长征精神、焦裕禄精神、改革创新精神"等思想文化理念,为实现中华民族伟大复兴提供精神支撑和精神标识。

其三,是实现中华民族伟大复兴的坚强支撑。新时代,实现中华民族伟大复兴是近代以来中华民族最伟大的梦想。"没有高度的文化自信,没有文化的繁荣兴盛,就没有中华民族的伟大复兴。"[1]实现中华民族伟大复兴的中国梦必须要有精神作为鼓舞和支撑。在长达五千多年的历史长

---

[1] 《中国共产党第十九次全国代表大会文件汇编》[G].北京:人民出版社,2017年版,第33页。

第八章　中华优秀传统文化"双创"的价值及新时代发展趋势

河中,中华民族形成了勤劳勇敢、自强不息、忠贞爱国的伟大民族精神。这种民族精神激励着中华民族在危难之际坚贞不屈,战胜任何困难,使中华民族依然屹立于世界民族之林,中华民族伟大复兴之路离不开这种民族精神的引导。改革开放40多来,党领导人民顺应时代潮流,形成了以改革创新的时代精神,这种时代精神承载着伟大的中国梦正迎风破浪砥砺前行。

其四,它是人类文明发展的重要组成部分。文化的民族性不仅是本民族的"胎记",而且也是民族文化区别于其他民族文化的身份"标签"。中华优秀传统文化中独一无二的"理念、智慧、气度、神韵",[①]增添了中华民族文化的底色。这些优秀传统文化基因为文化强国建设提供了丰厚资源,为世界文明的发展贡献了中国智慧。推动社会主义文化强国建设要立足自身,"坚持特色",不断交流互鉴,做到民族性和世界性的统一。"越是民族的,就是世界的"[②],这句话说明了文化的民族性与世界性的辩证关系。在人类文化发展史上充分体现了"世界性寓于民族性之中,民族性是世界性的载体,没有丰富多样的民族性,世界性就失去力存在的可能"。[③]在全球化的背景下,中华优秀传统文化为世界文化的交流互鉴注入了新的活力,对世界文化的发展发挥着积极的作用,未来之中国,必将以更加开放的姿态拥抱世界、以更有活力的文明成就贡献世界。中华文化在世界发展中越来越发挥着重要作用,为全球治理提供中国智慧、中国方案,不断走向世界文化舞台的中央,助推世界和谐发展。

总之,在实现中华民族伟大复兴的历史进程中,中华优秀传统文化蕴含着民族精神和新时代的创新精神,代表着中华民族独特精神标识。因此,中华优秀传统文化内涵丰富,将是我们实现中华民族伟大复兴的文化根基和精神标识。

(三)将在世界文化之林中日益展现永久魅力和时代风采

在人类文化发展史上,我国文化在不同时期屡遭破坏,但中华优秀传

---

① 习近平:《在中国文联十大、中国作协九大开幕式上的讲话》载"新华网"2016年11月30日。Htt: //news.xinhuanet.com/polities/2016-11/30/c-1120025319.htm.
② 中共中央文献研究室编:《十三大以来重要文献选编》[G].北京:人民出版社,1991年,第862页.
③ 平章起、郭威:《论社会主义文化强国建设的"三个面向定位"》[J].《上海行政学院学报》2014年第15卷第05期,第36-41页.

统文化没有断裂过,仍然砥砺前行。中国不仅有大量出土的经典文物,而且还有各类典藏文献书籍和资料,为人类研究古今文化留下了宝贵财富。这些经典的传承,文献的研究,对铸就中华文化新辉煌都有着非凡的价值。中华优秀传统文化是在数千年传承积淀中形成的,在社会历史中发挥着独特价值和人文精神。近代以降,中华优秀传统文化在西方工业文明的冲击下,受到了很大冲击,其影响力有所下降。改革开放以来,随着中国社会经济快速发展,中国在世界的影响力越来越大,中华文化对世界的贡献越来越受到更多国家的关注。因此,铸就中华文化新辉煌,不断扩大中华优秀传统文化在世界文化之林的永久魅力和时代风采是实现中华民族伟大复兴的必然趋势。

其一,铸就中华文化新辉煌日益展现优秀传统文化的永久魅力。中华优秀传统文化是助推我国社会主义经济发展的宝贵财富,为社会主义现代化建设提供精神支持。马克思主义认为"人们自己创造自己的历史,但是他们并不是随心所欲地创造,而是直接碰到的、既定的、从过去继承下来的条件下创造。"[①] 也就是说,世界上没有无本之木、无源之水,任何一种文化的形成确立,都要植根于民族的文化土壤,中华优秀传统文化的形成与发展是中华民族在这片广袤无垠的土地上长期生活和实践中积淀来的,具有无比深厚的根基和凝聚力。中华文化在两汉、隋唐、两宋时期都对世界经济文化发展产生了重要影响。在新时代,坚定文化自信,铸就中华文化新辉煌是时代赋予我们的历史责任。随着中国社会经济的发展,中华文化的影响力和价值日益凸显,提升文化软实力是增强国家竞争力集中体现。在新时代,坚守中华立场不断从中华传统优秀文化中汲取价值和养分,弘扬长征精神、改革精神、航天精神,为铸就中华文化新辉煌增添新动力。

其二,在世界民族文化之林中日益展现优秀传统文化的时代风采。一个国家一个民族的文化认同感是在长期的历史环境中积淀而成的。中华优秀传统文化的民族认同感蕴含在社会主义现代化建设的全过程中,助推着中华民族伟大复兴。所谓中华优秀传统文化的民族认同感,是指个体对于所属民族文化的认同并产生归属感,从而获得、保持与创新自身民族文化的社会心理过程。民族文化的认同包括社会价值规范认同、宗教信仰认同、风俗习惯认同、艺术认同等体现了本民族与其他民族的区别,彰显一个民族的特性。中华民族同属同根同源,形成 56 个民族的大家庭,由于在长期的生产、生活交往中形成了大杂居、小聚居的特点,其民

---

① 《马克思恩格斯文集》第 2 卷 [M].北京:人民出版社,2009 版,第 470 页。

第八章 中华优秀传统文化"双创"的价值及新时代发展趋势

族认同感日益剧增。一个民族品格的塑造,离不开这个民族历史上创造的丰富文化。习近平指出:"牢固的核心价值观,都有其固有的根本。抛弃传统、丢掉根本、就等于隔断了自己的精神命脉。"[1] 社会主义核心价值观之所以是中华民族的共同价值信仰,是民族品格养成之"魂",源自这种价值观是中华民族在长期生产生活中形成的,在实践中为中华民族文化认同注入时代精神,不断凝聚中华优秀传统文化的民族认同感和自豪感,推动中华民族文化不断向前发展。

总之,通过对中华优秀传统文化"双创"理论价值和实践价值的研究,中华优秀传统文化"双创"在文化强国建设中越来越彰显更大的价值。中华优秀传统文化创造性转化、创新性发展是一项复杂的系统工程,也是必须要解决的时代课题。站在新的历史起点上,中华优秀传统文化也必将迎来新的发展趋势,结合时代发展需要,充分挖掘中华优秀传统文化精髓,在实现中华民族伟大复兴的中国梦中展现永久魅力和时代风采,让中华文化再创新辉煌。

---

[1] 习近平:《谈治国理政》第一卷[M].北京:外文出版社,2018年版,第163-164页。

参考文献

一、著作类

[1]《马克思恩格斯全集》(第 3 卷)[M].北京：人民出版社,2002 年版。
[2]《马克思恩格斯全集》(第 19 卷)[M].北京：人民出版社,1963 版。
[3]《马克思恩格斯全集》(第 22 卷)[M].北京：人民出版社,1995 年版。
[4]《马克思恩格斯全集》(第 23 卷)[M].北京：人民出版社,1972 年版。
[5]《马克思恩格斯全集》(第 32 卷)[M].北京：人民出版社,1974 年版。
[6]《马克思恩格斯全集》(第 42 卷)[M].北京：人民出版社,1979 年版。
[7]《马克思恩格斯全集》(第 45 卷)（上）[M].北京：人民出版社,1979 年版。
[8]《马克思恩格斯全集》(第 46 卷)［M］.北京：人民出版社,1985 年版。
[9]《马克思恩格斯全集》(第 48 卷上册)[M].北京：人民出版社,1985 年版。
[10]《马克思恩格斯文集》(第 1 卷)[M].北京：人民出版社,2009 年版。
[11]《马克思恩格斯文集》(第 2 卷)[M].北京：人民出版社,2009 年版。
[12]《马克思恩格斯文集》(第 4 卷)[M].北京：人民出版社,2009 年版。
[13]《马克思恩格斯文集》(第 8 卷)[M].北京：人民出版社,2009 年版。
[14]《马克思恩格斯文集》(第 9 卷)[M].北京：人民出版社,2009 年版。
[15]《马克思恩格斯文集》(第 10 卷)[M].北京：人民出版社,2009 年版。
[16]《列宁选集》(第 2 卷)[M].北京：人民出版社,1995 年版。
[17]《列宁选集》(第 4 卷)[M].北京：人民出版社,1995 年版。
[18]《列宁全集》(第 38 卷)[M].北京：人民出版社,1959 年版。
[19]《列宁全集》(第 55 卷)[M].北京：人民出版社,1990 年版。

[20]《斯大林文集》[[M].北京：人民出版社,1985年版。

[21]《毛泽东选集》(第2卷)[M].北京：人民出版社,1991年版。

[22]《毛泽东选集》(第3卷)[M].北京：人民出版社,1991年版。

[23]《建国以来毛泽东文稿》(第6册)[M].北京：人民出版社,1992版。

[24]《邓小平文选》(第2卷)[M].北京：人民出版社1994年版。

[25]《江泽民文选》(第3卷)[M].北京：人民出版社,2006年版。

[26]习近平:《习近平谈治国理政》第一卷[M].北京：外文出版社,2018年版。

[27]习近平:《习近平谈治国理政》第二卷[M].北京：外文出版社,2017版。

[28]习近平:《习近平谈治国理政》第三卷[M].北京：外文出版社,2020版。

[29]余英时:《文史传统与文化重建》[M].上海：生活、读书、新知三联书店,2012年版。

[30]李中元:《文化是什么》[M].上海：商务印书馆,2014年版。

[31]郭沫若:《卜辞通纂》[M].北京：科学出版社,2002年版。

[32]曹晓宏:《中国传统文化指要》[M].成都：四川出版集团巴蜀书社,2008年版。

[33]汤漳平,王朝华 译注:《老子》[M].上海：中华书局出版,2014年版。

[34]孙海通译:《庄子》《内篇·逍遥游》[M].上海：中华书局,2009年版。

[35]丰子义:《现代化的理论基础》[M].北京：北京师范大学出版,2017年版。

[36]郝立新,周康林:《新时代中国发展观研究》[M].沈阳：辽宁人民出版社,2019年版。

[37]张岱年,方克立:《中国文化概论》[M].北京：北京师范大学出版,2004年版。

[38]汤一介:《国故新知:中国传统文化的再诠释》[M].北京：北京大学出版,1993年版。

[39]钱穆:《中国文化精神》[M].北京：九州出版社,2011年版。

[40]林剑主编:《马克思的文化观与当代中国文化建设》[M].北京：中国社会科学出版社,2015年版。

[41]费孝通:《文化与文化自觉》[M].北京：群言出版社,2010年版。

[42]梁漱溟:《中国文化要义》[M].上海：上海人民出版社,2011年版。

[43] 靳辉明,李崇富:《马克思主义若干重大问题研究》[M].北京:社会科学文献出版社,2011年版。

[44] 王宁:《中国文化概论》[M].北京:外语教学与研究出版社,2015年版。

[45] 中国第一历史档案馆编:《纂修四库全书档案》[M].上海:上海古籍出版社,1997年版。

[46] 冯天伦:《中国文化史纲》[M].北京:北京语言文化大学出版社,1994年版。

[47] 王金芳:《孟子·离娄上》[M].北京:金盾出版社,2009年版。

[48] 中共中央宣传部:《习近平总书记系列重要讲话读本》[M].学习出版社、人民出版社,2016年版。

[49] 张奎良:《马克思的哲学历程》[M].上海:上海人民出版社,1993年版。

[50] 陈先达:《文化自信中的传统与当代》[M].北京:北京师范大学出版社,2017年版。

[51] 王世舜,王翠叶 译注:《尚书·五子之歌》[M].上海:中华书局,2012年版

[52] 黄寿祺、张善文撰:《周易译注》[M].上海:上海古籍出版社,2018年版。

[53] 杨伯峻译注:《论语译注》[M].上海:中华书局,2018年版。

[54] [德] 黑格尔:《历史哲学》[M].王造时译.北京:生活·读书·新知三联书店,1957版。

[55] 张国祚:《中国文化软实力发展报告2014》[M].北京:北京大学出版社,2015年版。

[56] 王韬:《弢园文录外编》[M],北京:中华书局出版,1959年版。

[57] 李江涛:《当代文化发展新趋势研究》[M].北京:中央编译出版社,2009年版。

[58] 段联合、王立洲、桑业明:《当代中国马克思主义文化观》[M].北京:中国社会科学出版社,2011年版。

[59] 郭建宁:《中国文化强国战略》[M].北京:高等教育出版社,2012年版。

[60] 罗少卿:《论语·述而》[M].南京:金盾出版社,2008年版。

[61] 胡海波、郭凤志:《马克思恩格斯文化观研究》[M].中国书籍出版社,2013年版。

[62] [美] 亨廷顿:《文明的冲突与世界秩序的重建》[M].周琪等译,

新华出版社1998年版。

[63]纪宝成:《重估国学的价值》[M].北京:中国人民大学出版社,2012年版。

[64]袁祖社等:《四书五经全注全译》[M].北京:线装书局,2001年版。

[65]赵行良:《中国文化的精神价值》[M].上海:上海古籍出版社,2003年版。

[66]龚振黔:《当代科技革命与人的活动演变问题研究》[M].贵阳:贵州大学出版社,2013年版。

[67]张凯之:《中华优秀传统文化核心理念读本》[M].北京:学习出版社,2014年版。

[68]余英时:《余英时文集》(第2卷)[M].桂林:广西师范大学出版社,2004年版。

[69]郭居敬:《二十四孝》[M].西安:陕西人民出版社,2007年版。

[70]张松辉著:《老子.第二十五章》[M].长沙:岳麓出版社,2008年版。

[71]龚振黔、孙树文:《实践规律研究》[M].贵阳:贵州人民出版社,2012年版。

[72]林毓生:《中国传统的创造性转化》[M].北京:三联书店出版社,2011年版。

[73]蔡特金:《回忆列宁》(《列宁论文学与艺术》)[M].北京:人民文学出版社,1960年版。

[74]刘梦溪:《大师与传统》[M].桂林:广西师范大学出版社,2013年版。

[75]黑格尔:《逻辑学》(下卷)[M].北京:商务印书馆,1976年版。

[76]列宁:《哲学笔记》[M].北京:人民出版社,1974年版。

[77]《简明社会科学词典》[Z].上海:上海辞书出版社,1982年版。

[78]黑格尔:《美学》(第1卷)[M].北京:商务印书馆,1982年版。

[79]赵家祥:《历史唯物主义教程》[M].北京:北京大学出版社,1999年版。

[80]郭建宁:《马克思主义哲学中国化的当代视野》[M].北京:人民出版社,2009年版。

[81]陈先达:《马克思主义和中国传统文化》[M].北京:人民出版社,2015年版。

[82]杨伯峻著:《孟子译注》[M].北京:中华书局,2010年版。

[83][美]费正清、赖肖尔、克雷格:《东亚文明:传统与变革》[M].黎鸣等译,天津:天津人民出版社1992年版。

[84][英]阿诺德·约瑟·汤因比:《展望二十一世纪》[M]. 荀春生、朱继征、陈国梁译,北京:国际文化出版社 199 年版。

[85][美]乔治·麦克林:《传统与超越》[M]. 干青松、杨凤岗译,北京:华夏出版社,2000 年版。

[86][美]约瑟夫·列文森:《儒教中国及其现代命运》[M]. 郑大华、任菁译,南宁:广西师范大学出版社,2009 年版。

[87][美]墨子刻:《新儒学与中国政治文化的演进》[M]. 颜世安译,南京:江苏人民出版社,1990 年版。

[88][法]汪德迈:《新的汉文化圈》[M]. 陈彦译,南昌:江西人民出版社,2007 年版。

[89][美]杜维明:《儒家传统与文明对话》[M]. 彭国翔编译,石家庄:河北人民出版社,2006 年版。

[90][美]赛缪尔、亨廷顿:《文明的冲突与世界秩序的重建》[M]. 周琪、刘绯、张立平、王园译,北京:新华出版社,1998 年版。

[91][英]马凌诺斯基:《文化论》[M]. 费孝通译,北京:华夏出版社 2002 年版。

[92][美]E·希尔斯:《论传统》[M]. 傅铿、吕乐译,上海:上海人民出版社,1991 年版。

[93][美]爱德华·霍尔:《无声的语言》[M]. 何道宽译,北京:北京大学出版社,2010 年版。

[94][日]沟口雄三:《中国前近代思想的演变》[M]. 索介然、龚颖译,上海:中华书局出版社,2005 年版。

[95][法]雅克·德里达:《马克思的幽灵——债务国家、哀悼活动和新国际》[M]. 北京:中国人民大学出版社,1999 年版。

[96][意大利]贝内德托·克罗齐:《历史学的理论和历史》[M]. 田时纲译,北京:中国社会科学出版社,2018 年 10 月出版。

[97][英]伯特兰·罗素:《中国问题》[M]. 田瑞雪译,北京:中国画报出版社,2019 年 09 出版。

[98]Joseph S.Nye.The rise of China's Soft Power[J].The Wall Stree JournalAsia.29 December.2005.

[99]Zhang, Dainian. Key Concepts in Chinese Philospohy.Yale Universit Press,2002.

[100]Cheu, Hock-Tong. Confiicianism in Chinese Culture. PelanducPublication,2000.

[101]Ng, TaiP. Chinese Culture, Western Culture, Why must we learn

from each other? iUniverse , Inc.2007.

[102]Donald, Merlin. Origins of the Modem Mind: Three Stages in the Evolution of ulture and Cognition.Harvad University Press, 1991.

[103]Wagner, Rudof. Language, Ontology, and Political Philosophy in China. State University of New York Press, 2003.

二、期刊论文类

[1] 毕国帅:《中华优秀传统文化创造性转化和创新性发展探析》[J].《实事求是》2018 年第 1 期。

[2] 袁慧玲:《关于中国传统文化与现代化几个问题的思考》[J].《江西农业大学学报(社会科学版)》2003 年第 2 期。

[3] 王艳华,许以民《论传统文化创造性转化的基本途径》[J].《长春师范学学报》2006 年第 11 期。

[4] 万光侠:《中华传统文化创造性转化创新性发展的哲学审视》[J].《东岳论丛》2017 年第 9 期。

[5] 包晓光:《新时代语境下传统文化"双创"的几个问题》[J].《湖南社会科学》2018 年第 3 期。

[6] 雒树刚:《坚持创造性转化、创新性发展》[J].《毛泽东研究》2018 年第 3 期。

[7] 高金萍:《"两创"方针为构建人类命运共同体开辟新路径》[J].《前线》2018 年第 5 期。

[8] 陈来:《二十世纪思想史研究中的"创造性转化"》[J].《中国哲学史》2016 年第 4 期。

[9] 陈先达:《中国传统文化的创造性转化和发展》[J].《前线》2017 年第 2 期。

[10] 陈卫平:《"两创":马克思主义中国化在新时代的新发展》[J].《思想理论教育》2018 年第 4 期。

[11] 仲呈祥:《关于中华优秀传统实现创造性转化与创新性发展的思考》[J].《文化软实力研究》2017 年第 2 期。

[12] 鞠忠美:《论中华传统文化的创造性转化》[J].《理论学刊》2017 年第 4 期。

[13] 李军:《引领中华文化走向新辉煌》[J].《求是》2015 年第 19 期。

[14] 赵晓翠:《创造性转化与创新性发展何以可能》[J].《红旗文稿》

2019 年第 14 期。

[15] 李维武：《传统文化的创造性转化与创新性发展—对习近平文化观的思考》[J]. 武汉大学学报（哲学社会科学版）2018 年第 71（03）期。

[16] 伍志燕：《中华传统价值观念的现代转换》[J].《长白学刊》2017 年第 5 期。

[17] 梅荣政：《正确对待中国传统文化之我见》[J].《文化软实力》2016 年第 4 期。

[18] 霍垒杰；《刍论中华传统文化创造性转化的原则与方法》[J].《江南论坛》2018 年第 9 期。

[19] 李建嵘；《关于传统文化创造性转化创新性探讨》[J].《文化创新比较研究》2018 年第 15 期。

[20] 宴振宇、孙熙国：《传统文化创造性转化路径的思考》[J].《中国特色社会主义研究》2015 年第 6 期。

[21] 侯文学、倪晓明：《新时代贯彻落实"两创"方针的意义及路径》[J].《北方民族大学学报（哲学社会科学版）》2019 年第 5 期。

[22] 王永友、潘昱州：《文化自信视域下传统文化重构的"三重"困境》[J].《南京社会科学》2017 年第 7 期。

[23] 王宣文：《中华传统文化传承发展要强化"五个意识"》[J].《哈尔滨市委党校学报》2019 年第 1 期。

[24] 傅才武，岳楠：《论中国文化创新性发展的实现路径——以当代文化资本理论为视角》[J]. 同济大学学报（哲学社会科学版）2020 年第 43（01）期。

[25] 黄前程：《中华传统文化创造性转化的理论基础、历史经验与当下思考》[J]《贵州社会科学》2016 年第 12 期。

[26] 颜炳罡：《文化相融相通共同服务以文化人的时代任务—"中华传统文化的创造性转化、创新性发展"》孔学堂研讨会发言摘要 [J].《孔学堂》2015 年 2（01）期。

[27] 董德福、朱小颖、吴俐《转化创新中国传统文化的典范——习近平优秀传统文化发展思想与实践论析》[J]. 江苏大学学报（社会科学版）2019 年第 21（05）期。

[28] 介江岭：《从"批判继承"到"创造性转化、创新性发展"——对党的十九大报告中"中华优秀传统文化"继承问题的阐释》[J].《湖北经济学院学报》2018 年第 16 卷（02）期。

[29] 徐光木、江畅：《习近平总书记对中华优秀传统文化的创造性转化和创新性发展》[J].《思想理论教育》2019 年第 2 期。

[30] 陈桂蓉:《习近平"两创"方针与中华人文精神的跃升实践》[J].《理论与评论》2018 年第 6 期。

[31] 俞红、徐长安:《传统文化:马克思主义中国化的双刃剑》[J].《南京政治学院学报》2009 年第 5 期。

[32] 张谨:《传统文化与马克思主义中国化的关系新论》[J].《理论月刊》2014 年第 6 期。

[33] 任培泰:《论中华优秀传统文化与马克思主义的契合》[J].《西安电子科技大学学报(社会科学版)》,2013 年第 5 期。

[34] 都培炎:《马克思主义与中国传统文化关系辨析》[J].《马克思主义研究》2013 年第 10 期。

[35] 包心鉴:《马克思主义与中国传统文化》[J].《山东师大学报(社会科学版)》1992 年第 1 期。

[36] 李朝阳:《对马克思主义与中国传统文化相结合的思考》[J].《天津师范大学学报(社会科学版)》2006 年第 6 期。

[37] 房广顺、郑宗保:《马克思主义与中国传统文化相契合的当代选择》[J].《社会主义研究》2015 年第 2 期。

[38] 陈敏:《论马克思主义与中国传统文化的内在相关性》[J].《学校党建与思想教育》2011 年第 1 期。

[39] 何中华:《马克思主义与儒学的会通何以可能?》[J].《文史哲》2018 年第 2 期。

[40] 宁阳:《从中国传统文化视角看马克思主义大众化的实现路径》[J].《甘肃理论学刊》2009 第 4 期。

[41] 徐剑雄:《论传统文化与马克思主义大众化》[J].《马克思主义与现实》2009 年第 6 期。

[42] 陈卫平:《论马克思主义与中国传统文化相结合的五个问题》[J].《思想理论教育》2014 年第 5 期。

[43] 许全兴:《论马克思主义与中国传统文化相结合》[J].《党的文献》2009 年第 3 期。

[44] 郑林华:《马克思主义与中国传统文化相融合新论》[J].《党的文献》2010 年第 2 期。

[45] 曾加荣:《儒家文化与社会主义精神文明建设》[J].《理论与改革》1997 年第 4 期。

[46] 邵佳德:《新时代的中华优秀传统文化:历史定位、理论内涵及价值维度》[J].《江西社会科学》2018 年第 6 期。

[47] 王伟光:《全面准确把握习近平新时代中国特色社会主义思想关

于文化的理论》[J].《马克思主义研究》2018 第 1 期。

[48] 郭晓庆:《中国传统文化基本精神与社会主义文化精神建设》[J].《山东农业大学学报(社会科学版)》2010 年第 2 期。

[49] 陈卫平:《有中国特色的社会主义文化与批判继承传统文化》[J].《上海交通大学学报(社会科学版)》2001 年第 1 期。

[50] 敏泽:《关于建设有中国特色的社会主义文化问题——论以传统文化为基础的综合创造》[J].《社会科学战线》1993 年第 2 期。

[51] 桂立:《和谐文化建设中的中国传统文化和西方文化》[J].《民族艺术研究》2009 年第 6 期。

[52] 丁素:《传统文化与当代中国实际相结合的若干问题论析兼论党的三代领导核心对传统文化的当代继承与发展》[J].《社会主义研究》2002 年第 3 期。

[53] 吴超、张烨:《构建中国特色社会主义话语体系怎样汲取中华优秀传统文化的滋养》[J].《思想理论教育导刊》2016 年第 4 期。

[54] 罗晓东:《传统文化与有中国特色社会主义文化》[J].《理论与当代》1998 年第 5 期。

[55] 李方祥:《社会主义和谐文化与中国传统文化中的和谐思想》[J].《高校理论战线》2007 年第 8 期。

[56] 万光侠:《中华传统文化创造性转化创新性发展的哲学审视》[J].《东岳论丛》2017 年 9 月(第 38 卷 9 期)。

[57] 包晓光:《新时代语境下传统文化创造性转化创新性发展的几个问题》[J].《湖南社会科学》2018 年第 3 期。

[58] 江畅:《对传统价值观创造性转化和创新性发展若干问题的思考》[J].《当代价值观研究》2016 年第 1 期。

[59] 安丽梅:《传统文化创造性转化论要》[J].《学习月刊》,2016 年第 10 期。

[60] 余卫国:《再论中国传统文化的创造性转化和创新性发展》[J].《船山学刊》2018 年第 4 期。

[61] 林坚:《文化观—马克思的丰富遗产》[J].《探索与争鸣》2008 年第 3 期。

[62] 王琳:《弘扬核心价值观要实现传统文化创造性转化》[J].《理论导报》2015 年 04 期。

[63] 王沪宁:《作为国家实力的文化:软实力》[J].复旦学报(社会科学版)1993 年版,第 3 期。

[64] 徐志远、张灵:《文化软实力与社会主义核心价值观》[J].《马克

思主义研究》2017年,第11期。

[65] 许青春:《关于弘扬优秀传统文化的几个问题》[J].《山东社会科学》2014年,第4期。

[66] 万光侠、夏峰:《新时代弘扬中华优秀传统文化服务现代化强国建设的系统思考》[J].《东岳论丛》2019年,第40卷第5期。

[67] 梁柱:《历史虚无主义思潮评析》[J].《红旗文稿》2009年第9期。

[68] 潘莉.梅荣政:《历史虚无主义思潮的表现、特点及其危害》[J].《新疆师范大学学报》(哲学社会科学版)2015年第36卷第5期。

[69] 梁柱:《警惕历史虚无主义新变种》[J].《人民论坛》2015年第3期。

[70] 梅荣政:《对当前几种错误观点的评析》[J]《理论导报》2015年第7期。

[71] 贾高建:《理论研究马克思主义与人文关怀理论前沿》[J].《理论前沿》2000年第4期。

[72] 李宗桂:《文化的顶层设计对国家治理至关重要》[J].《国家治理》2014年第9期。

[73] 万光侠:《中华传统文化创造性转化创新性发展的哲学审视》》[J].《东岳论丛》2019年9月第38卷第9期。

[74] 马德:《敦煌文化遗产数字化保护之浅见》[J].《敦煌学辑刊》2013年第2期。

[75] 董娅娜:《广灵剪纸的艺术特点和文化传承》[J].《山西高等学校社会科学学报》2011年,第5期。

[76] 宴振宇、孙熙国:《传统文化创造性转化路径的思考》[J].《中国特色社会主义研究》2015年第6期。

[77] 刘峰:《改革开放40年来中国传统文化传承发展与党的理论创新互动探讨》[J].《学术探索》2018年第9期。

[78] 平章起、郭威:《论社会主义文化强国建设的"三个面向定位"》[J].《上海行政学院学报》2014年第15卷第05期。

[79] 韩美群:《新时代传承与发展中华优秀传统文化的方法论探析》[J].《马克思主义与现实》2020年第5期。

[80] 王历荣:《新时代中国特色社会主义思想与传统文化的传承发展》[J].《马克思主义文化研究》2020年第1期。

[81] 李新潮,范鹏《中华优秀传统文化创造性转化创新性发展研究述评与展望》[J].《文化软实力》2020年第3期。

[82] 黄意武:《中华优秀传统文化创造性转化创新性发展面临的障碍及破解路径》[J].《重庆社会科学》2020年第5期。

[83] 向阳:《中华优秀传统文化创造性转化和创新性发展刍议》[J]《广东省社会主义学院学报》2019 年第 4 期。

[84] 吴增礼,王梦琪:《中华优秀传统文化创造性转化与创新性发展的维度和限度》[J].《湖南大学学报(社会科学版)》2020 年第 1 期。

[85] 徐礼红:《中华优秀传统文化的价值意蕴》[J].《江西社会科学》2020 年第 5 期。

[86] 李维武:《传统文化创造性转化、创新性发展的主体问题》[J].《河北师范大学学报(哲学社会科学版)》2020 年 1 月第 43 卷第 1 期。

[87] 丰子义:《走出"中国文化 世界生产"之路》[J].《理论导报》2019 年第 8 期。

[88] 史焕翔:《中华优秀传统文化的当代价值》[J].《红旗文稿》2018 年第 12 期。

三、报纸文献论文类

[1] 商志晓:《中华传统文化创造性转化创新性发展的哲学审思》[N].光明日报,2017-01-09(15)。

[2] 李军:坚持"创造性转化、创新性发展"方针弘扬中华传统文化[N]. 光明日报,2014-10-10(01)。

[3] 代金平:《推动中华优秀传统文化"双创"的前提与路径》[N].《中国社会科学报》2019-01-25(03).

[4] 高长武:《关于创造性转化和创新性发展的几个问题》[N]. 中国文化报 2108-02-28(03)。

[5] 习近平:《在纪念孔子诞辰 2565 周年国际学术研讨会暨国际儒学联合会第五届会员大会开幕会上的讲话》[N].《人民日报》2014-09-25(02)。

[6]《中国共产党第十九次全国代表大会文件汇编》[G]. 人民出版社,2017 年版。

[7] 江泽民:在庆祝中国共产党成立七十周年大会上的讲话[N].《人民日报》1991－07－01(1)。

[8] 习近平:把培育和弘扬社会主义核心价值观作为凝魂聚气强基固本的基础工程[N].《人民日报》2014-2-26(1)。

[9]《十七大报告读本》[R]. 北京:人民出版社,2007 年版。

[10] 中共中央办公厅、国务院办公厅印发:《关于实施中华优秀传统

文化传承发展工程的意见》[N].《人民日报》2017-01-26 日（06）。

[11] 习近平.胸怀大局把握大势着眼大事努力把宣传思想工作做得更好 [N].《人民日报》2013-08-21）（1）。

[12] 习近平:《在哲学社会科学工作座谈会上的讲话》[N].《人民日报》2016-05-19（02）。

[13] 陈来:《中华优秀传统文化的传承和发展》[N].《光明日报》2017-03-20（15）。

[14] 习近平:《在庆祝改革开放40周年大会上的讲话》[N].《人民日报》[N].2018-12-19（02）。

[15] 习近平:《牢记历史经验历史教训历史警钟为国家治理能力现代化提供有益借鉴》[N].《人民日报》2014-10-14（01）。

[16] 杜羽:《保护文化遗产的使命担当——大学生志愿者补齐古籍普查人才短板》[N].《光明日报》2017-10-31（09）。

[17] 魏志奇:《让道德软实力激发正能量—专家学者谈"实现中华传统美德的创造性转化"》[N].《北京日报》2014-03-10（18）。

[18] 习近平:《习近平在知识分子、劳动模范、青年代表座谈会上的讲话》[N]《人民日报》2016-04-30（02）。

[19] 郝立新:《改革开放的实践创新与理论创新》[N].《中国日报网》2108年12月24日。

[20] 胡锦涛:《坚定不移沿着中国特色社会主义道路前进为全面建成小康社会而奋斗》[R]. 北京：人民出版社，2012年版。

[21] 习近平:《在庆祝改革开放40周年大会上的讲话》[N]《人民日报》2018-12-19（02）。

[22] 中共中央宣传部:《习近平总书记系列重要讲话读本》[G]. 北京：学习出版社，人民出版社，2016年版。

[23] 习近平:《在哲学社会科学座谈会上的讲话》[N].《人民日报》2016-05-19（02）。

[24] 习近平:《共同的根共同的魂共同的梦共同书写中华民族发展新篇章》[N].《人民日报》2014-06-07（01）。

[25] 中共中央文献研究室编:《十三大以来重要文献选编》[G]. 北京：人民出版社，1991年。

四、学位论文类

[1] 李培峰:《马克思主义中国化视域下中国传统文化现代化研究》[D]. 兰州大学,2013年。

[2] 鞠忠美:《中华传统文化创造性转化创新性发展实现机制研究》[D]. 山东大学,2018年。

[3] 陈方刘:《马克思主义与中国传统文化相结合研究》[D]. 中共中央党校,2008年。

[4] 胡海波:《马克思恩格斯文化观研究》[D]. 东北师范大学,2010年。

[5] 许青春:《中国特色社会主义理论体系的传统文化基础研究》[D]. 山东大学,2012年。

[6] 孙红霞:《马克思文化思想研究》[D]. 山东师范大学,2016年。

[7] 董成雄:《中华优秀传统文化的系统解读和传承建构》[D]. 华侨大学,2016年。

[8] 李海晶:《习近平的传统文化观研究》[D]. 南昌大学,2016年。

五、网络文献类

[1] 中国新闻网:《敦煌石窟引5G技术助力文化遗产保护》,http://www.gs.chinanews.com.2019年09.01

[2] 北京晚报:《北京延庆长城首次启动数字化保护》,http://www.dzwbjd.com.2019年11.05。

[3]《习近平主持召开学校思想政治理论课教师座谈会强调 用新时代中国特色社会主义思想铸魂育人 贯彻党的教育方针落实立德树人根本任务》,《央视网》,2019年3月18日 http://politics.gmw.cn/2019-03/18/content_32653484.htm。

[4] 习近平论文化[EB/OL].（2019-09-11）. https://www.xuexi.cn/xxqg.html？id=1mlit667mn 51mlit667mn 51mlit667mn。

[5] 习近平:《在中国文联十大、中国作协九大开幕式上的讲话》载"新华网"2016年11月30日。Htt://news.xinhuanet.com/polities/2016-11/30/c-1120025319.htm。

结　语

　　实现中华优秀传统文化"双创"涉及多种因素，包含多个环节，必须协调各因素、各环节之间关系，只有坚持以马克思主义理论为指导，立足中华文化立场，才能有利于实现中华传统文化"双创"。实现中华优秀传统文化"双创"是一项系统、复杂工程。当前中华优秀传统文化"双创"工作虽取得一定的成绩，但也存在着一些问题。出现问题的原因是多方面的，其中一个原因是中华优秀传统文化"双创"过程中各因素、各环节存在着不平衡、不协调的现象。

　　在马克思主义文化观视域中，文化是一个国家、一个民族的灵魂，文化兴则国运兴，文化强则民族强。在中国特色社会主义的伟大事业中，在中华民族伟大复兴的进程中，文化自信是更基础、更广泛、更深厚的自信，是更基本、更深沉、更持久的力量。中华民族有着深厚的文化传统，形成了富有特色的文化体系，体现了中国人几千年来积累的哲学智慧、理性思辨和价值观念，是我国的独特优势，延续着我们国家和民族的精神血脉，是坚定文化自信的精神基因。对中华优秀传统文化既要不忘根基、薪火相传，又要与时俱进、创新发展，这事关中国特色社会主义的伟大事业和中华民族的伟大复兴，也是当代中国共产党人和中国人民在中国特色社会主义新时代应该并且必然担负的新的文化使命。正是基于此，党的十八大以来，习近平总书记多次强调要科学对待中华优秀传统文化，努力实现中华优秀传统文化的创造性转化、创新性发展，不断铸就中华文化的新辉煌。可以说，关于中华优秀传统文化"双创"的重要论述，是习近平新时代中国特色社会主义思想的重要组成部分，是马克思主义文化观在新的历史条件下的继承发展，也是用马克思主义引领我国新时代文化建设的重要方针。

　　在中国特色社会主义的新时代，推动中华优秀传统文化的"双创"既有其必要性，又有其必然性，从坚定文化自信、弘扬社会主义核心价值观、提升文化软实力、实现中华民族伟大复兴和在世界文化激荡中站稳脚跟等方面看,"双创"是必须的、必要的。同时,"双创"也是中华文化"因时而兴、乘势而变、随时代而行"和中华民族"不忘本来、吸收外来、面向未来"的必然要求。当前,"双创"面临中国特色社会主义进入新时代的历史机遇、社会主义文化强国建设的实践机遇和人类命运共同体构建中的全球文化交流互鉴的开放机遇等;当然,"双创"也会碰到中华传统文化自身历史局限的制约、各种错误思潮的干扰、世界多元文化的碰撞等一系列问题,机遇与挑战并存。

在"双创"过程中,必须坚持批判性与继承性、传统性与时代性、理论性与实践性、人文性与科技性、民族性与世界性相结合等原则,采取不同的方式做好器物文化、制度文化、行为文化、心态文化的"双创",必须发挥马克思主义的指导机制、依靠人民的主体机制、齐心勠力的协调机制和实践创新的动力机制的作用,通过做好国家顶层设计、融入日常社会生活、贯穿国民教育始终、运用现代科技手段、推动中外文化交流互鉴等,实现"双创"途径的多样化,切实增强其实效性;必须注重中华传统文化"双创"的规律性,严格遵循需求内驱律、实践推动律、价值尺度律、挖掘保护律和融合创新律等。

中华优秀传统文化的"双创"具有重要的理论价值和实践价值,对中国特色社会主义的伟大事业和中华民族的伟大复兴具有重大而深远的意义,随着"双创"的深入推进,中华优秀传统文化必将在社会主义文化强国建设中日益凸显历史底蕴和悠久传统,必将在中华民族伟大复兴中日益彰显文化根基和精神标识,必将在世界文化之林中日益展现永久魅力和时代风采。

基于当前中华优秀传统文化"双创"实践和研究存在的问题,本书对马克思主义文化观视域下中华优秀传统文化"双创"问题进行了专题系统的研究。由于问题本身的复杂性,加上笔者的水平、能力有限,在研究上还存在一些不足之处,这将成为自己今后进一步努力的方向。

后 记

本书是在我博士论文基础上修改完成。

2017年9月,我考进贵州师范大学马克思主义学院攻读博士学位时,"志存高远,不屑雷霆",而现在越发感觉到了"知者不言,言者不知"的深刻道理。读的书越多,越发感觉到自己的无知;如今到了不惑之年,对知识和人生理解得越深,就越为曾经的幼稚而感到惭愧。博士论文就是在这种战战兢兢的状态下完成的。

博士论文的完成,首先感谢导师龚振黔教授。从硕士到博士恩师没有嫌弃我才疏学浅,以广阔的胸襟接纳了我的不足。论文从选题、框架结构、修改、定稿,都凝结着导师的心血,只是我天生愚钝,才学疏浅,未达到导师之意处犹多,深感汗颜。导师学问渊博、治学严谨、德行致厚,让我终身受益,对恩师的教诲之情,心存感激,不敢忘怀。

在贵州师范大学读博四年期间,得到了郝立新教授、梅荣政教授、欧阳恩良教授、唐昆雄教授、李红军教授、汪勇教授、宋俊成教授、宋小红教授等老师的指导和关心;感谢黄河师兄、范飞师兄、肖玉元师弟等对我的帮助。

最后,对诸位的恩德与厚爱,定当铭记于心,只是我学理不精,智行浅薄,除了在以后工作和学习上继续坚持"断之以勇猛精进,持之以渐渍熏陶"的为学宗旨之外,无以言谢!

高 欣

2023年7月6日于贵阳